Ingo Scheller

Szenisches Spiel

Handbuch für die pädagogische Praxis

Cornelsen
SCRIPTOR

www.cornelsen.de

Bibliografische Information
Die Deutsche Bibliothek verzeichnet diese Publikation in der Deutschen Nationalbibliografie; detaillierte bibliografische Daten sind im Internet über http://dnb.ddb.de abrufbar.

Dieses Werk berücksichtigt die Regeln der reformierten Rechtschreibung und Zeichensetzung.

8.	7.	6.	5.	€	Die letzten Ziffern bezeichnen
10	09	08	07		Zahl und Jahr der Auflage.

Redaktion: Brigitte Mues, Wuppertal
Herstellung und Satz: Petra Strauch, Bonn
Umschlagentwurf: Vera Bauer, Berlin, unter Verwendung einer Zeichnung von Sabine Schröter, Oldenburg
Illustrationen: Sabine Schröter, Oldenburg
Druck und Bindearbeiten: CPI – Clausen & Bosse, Leck
Printed in Germany
ISBN 978-3-589-21088-6

Gedruckt auf säurefreiem Papier,
umweltschonend hergestellt aus chlorfrei gebleichten Faserstoffen.

Inhaltsverzeichnis

Vorwort

Das szenische Spiel – eine Antwort auf pädagogische Problemfelder

Dieses Buch ist aus jahrelangen Erfahrungen mit dem szenischen Spiel erwachsen, das sich als Lernform im schulischen und außerschulischen Bereich und in der teambezogenen Supervision bewährt hat. Es wurde für die Praxis geschrieben.

Es erhebt nicht den Anspruch spiel- und theaterpädagogische Konzepte und Verfahren aufzubereiten und darzustellen. Es versteht sich auch nicht als Handbuch für das darstellende Spiel oder das Schultheater, obwohl viele der hier vorgestellten Verfahren in diesem Kontext verwendet werden können. Vielmehr versucht es, das szenische Spiel und seine Verfahren systematisch darzustellen und zu begründen. Verzichtet wird deshalb auch auf eine Auseinandersetzung mit schauspiel-, spiel- und theaterpädagogischen Theorien und Ansätzen. Stattdessen wird versucht das szenische Spiel als Antwort auf Probleme und Widersprüche zu begründen, die sich in verschiedenen Bereichen der pädagogischen Praxis stellen.

Das hat etwas mit der Entstehung des Konzepts zu tun. Von 1974 bis 1984 wurde an der Universität Oldenburg ein Modellversuch „Einphasige Lehrerausbildung" durchgeführt. Im Rahmen dieses Modellversuchs haben wir – Lehrende, Lehrer und Studierende – zahlreiche Projekte in allen Schulformen, in der außerschulischen Bildungsarbeit sowie in der Lehrerausbildung und -fortbildung durchgeführt. Dabei stand von Anfang an die Frage im Mittelpunkt, wie Lernprozesse aussehen und organisiert werden können, bei denen sich die Lernenden während der Auseinandersetzung mit Inhalten auch mit denjenigen Erlebnissen, Vorstellungen und Verhaltensmustern konfrontieren können, die ihre Aneignung und Interpretation der Inhalte „heimlich" beeinflussen. In diesem Zusammenhang entstand das Konzept des *erfahrungsbezogenen Unterrichts*, der die Phantasien, Erlebnisse und Erfahrungen von Schülern zum Ausgangs- und Bezugspunkt inhaltsbezogener Unterrichtsprozesse machte (Scheller 1981).

Da dieses Konzept eine Reihe von Widersprüchen nicht auflösen konnte – z.B. die Tatsache, dass erfahrungsbezogenes Lernen sich vor allem auf erinnerungsfähige Erlebnisse bezieht und unter den institutionellen Bedingungen der Schule strategisch inszeniert werden muss –, habe ich im Folgenden nach Verfahren und Wegen gesucht, mit denen auch unbewusste und ausgegrenzte, abgewehrte, asozial und dysfunktional gewordene Vorstellungen, Wahrnehmungen und körperliche wie auch sprachliche Verhaltensmuster aktiviert und angeeignet werden können, ohne dass sie zum Gegenstand der Bewertung werden.

▶ Praxiserfahrungen

Wichtig sind dabei folgende Erfahrungen gewesen:

1. Bei Unterrichtsprojekten in der *Hauptschule* konnte ich beobachten, dass es vor allem die körper-, gruppen- und situationsbezogenen Darstellungs- und Kommunikationsweisen der Schüler bzw. Schülerinnen waren, mit denen mittelschichtsozialisierte Studierende und Lehrer Schwierigkeiten hatten. Die Schüler fühlten sich bei sprachlichen Äußerungen nicht in den Lehrer ein, sondern inszenierten ihre Äußerungen so, dass immer auch die Situation und die anderen Schüler mit angesprochen wurden. Bei der Suche nach Verfahren, die dieser situationsbezogenen gestischen Kommunikationsweise gerecht werden konnten, fand ich im szenischen Spiel ein Medium, mit dem sich die Schüler und Schülerinnen auch komplexe Themen und Fragestellungen aneignen und reflektieren konnten. Bei Themen und sozialen Situationen, die nicht in ihrem Erfahrungshorizont lagen, waren sie auf genau beschriebene Szenen und Dialoge angewiesen, in die sie dann im szenischen Spiel eigene Erfahrungen und Handlungsweisen so einbauten, dass sie im Fremden auch eigene Aspekte wahrnehmen konnten. Standen entsprechende Texte, Filme und Bilder zur Verfügung, konnten sie sich ohne große Schwierigkeiten mit Mitteln des szenischen Spiels komplexe und historisch, kulturell und sozial fremde Themenbereiche wie Alltag im Mittelalter oder Lebensbedingungen von Indios in Lateinamerika aneignen, in Szenen umsetzen und szenisch reflektieren (Scheller 1984, Bartels u.a. 1986).

2. Auf der anderen Seite konnte ich am *Gymnasium* und in ähnlicher Weise auch in der *Universität* beobachten, dass die im Unterricht inszenierten begrifflichen Diskurse nicht selten im Widerspruch zu den Bedürfnissen der an ihnen Beteiligten standen. Das zeichenhaft entleerte Unterrichtsgespräch ließ Themen zum affektneutralen Stoff gerinnen, die im Leben der Beteiligten eine nicht unwichtige Rolle spielten, und es entfremdete sie von den eigenen Erfahrungen, Wünschen und Vorstellungen. Um solche Gespräche wieder an Wahrnehmungen, Erlebnisse, Phantasien und Verhaltensweisen anzubinden und damit erfahrbar zu machen, wie begriffliche Vorstellungen und Theorien, Erlebnisse und Wünsche „heimlich", also in der Phantasie, die Rezeption von Geschichte, Literatur oder Medieninszenierungen steuern, rationalisieren oder abwehren, haben wir versucht, die Projektionen, Identifikationen und Inszenierungen szenisch darstellen und reflektieren zu lassen, mit denen Schüler (und Studierende) bei der Lektüre auf literarische, journalistische und theoretische Texte reagierten. Dabei ging es darum, die im begrifflichen Diskurs weitgehend ignorierten szenischen Vorstellungen so darzustellen, zu kontrastieren und zu verfremden, dass nicht nur die sprachlich entworfenen und interpretierten Ereignisse, Situationen und Haltungen, sondern auch die inneren und äußeren Haltungen der Schülerinnen bzw. Studentinnen sichtbar und bewusst wurden. Daraus entstand die szenische Interpretation als ein Verfahren, mit dem die in literarischen Texten entworfenen Rollen und Szenen durch das Spiel so dargestellt und reflektiert werden konnten, dass nicht nur der Text, sondern auch die körperlichen und sprachlichen Haltungen der Spielenden Gegenstand der Interpretation wurden (Scheller 1987, 1989).

3. Die durch die NS-Vergangenheit, den Vietnamkrieg und die terroristischen Anschläge der RAF provozierte *Gewaltdiskussion* in den 70er Jahren konfrontierte uns an der Hochschule auch mit der Frage, wann und unter welchen Bedingungen wir selbst bereit und in der Lage waren, Gewalt hinzunehmen oder auszuüben. In diesem Zusammenhang griffen Hochschullehrer und Studierende aus mehreren Hochschulen die von Reiner Steinweg rekonstruierte Lehrstück-Theorie von Bertolt Brecht auf und untersuchten im Spiel die auf Gewaltsituationen zugespitzten Handlungsmuster der Lehrstücke. Bei der Einfühlung in diese Handlungsmuster und deren Nachahmung konnten wir zunehmend erfahren, dass wir durchaus zu Gewaltphantasien und Gewalthandlungen in der Lage waren, wenn wir uns dazu durch die Situation und die Rolle legitimiert fühlten. Die Erfahrungen, die ich bei der Lehrstück-Arbeit machen konnte, haben in der Folge dazu geführt, dass ich bei der szenischen Darstellung und Interpretation literarischer Texte immer auch die Haltungen und Wirkungen der am Spielprozess Beteiligten im Blick hatte und reflektierte (Scheller 1982, Koch/Steinweg/Vaßen 1984).

4. Die Spielerfahrungen mit dem Lehrstück sensibilisierten aber auch für Aspekte in der pädagogischen Interaktion, die in der pädagogischen Theorie kaum und nur unzulänglich reflektiert werden: für die Tatsache nämlich, dass die konkrete Unterrichtssituation die Lernprozesse häufig stärker bestimmt als die Inhalte. Hier liegt auch ein zentraler Grund dafür, dass pädagogische Theorien (und Vorstellungen) und die *pädagogische Praxis* so häufig auseinander fallen. Mit den zeitlichen und räumlichen Bedingungen im Unterricht, mit (immer weniger erfolgreich disziplinierten) Körpern, Gesten und Blicken, mit „emotionalen, unsachlichen" sprachlichen Äußerungen von Kindern und Jugendlichen konfrontiert, reagieren Studierende, Referendare und Lehrer besonders zu Beginn ihrer beruflichen Laufbahn häufig mit Hilflosigkeit und Angst. Dies geschieht nicht zuletzt deshalb, weil sie durch das Auftreten der Schüler an Gefühle und Wünsche erinnert werden, die sie selbst bei sich nicht (mehr) wahrnehmen dürfen. Gelingt es ihnen nicht sich mit den Schülerinnen und Schülern zu arrangieren und Regeln und Rituale auszuhandeln, greifen sie, durch die Institution dazu legitimiert, auf Sanktionen und Unterrichtsformen zurück, die sie ihren Ansprüchen nach ablehnen. Dabei richten sich ihre Sanktionen vor allem auf Schüler, die „stören" oder „schwierig", „verhaltensauffällig", „undiszipliniert" bzw. „aggressiv" sind und die sie mit Verhaltensweisen konfrontieren, die sie an sich selbst kennen, ohne sie sich in ihrer Funktion zugestehen zu können und zu dürfen.

In der Lehrerausbildung und -weiterbildung habe ich immer wieder mit Mitteln des szenischen Spiels konfliktbehaftete Unterrichtssituationen rekonstruiert und die Projektions- und Abwehrprozesse untersucht, mit denen Lehrer und Lernende zur Entstehung und Aufrechterhaltung solcher Situationen beitrugen. Im Schutz der Rolle und des Spiels waren Lehrer und Lehrerinnen bereit und in der Lage, die eigenen Anteile bei der Entstehung von Konflikten, die sie im Schulalltag Schülern, Kollegen oder auch der Schulleitung zuschrieben, bei sich zu entdecken, in ihren Voraussetzungen und Wirkungen wahrzunehmen und Schritt für Schritt im Spiel zu verändern (Scheller 1982a, 1986b).

5. Bei dieser Arbeit an den Haltungen von Unterrichtenden wurde dann auch die Frage „geboren", die in der Folge zum zentralen Thema aller Spielprozesse geworden ist und mich zu einer ständigen Überarbeitung und Präzisierung von szenischen Spiel- und Reflexionsverfahren veranlasst hat: die Frage nach den sozialen Erfahrungen und situativen Bedingungen, die Menschen dazu bringen, ihre abgespaltenen, aufgezwungenen, kontrollierten oder rationalisierten Gefühle, Phantasien und Wünsche auf andere zu projizieren und an diesen – nicht selten gewaltsam – zu bekämpfen. Dieser durch verinnerlichte Normen, Vorurteile, Alltagstheorien und/oder Institutionen legitimierte Projektionsmechanismus, mit dem individuell und gesellschaftlich ins Unbewusste abgedrängte eigene Anteile (dann: Fremdheiten) an anderen wahrgenommen und abgewehrt werden, ist von Ethno-Psychoanalytikern, feministischen Wissenschaftlerinnen, Friedens- und Konfliktforschern immer wieder beschrieben und erklärt worden. Das szenische Spiel hat sich als geeignetes Verfahren erwiesen, um die Entstehung und Wirkung solcher Übertragungs- und Abwehrmechanismen bei Einzelnen und in Gruppen in konkreten Situationen zu untersuchen, (wieder)erlebbar zu machen und in das eigene Selbstbild so zu integrieren, dass neue Sichtweisen und Verhaltensweisen zumindest möglich werden. In Seminaren mit Schülern, Studentinnen, Lehrern, Erzieherinnen, Sozialarbeitern und Sozialpädagoginnen, aber auch mit Asylbewerbern und Beamten der Ausländerbehörde und der Polizei haben unter diesem Gesichtspunkt unter anderem immer wieder das Geschlechterverhältnis (in Ausbildungsinstitutionen, im Beruf und privaten Beziehungen), der Umgang mit Asylbewerbern bzw. Flüchtlingen (Müller/Scheller 1993) und Menschen aus anderen Kulturen z.B. Afrika (Müller/Scheller 1993) oder Lateinamerika sowie Sinti und Roma, Juden, Deutsche aus der ehemaligen DDR (Scheller 1990, Ensel 1993), mit rechtsradikalen und gewalttätigen Jugendlichen (Scheller/Wickert 1993, Scheller 1985, 1985a), mit alten und kranken Menschen (Conrady/Kowollik/Müller/Scheller 1997) im Mittelpunkt gestanden. Dabei wurden zunehmend auch die politischen, kulturellen, kommerziellen und bürokratischen Institutionen und Inszenierungen analysiert, die solche Projektions- und Abwehrprozesse hervorbrachten und rechtfertigten.

▶ Lernen mit allen Sinnen

Was Lernprozesse anbetrifft, so habe ich in allen pädagogischen Institutionen die Erfahrung machen können, dass Lernen in Szenen stattfindet, in die Lernende und Lehrende mit all ihren Sinnen eingebunden waren. In diesen Szenen beschäftigen nicht nur die Inhalte, sondern immer auch der Raum, die Zeit, Gegenstände, das Auftreten und die körperlichen, gestischen, mimischen und sprachlichen Handlungen und Interaktionen der Personen, die gesehen, gehört, ertastet, manchmal auch errochen werden. Diese Wahrnehmungen unterstützen die Erinnerung, rufen Gefühle, Phantasien, Gedanken und Übertragungen hervor. Wenn Pädagogen – durch verinnerlichte, wissenschaftlich und institutionell definierte Lernbegriffe gerechtfertigt – Lernen mit inhalts- und zielbezogenen Aktivitäten gleichsetzen und davon abweichende Reaktionen auf die Situation als Störungen ignorieren oder ausschalten, etablieren sie Normen, Vorstellungen und Handlungsmuster, die die Lernenden zwingen, von ihren individuellen Wahrnehmungen, Assoziationen, Gefühlen und Körpererfahrungen abzusehen. So werden Lerngegenstände zu affektneutralen Stoffen, die nur wenig mit dem Leben der Lernenden zu tun haben. Soziale Beziehungen werden nach Mustern wahrgenommen und gestaltet, die bereits in der frühen Kindheit erlebt worden sind. Abstrakte und bedürfnisferne Zeit- und Raumvorstellungen werden übernommen und körperliche und sprachliche Handlungsmuster strategisch ausgebildet und eingesetzt. Misslingt der Versuch, durch Kontrollen und Sanktionen die Komplexität der pädagogischen Situation so zu reduzieren, dass störende Anteile (am Thema, bei der Wahrnehmung der Situation und des eigenen Körpers) ausgeschlossen werden können, entstehen Schwierigkeiten, Probleme, Widerstände und Konflikte. Häufig nur oberflächlich übertüncht, gestalten diese den Alltag der Pädagogen anstrengend. Gegenwärtig treffen, nicht nur in den Schulen, immer älter werdende Pädagogen auf Kinder und Jugendliche, die aufgrund ihrer bedürfnisorientierten Sozialisation immer weniger soziale Normen verinnerlicht (und moralisch verankert) haben und die weder bereit noch in der Lage sind, von den konkreten Lernsituationen und ihren situativen Wahrnehmungen und Bedürfnissen abzusehen.

Die Erfahrungen, die ich mit dem szenischen Spiel in Schule, Hochschule und Weiterbildung gemacht habe, haben dagegen gezeigt, dass es möglich ist, auch und gerade in pädagogischen Institutionen Lern- und Erkenntnisprozesse zu initiieren, die nicht von der Lernsituation und den konkreten Wahrnehmungen, Vorstellungen und Erfahrungen der Beteiligten abstrahieren, sondern diese und die körperlichen und sprachlichen Ausdrucks- und Verhaltensweisen bewusst aktivieren und als Inhalte und Potenziale in den Erkenntnisprozess mit einbeziehen. Dabei können dann die in Texten, Bildern und Filmen entworfenen Ereignisse, Menschen und sozialen Situationen so angeeignet werden, dass auch die eigene Lebenspraxis zum Thema wird, können Geschichte und Geschichten aus unterschiedlichen Epochen, Kulturen und sozialen Schichten vergessene oder noch nicht erworbene Verhaltensmuster aktivieren, das eigene Denken und Handeln verfremden und als zeitgeschichtlich verankertes erfahrbar machen. Immer wieder kann dabei auch schmerzhaft deutlich werden, dass schwierige und konfliktreiche Beziehungen zu anderen Menschen, vor allem auch des anderen Geschlechts, durch verinnerlichte Vorstellungen, Phantasien, Wahrnehmungs- und Verhaltensmuster hergestellt und aufrechterhalten werden und nur mühsam zu verändern sind.

Bei dieser Arbeit und in experimentellen Seminaren an der Universität sind Spielverfahren und Übungen entwickelt, erprobt und immer wieder überarbeitet und präzisiert worden, die diesen ganzheitlichen Lernprozess möglich machen. Sie werden so konkret wie möglich dargestellt. Dabei sind zahllose Schauspiel-, Spiel- und theaterpädagogische Ansätze aufgegriffen, erprobt, auf ihren Erfahrungs- und Erkenntniswert hin überprüft, übernommen, verändert oder verworfen worden. Wir haben mit den Etüden Stanislawskis (1983) und mit Einfühlungsübungen von Strasberg (Strasberg 1978, 1988) genauso gearbeitet wie mit dem Lehrstück und der epischen Spielweise Brechts. Wir haben uns vom „armen Theater" Artauds, Grotowskis und dem Odin-Theater inspirieren lassen, (Artaud 1969, Grotowski 1994, Barba 1985), haben mit Masken gespielt, mit der Spielweise der Commedia dell'arte und Dario Fos (Fo 1989) experimentiert und die zahlreichen Anregungen des Freien Theaters (vgl. Kramer 1979, Batz/Schroth 1983) aufgegriffen und erprobt. Wir haben Interaktions- und Rollenspielkonzepte (Coburn-Staege 1977) praktisch überprüft, psycho- und soziodramatische Ansätze ausprobiert (Moreno 1923, Petzold 1972, Scherf 1973) und die im Angelsächsischen verbreiteten Verfahren des Drama in Education (Schewe 1993) und des Improvisationstheaters (Johnstone 1993) eingesetzt. Nicht zuletzt haben wir uns immer wieder mit dem Theater der Unterdrückten und den Psychotechniken Augusto Boals beschäftigt (Boal 1989, Ruping 1991).

Dabei stand immer die Frage im Mittelpunkt, was wir im Spiel eigener und fremder Rollen und Szenen über soziale Prozesse, über uns und andere Menschen lernen können. Das Buch will Anregungen und Hilfen für eine erfahrungs- und handlungsbezogene pädagogische Praxis in der Schule, in der Sozialarbeit, in der Aus- und Weiterbildung und in der teambezogenen Supervision geben und konzentriert sich dabei auch und vor allem auf die Rolle und Haltung des Spielleiters bzw. der Spielleiterin, die – wie die Erfahrungen zeigen – für das Gelingen szenischer Spielprozesse von großer Bedeutung ist.

Im folgenden Kapitel wird zunächst das szenische Spiel als Lernform theoretisch begründet und in seinen wichtigsten Aspekten dargestellt. Im Anschluss daran werden in Kapitel zwei die Verfahren des szenischen Spiels vorgestellt und erläutert, die sich in der Praxis bewährt haben. Danach werden im zentralen dritten

Kapitel die wichtigsten szenischen Handlungen – Erkunden, Einfühlen, Reflektieren und Verändern – eingeführt, mit denen sich die Spielenden unterschiedliche Aspekte sozialer Situationen und Haltungen aneignen können. Kapitel vier zeigt, wie und mit welchen Handlungsschritten erlebte und in Texten, Bildern und Filmen dargestellte soziale Dramen szenisch interpretiert werden können. Anschließend wird gezeigt, wie komplexe Themenfelder mit den Mitteln des szenischen Spiels untersucht werden können, exemplarisch werden die Themen *Jugend und Gewalt, Mann-Frau-Beziehungen, Alltag im Dritten Reich* und *Schule* behandelt. Das fünfte Kapitel umfasst Vorschläge für den Aufbau und die Entwicklung von Lerneinheiten, Rollen- und Situationsvorgaben. Zum Schluss – last not least – gibt Kapitel sechs Hinweise, wie szenische Spielsituationen auch unter den institutionellen Bedingungen von pädagogischen Institutionen organisiert werden können.

Ein Thema, das sich von Anfang an durch alle Spielprozesse gezogen hat, auch weil es in der Mehrzahl Mädchen und Frauen waren, die sich an Spielseminaren beteiligten, hat mich bei der Abfassung dieses Buches bis zum Schluss beschäftigt: nämlich die Art und Weise, wie wir im Alltag die Beziehungen zwischen den Geschlechtern gestalten. Was sich in der mündlichen Kommunikation als notwendig und wichtig erwiesen hat, gegen die eingeschliffenen Gewohnheiten auf das generische Geschlecht zu verzichten und immer wieder Frauen und Männer direkt anzusprechen, führt bei der Abfassung und beim Lesen eines Buches, das sich als Praxishandbuch versteht, zu einer unauflösbaren Verwirrung. Ich habe mich deshalb nach langer Überlegung zu einer Schreibweise entschlossen, die übersichtlich ist und den Text flüssig lesbar hält, die aber auch immer wieder befremdet und somit das Problem nicht vergessen lässt.

Da das szenische Spiel Spielleiter wie auch Teilnehmende im Spiel selbst sehr persönlich fordert, wähle ich in der Regel die direkte Du-Anrede, die deshalb auch in dieses Buch eingegangen ist. Sollten Einzelne Schwierigkeiten mit dieser Regel haben, so empfiehlt es sich, für die begrenzte Zeit der Spielarbeit ein „Seminar"-Du einzuführen.

Oldenburg, Dezember 1997

Ingo Scheller

Zeichenerklärung

Hilfestellungen für den Spielleiter

Spielanleitungen für die Teilnehmer

1. Szenische Lernprozesse

1.1 Lernen in Szenen

Lernen findet in Szenen statt, in die wir mit allen Sinnen eingebunden sind.

Szenen

Beispielsweise in der Schule: Heiner findet Schule doof – ewig rumsitzen, schreiben und quatschen. Bio und Englisch sind ätzend, Aufsätze sowieso. Nie ist was los, die anderen sind öde, die Lehrer schreien rum. Nur wenn sie Quatsch machen, geht es: Peter macht mit, der ist in Ordnung. Auch Anna ist okay, nicht so zickig wie die anderen Mädchen. Heute ist Heiner mal pünktlich. Zu Hause hat es Krach gegeben, der Vater hat mit Taschengeldkürzung gedroht. Also hat er sich doch noch hingesetzt und dieses Buch für Deutsch gelesen. Das war echt gut: Wie die Klasse da unterwegs war, wie die Skins da reingekommen sind mit ihren Springerstiefeln ... Alle haben Angst gekriegt, nur der eine nicht, der Student, der dabei war, den haben sie zusammengeschlagen, aber er ist immer wieder aufgestanden und hat weitergemacht. Warum – das hat Heiner nicht verstanden, das will er wissen. Darüber spricht er nun mit Anna, die ihn erstaunt ansieht und ironisch lacht. Frau Schröder, die Lehrerin, reagiert wütend: „Geht das schon wieder los! Heiner, geh auf deinen Platz!" Heiner dreht sich um, verzieht sein Gesicht und reagiert ärgerlich: „Ich hab doch gar nichts gemacht." Die anderen lachen. Frau Schröder, die sich immer wieder mit Heiners Störungen herumschlagen muss, wirft ihm einen empörten Blick zu: „Natürlich nicht!" Sie wendet sich den übrigen Schülern zu: „Nehmt bitte das Buch. Ich hoffe, ihr habt es gelesen. Ich bitte um eine kurze Inhaltsangabe." Sie blickt durch die Klasse, wenige melden sich, ihr Blick bleibt an Heiner hängen: „Heiner, bitte!" Heiner lässt sich zurückfallen, legt die Beine auf den Tisch und macht ein gelangweiltes Gesicht: „Keine Lust." Frau Schröder braust auf. Einige kichern, blicken hämisch. Anna grinst. Heiner streckt ihr die Zunge raus: „Dumme Kuh!" Der werde ich es gleich zeigen, denkt er. Das Buch hat er vergessen.

Was ist geschehen? Heiner ist mit Erwartungen in die Schule gekommen. Vom Vater dazu gezwungen hat er ein Buch gelesen und sich unerwartet mit dem Text identifiziert. Etwas hat ihn irritiert, er hat eine Frage dazu. Er wartet nicht, bis die Lehrerin seine Frage zulässt, sondern er spricht Anna an, die ironisch reagiert. Das ärgert die Lehrerin, die aufgrund ihrer Erfahrung mit Heiner eine „Störung" erwartet hat. Sie ermahnt ihn und gibt ihn der Lächerlichkeit preis. Heiner fühlt sich verletzt und reagiert trotzig und abwehrend – er wiederholt das Verhalten, das Lehrerin und Mitschüler von ihm erwarten. Seine Frage hat er vergessen.

Was hat Heiner in dieser Situation gelernt? Heiner hatte ein Erlebnis: Er hatte eine Frage und wollte sie im Unterricht beantwortet haben. Er wurde dafür bestraft, dass er sie nicht der Lehrerin, sondern zur Unzeit Anna gestellt hat. Nun ist er enttäuscht und wütend und hat die Lust an dem Buch verloren. Und er hat eine Erfahrung gemacht: die Erfahrung, dass es auf seine Frage nicht ankommt. Es geht gar nicht um den Text und seine Fragen. Es geht darum, wie er aus anderen Situationen weiß, dass er nicht ungefragt reden soll, dass er andere nicht zum Lachen bringen soll usw. Heiner hätte auch anders reagieren können: Er hätte die Ermahnung hinnehmen, sich auf seinen Platz setzen und warten können, bis er seine Frage hätte stellen können. Er hätte der Lehrerin auch erklären können, dass er mit Anna über das Buch gesprochen hat und nicht über etwas anderes. Er hätte sich auch beleidigt zurückziehen und schweigen können – aber er hätte auch bemerken können, dass sein bisheriges Verhalten im Unterricht so provokativ war, dass die Lehrerin sein Auftreten in dieser Situation nur in dieser Weise interpretieren konnte.

Dass Heiner in *seiner* Weise, eben mit Trotz, Protest und Arbeitsverweigerung reagiert, hängt wohl damit zusammen, dass ihm dieses Verhaltensmuster vertraut ist, dass es seine Form des Umgangs mit Kränkungen und Verletzungen ist und dass es ihm die Möglichkeit gibt, sich Aufmerksamkeit zu verschaffen. Heiner macht aber auch eine möglicherweise neue Erfahrung, die Erfahrung nämlich, dass er (mit seinem Verhalten) die Lehrerin auch dann ärgert, wenn er sich auf Inhalte bezieht, die sie eigentlich von ihm als Schüler erwartet. Und weil sein Verhalten von der Lehrerin und mittelbar auch von den Mitschülern negativ sanktioniert wird, bestätigt das Erlebnis natürlich auch seine bisherige Erfahrung, dass es in der Schule vor allem um Anpassung geht, dass man Gefühle zurückhalten muss, dass man die Körperhaltung, Gestik und Mimik der Lehrerin verstehen und die eigene unter Kontrolle halten muss, dass eigene Fragen unerwünscht sind und dass man sich Inhalte in vorgeschriebener Weise anzueignen hat.

Erlebnisse

Heiners Szene macht die Möglichkeiten und Grenzen von geplanten Lernprozessen deutlich. Sie zeigt, dass diese eben nicht nur von den Inhalten abhängig sind. Lernprozesse sind eng mit Erlebnissen verknüpft und Erlebnisse entstehen immer in oder als Reaktion auf Szenen, in die wir körperlich, emotional, denkend und handelnd eingebunden sind. Subjektiv wichtig und für das Erlebnis bestimmend sind dabei die Momente, die im Widerspruch zu den Erwartungen und Bedürfnissen stehen, die wir in die Situation einbringen. Werden diese enttäuscht, fühlen wir uns verunsichert und reagieren emotional: gekränkt, enttäuscht oder vielleicht freudig. Wir haben verschiedene Möglichkeiten, unsere emotionale Sicherheit wiederherzustellen. Fühlen wir uns in Frage gestellt, können wir uns abgrenzen, den anderen die Schuld zuschreiben und uns gegen sie zur Wehr setzen (wie Heiner). Wir können aber auch uns selbst die Schuld geben, uns anpassen und das erwartete Verhalten nachahmen. Oder wir können unser Verhalten überprüfen, uns um Verständnis für die anderen bemühen und nach Handlungsweisen suchen, die den beiderseitigen Bedürfnissen entgegenkommen. Fühlen wir uns in unseren bisherigen Verhaltensweisen bestätigt, können wir diese wiederholen und möglicherweise sogar verstärken.

▶ Wahrnehmungs-, Denk- und Verhaltensmuster

In welcher Weise wir nun reagieren, hängt von der jeweiligen Situation, den beteiligten Personen und unseren Verhaltensmustern ab. Sind uns die Personen wichtig, versuchen wir uns ihren Erwartungen anzupassen. Sind sie uns gleichgültig oder lehnen wir sie ab, können wir uns von ihnen abgrenzen. Privilegiert die Situation (wie in der Schule) bestimmte Personen, Themen oder Handlungen, müssen wir entscheiden, ob wir diese akzeptieren oder nicht und welche Risiken wir eingehen, wenn wir von ihnen abweichen. Und schließlich und nicht zuletzt hängt es davon ab, welche Wahrnehmungs-, Denk- und Verhaltensmuster uns überhaupt zur Verfügung stehen.

Erfahrungen

Als Pädagoge beschäftigt mich vor allem die Frage, wie Erlebnisse und Situationen, in denen wir in Frage gestellt werden, so zu Erfahrungen verarbeitet werden können, dass das Neue nicht einfach abgewehrt oder angeeignet wird, sondern den Blick auf die eigenen Vorstellungen und Verhaltensmuster lenkt und damit die Möglichkeit eröffnet, diese zu verändern. Solche Erfahrungen werden seltener gemacht, als es den Anschein hat. Sicherheiten werden immer stärker in Frage gestellt, so dass viele – vor allem Jugendliche – gezwungen sind, eine brüchige und fragmentarische Identität immer wieder neu zu inszenieren und zu verteidigen.

▶ Abwehr und Integration

Dabei sorgen die Abwehr- und Integrationsmechanismen von Alltagswahrnehmung und -bewusstsein häufig schon im Vorfeld dafür, dass das Neue und Fremde gar nicht erst wahrgenommen wird. Denn das Fremde macht Angst, es konfrontiert mit dem, was zum Aufbau und zur Aufrechterhaltung der Identität und des Selbstbildes ausgeblendet werden muss, damit man sich als einzigartig verstehen kann. Es stellt mühsam erworbene Werte, das Selbstgefühl, Lebensentwürfe, Wahrnehmungs- und Handlungsroutinen in Frage.

Dass wir unsere Wahrnehmung, unser Denken und Verhalten so wenig verändern, hängt aber auch damit zusammen, wie wir gewohnt sind, Erfahrungen zu machen. Ein Erlebnis kann nämlich erst dann zu einer Erfahrung werden, wenn es mit anderen Erlebnissen bewusst in Verbindung gebracht wird und damit in seinen Voraussetzungen und Wirkungen begriffen wird. Dazu ist Distanz notwendig, Vergleich, bewusstes Erinnern. Wir müssen verstehen, was in der Situation mit uns passiert ist, welche Gefühle durch welche Wahrnehmungen und Handlungen ausgelöst wurden und welche Konsequenzen daraus gezogen werden können.

▶ Erlebnisse verstehen

Das alles geschieht in der Regel in einem Prozess der Verständigung und Selbstverständigung mit Hilfe der Sprache, mit der Erlebnisse unabhängig von der Situation benannt und gedacht werden können. Diese Leistung der Sprache und des Denkens ist auch ihre Grenze. Das, was die Intensität von Erlebnissen ausmacht – Wünsche, Empfindungen, Gefühle, Übertragungen, körperliche und sprachliche Haltungen – ist der Sprache und dem Denken nur zum Teil zugänglich, bleibt aber wirksam. So können z.B. eigene Anteile (etwa ein bestimmtes Auftreten), die zur Entstehung einer Situation beigetragen haben, nicht wahrgenommen, abgespalten oder so rationalisiert werden, dass wir von einer Erfahrung sprechen können, ohne dass sich dadurch unser Verhalten verändert. Denn uns ist nur ein Teil des Erlernten im Alltag bewusst: Wahrnehmungs-, Denk-, Verhaltens- und Beziehungsmuster, die unsere alltägliche Praxis bestimmen, werden in tieferen Gedächtnisschichten gespeichert und können höchstens nachträglich, also reflexiv bewusst gemacht werden. Auch sie sind Produkte von Erlebnissen, die aus Szenen erwachsen sind. Grundlegend und strukturbildend sind dabei Erlebnisse der frühen Kindheit. Die Art, wie in der Interaktion mit den Eltern und anderen Bezugspersonen schon im vorsprachlichen Raum körperliche Bedürfnisse (nach Nahrung, Berührung, Wärme, Licht, Bewegung und Tönen) wahrgenommen, befriedigt, unterdrückt oder kompensiert werden, hinterlässt Erinnerungsspuren und Erlebnisfiguren, die sich aufgrund der existenziellen Abhängigkeit tief in den Körper und die Psyche einprägen. Zwar werden sie im Laufe des Lebens durch neue Erlebnisse verändert, überarbeitet und entfaltet. Doch bleiben sie schon deshalb bestimmend für den Umgang mit Bedürfnissen und für die Ausbildung von Erwartungen, Wünschen und Verhaltensweisen, weil sie in Familien-, Schul-, Behörden-, Berufs- und Freizeitszenen häufig wieder aufgegriffen, wiederholt und verstärkt werden.

▶ Körpersozialisation

Dabei kommt der Körpersozialisation eine besondere Bedeutung zu. Allein beim Kleinkind wird von Eigenarten (Geschlecht, Aussehen, Gewicht u.a.) und Verhaltensweisen (Schreien, Lächeln, Bewegung usw.) auf individuelle Stimmungen und Absichten geschlossen. Danach werden die körperlichen Ausdrucksweisen in Familie, Schule und sozialem Umfeld mit Bezug auf die Waren- und Medienwelt geformt und auf kulturell und sozial vorgegebene Muster ausgerichtet. Während dieses Prozesses werden die soziale Welt und ihre Ordnung (also auch die gesellschaftliche Arbeitsteilung, Klassen-, Schicht- und Geschlechtsunterschiede) „einverleibt" (vgl. Bourdieu), mitgebrachte körperliche Eigenheiten (Größe, Geschlecht, Haar- und Hautfarbe, Stimme, Krankheiten) und Fähigkeiten (Sehen, Hören, Riechen, Schmecken, Tasten, Bewegen) von sozialen Regeln und Mustern geformt. Gelernt wird dabei

- wie der Körper gehalten, bewegt, vorgezeigt werden darf,
- welchen Raum er einnehmen und welche Tätigkeiten er ausführen darf, welche Gesten und Blicke in welcher Situation erlaubt sind und welche vermieden werden müssen,
- welche Gefühle gezeigt, ausgestellt und welche zurückgehalten werden müssen,
- wie, mit wem und wie lange geredet werden darf und wann man zu schweigen hat,
- wie man sich im Raum bewegen darf, welche Plätze und Perspektiven man einnehmen darf,
- welche Gegenstände man sich aneignen kann und welche nicht, wie man sie wahrnehmen und mit ihnen umgehen darf, ob man sie anfassen, mit ihnen spielen, sie nur benutzen oder nur ansehen darf,
- wie man mit der Zeit umgehen muss, wie pünktlich man sein muss, welche Zeitrhythmen erlaubt sind und welche Zeit man für sich haben darf,
- welche Statuspositionen man einnehmen und zeigen darf.

▶ Nachahmung

Das Lernen erfolgt hier vorwiegend durch Nachahmung, mittels derer – meist unbewusst und über das Körpergedächtnis organisiert – wahrgenommenes oder vorgestelltes Verhalten angeeignet wird, indem das eigene Ausdrucks- und Verhaltensrepertoire aktiviert wird (vgl. Scheller 1982). Je nach Vorbild kann dabei das mitgebrachte und erworbene Repertoire erweitert, eingeschränkt, verlernt, aber auch verdrängt werden. Dass diese Nachahmung ein theatralisches Prinzip ist, darauf hat Bertolt Brecht hingewiesen: „Es wird oft vergessen, auf wie theatralische Art die Erziehung des Menschen vor sich geht. Das Kind erfährt, lange bevor es mit Argumenten versehen wird, auf ganz theatralische Art, wie es sich zu verhalten hat. Es lacht mit, wenn gelacht wird, und weiß nicht warum. Meist ist es ganz verwirrt, wenn man es fragt, warum es lacht. Und so weint es auch mit, vergießt nicht nur Tränen, weil die Erwachsenen das tun, sondern fühlt auch echte Trauer. Das sieht man bei Begräbnissen, deren Bedeutung den Kindern gar nicht aufgeht. Es sind theatralische Vorgänge, die den Charakter bilden. Der Mensch kopiert Gesten, Mimik, Tonfälle. Und das Weinen entsteht durch

Trauer, aber es entsteht auch Trauer durch das Weinen. Dem Erwachsenen geht es nicht anders. Seine Erziehung hört nie auf" (vgl. Steinweg 1976, S. 175 ff).

Wie bei solchen Nachahmungen gesellschaftliche Verhaltensmuster angeeignet werden, kann am Kinderspiel beobachtet werden. Kinder spielen Eltern und Kind, Ärztin und Patient, Mörder und Opfer, Mann und Frau, um Macht- und Ohnmachtserlebnisse, Größenphantasien und Versagensängste zu bewältigen, die sie täglich in der Auseinandersetzung mit der Erwachsenenwelt erleben. Dabei spielen sie nicht die Personen (die sie häufig gar nicht kennen), sondern nehmen diese zum Anlass, um kultur-, geschlechts- und schichtenspezifische Verhaltensmuster, die ihnen gezeigt und zur Selbstdefinition nahe gelegt wurden, zu erproben und sich anzueignen (Gebauer 1997, S. 272). Dabei wechseln sie immer wieder die Rollen, um die Gefühle, die die jeweilige Haltung bei ihnen auslöst, nicht zu stark werden zu lassen. Da nun die äußeren Spielräume (also Räume, die in der Vorstellung umgedeutet werden können wie Kinderzimmer, Spielplätze u.a.) und Phantasieräume (die es ihnen erlauben in fremde Rollen zu schlüpfen) immer häufiger medial besetzt werden, finden solche nachahmenden Erprobungen im Spiel immer seltener statt. An ihre Stelle treten schon früh in der Familie, im Kindergarten und auf der Straße Inszenierungen medial vorgegebener Verhaltensmuster.

▶ Fremdbestimmung

Wo sich traditionelle Lebenszusammenhänge und Familienstrukturen immer mehr auflösen und Lebensperspektiven immer weniger vorgezeichnet sind, greifen über Konsum (Ernährung, Spielzeug, Kleidung) und Medien (Fernsehen, Computer, Gameboy) industriell produzierte Muster der Bedürfnisbefriedigung und -verschiebung schon früh in den Alltag von Erwachsenen und Kindern ein. Sie schaffen ein Netz ausgesprochener und unausgesprochener Muster, die sich in Vorurteilen, Ratschlägen, Etiketten und Moden ausdrücken, sprechen manche Bedürfnisse an und grenzen andere aus oder lassen sie unbewusst. Dabei sind es vor allem körperliche und emotionale Bereiche, die über Medien und Konsumangebot inszeniert und bewertet werden. Sie bieten Muster der Selbstdarstellung an, anhand derer sich Kinder und Jugendliche immer wieder neu als Teil einer Gruppe sehen und vergewissern können. Sie eröffnen ihnen die Möglichkeit, ihre Wünsche und Bedürfnisse nach Nähe, Freundschaft, Liebe und Gruppensolidarität, aber auch nach Distanz, Abgrenzung, Action und Gewalt zumindest punktuell auszuleben. Dabei spielen sie in individuellen und kollektiven Selbstinszenierungen Verhaltensweisen durch, die gesellschaftlich von immer größerer Bedeutung sind: Kreativität, Flexibilität, Kooperation und Konsum.

Gleichzeitig aber greifen sie mit diesen Inszenierungen in das öffentliche soziale Leben ein, provozieren Störungen, Brüche und Reaktionen, die zu einem öffentlichen Problem werden. Denn immer mehr Kinder und Jugendliche spielen nicht nur Gewalt, Zerstörung, Kriminalität und Sucht, sie üben sie aus und bedrohen damit die soziale Ordnung und ihre Institutionen. Dass diese Störungen die Öffentlichkeit beschäftigen und die soziale Realität der Jugendlichen (Berufsausbildung, Arbeitslosigkeit, Wohnsituation und ihre Kultur und Lebensweise, vgl. die Shellstudie 1997) in den Hintergrund drängen, hängt vermutlich damit zusammen, dass sie die Verhältnisse der Erwachsenenwelt im privaten, beruflichen und politischen Bereich spiegeln: sei es Gewalt in der Familie, Mobbing am Arbeitsplatz, Steuer- und Wirtschaftskriminalität, Alkohol- oder Nikotinsucht. Die Störungen der Jugendlichen provozieren Unsicherheit, Hilflosigkeit und Empörung und werden häufig mit Drohungen und Gewalt beantwortet, während die konkreten Lebensbedingungen der Jugendlichen ignoriert und nicht zum Inhalt von Lernprozessen gemacht werden.

▶ Verhalten verstehen

Dass solche Lernprozesse so schwierig sind, ist vor allem dadurch bedingt, dass Verhaltensmuster nur zum Teil bewusst sind und dass wir sie deswegen immer nur *erklären,* nicht aber im ganzheitlichen Sinn begreifen können. Die Geschichten und Erklärungen, mit denen wir Erlebnisse deuten, bleiben deshalb immer Konstruktionen, mit denen wir eigentlich Unerklärbares verstehen, ordnen und in Sinn-Strukturen einordnen wollen. Weil uns die kleinen und großen Störungen beunruhigen, entwickeln wir Vorstellungen, Theorien und Einstellungen, mit denen wir sie scheinbar verstehen können und die uns helfen, die Komplexität von Szenen so zu reduzieren, dass sie in das Sinn-System passen, mit dem wir uns als Teil einer Gruppe, aber auch als Individuum in Abgrenzung zu anderen sehen können. Das gelingt dann am besten, wenn wir uns über Eigenschaften und Verhaltensweisen definieren, die wir uns wünschen, die wir bei uns kennen und akzeptieren können, und wenn wir solche, die uns unangenehm sind, uns verunsichern und möglicherweise ängstigen, als fremdartig anderen zuschreiben (Müller/Scheller 1993).

In diesem Sinn sind in den Geschichten und Erklärungen, mit denen wir Erlebnisse verarbeiten, immer auch unsere bewussten und unbewussten Vorstellungen und Wünsche aufgehoben. Und deshalb müssen Lernprozesse, die Verhalten ändern sollen, beide Seiten im Blick haben: die sozialen Handlungsmuster einerseits und die Deutungsmuster andererseits. Gegenstand des Lernprozesses sind die *äußeren und inneren Haltungen,* also die Gesamtheit von (inneren) Vorstellungen, Gefühlslagen, Wahrnehmungsweise, sozialen und politischen Einstellungen und Interessen und (äußeren) körperlichen und sprachlichen Ausdrucks- und Verhaltensweisen, die Menschen in bestimmten Situationen, aber auch längerfristig, gegenüber ihrer sozialen Umwelt zeigen.

Haltungen sind individuell unterschiedlich, weil sie Niederschlag und Ausdruck einer bestimmten Biographie in einem bestimmten Körper sind. Sie sind durch Wahrnehmungs-, Denk- und Handlungsmuster mit den Haltungen anderer Menschen verbunden, die in der gleichen Epoche, Kultur, Schicht oder Klasse und mit dem gleichen Geschlecht aufgewachsen sind und leben. Solche kollektiven Dispositionen und Handlungsschemata nennt Bourdieu *Habitus* (vgl. Bourdieu 1993, S. 97 ff). Im Habitus finden gesellschaftliche Arbeitsteilung sowie Anforderungen und Abhängigkeiten, denen Menschen ausgesetzt sind und die sie zu bewältigen haben, ihren körperlichen und psychischen Niederschlag. Er stellt sicher, dass sich die soziale Ordnung einer Gesellschaft durch das Handeln und die Vorstellungen der Menschen quasi unbewusst reproduziert. Mit Haltungen und Habitusformen setzen sich Menschen in sozialen Situationen bewusst und unbewusst in Beziehung zu ihrer Umwelt. Konflikte, Störungen und Krisen entstehen nicht nur, weil unterschiedliche Haltungen und Interessen aufeinander stoßen, sondern auch weil unterschiedliche Haltungs- und Habitusanteile in Widerspruch zueinander geraten: Denken und Handeln, Sprechen und Handeln, Wahrnehmen und Denken usw. Weil solche Konflikte und Störungen – Turner verwendet den Begriff *soziale Dramen* (Turner 1995) – das Miteinander von Menschen in sozialen Systemen immer wieder in Frage stellen und gefährden, wurden Rituale, Gesetze und Institutionen entwickelt, mit denen sie verhindert oder kanalisiert werden sollen.

▶ Soziale Dramen

Soziale Dramen und die Art, wie sie bewältigt werden, sind vorrangig Gegenstand der Texte, Bilder, Filme sowie musikalischen und theatralischen Darstellungen, mit denen es Pädagogen und Pädagoginnen in ihrer Praxis zu tun haben. Sie spiegeln, wie Turner eindrucksvoll beschrieben hat, soziale Probleme, Auseinandersetzungen und Krisen in vielfältigen Brechungen und aus unterschiedlichen Perspektiven: „Diese Spiegelungen in diesem Spiegelsaal sind unterschiedlicher Natur, einige vergrößern, andere verkleinern, wieder andere verzerren das Gesicht derer, die in sie hineinblicken. Sie verzerren aber auf eine Weise, daß die, die hineinblicken, nicht nur zum Nachdenken angeregt, sondern auch starke Gefühle der Weise zur Veränderung der Alltagsangelegenheiten im Betrachtenden geweckt werden. Denn niemand sieht gerne häßlich, plump oder zwergenhaft aus. Verzerrte Spiegelungen provozieren Reflexivität“ (Turner 1995, S. 165 f).

Vielleicht war es so ein Spiegel, der Heiner bei seiner Lektüre beunruhigt und zu Fragen provoziert hat. Dass er diese Fragen nicht stellen konnte, dass er keine Antworten bekam, die einen Lernprozess hätten in Gang setzen können, das hat die Unterrichtsszene bewirkt.

1.2 Das szenische Spiel als Lernform

Lernprozesse, die nicht nur die kognitive Auseinandersetzung mit Inhalten zum Ziel haben, sondern auch die Aneignungssituationen und die eingebrachten Haltungen und Habitusanteile, müssen auch unbewusste und vorbewusste Wahrnehmungs-, Denk- und Verhaltensmuster zur Darstellung bringen und reflektieren.

▶ Innere Haltungen

Sie müssen sich einmal mit den inneren Haltungen auseinander setzen, mit denen eingeschliffene Formen der Bedürfnisbefriedigung, des Wahrnehmens, Denkens und Verhaltens und die in sie eingehenden gesellschaftlichen Normen und Machtverhältnisse gerechtfertigt und bestätigt werden. Ziel könnte dabei sein, vergessene, ausgegrenzte oder noch nicht entdeckte Gefühle, Wahrnehmungs- und Denkmöglichkeiten (wieder) bewusst zu machen und als Teil des eigenen Selbst zu akzeptieren. Damit können polarisierende Vorstellungen und Deutungen, die neue Erfahrungen erschweren, in Frage gestellt und überwunden werden.

▶ Äußere Haltungen

Sie müssen sich aber auch mit der Entstehung, mit Erscheinungsformen und der sozialen Wirkung einverleibter äußerer körperlicher und sprachlicher Haltungen und Handlungsmuster auseinander setzen, mit denen wir soziale Situationen gestalten, bewältigen und inszenieren. Ziel könnte hier sein, sich bewusst zu machen, wie man sich tatsächlich verhält, wie dieses Verhalten von anderen wahrgenommen wird und inwieweit diese Wahrnehmung den eigenen Vorstellungen und Wünschen entspricht. Es sollte auch klar werden, warum man sich solche Verhaltensmuster angeeignet hat und wozu man sie benötigt(e). Und schließlich sollte man auch erfahren, welche anderen (vergessenen) Verhaltensmöglichkeiten verfügbar sind und welche man erlernen kann, um die Beziehungen zu sich, zum eigenen Körper und zu anderen Menschen zu erweitern und zu verändern.

▶ Lernen mit allen Sinnen

Für solche Lernprozesse reicht die Begriffssprache nicht aus, weil sie nur erklären und rechtfertigen würde, was erst zum Bewusstsein kommen soll. Sie allein ist nicht in der Lage, komplexe sinnlich-körperliche und emotionale Erlebnisse angemessen zu benennen. Deshalb sind wir auf präsentative Symbole (Langer 1984) und Darstellungsformen angewiesen, auf sinnlich-ästhetische Gestaltungen, die aufgrund ihrer morphologischen Ähnlichkeit in der Lage sind, auch sinnliche und emotionale Anteile darzustellen und zu vergegenständlichen (vgl. Langer 1984, Lorenzer 1991, Wangerin 1997).

Eine derartige sinnlich-ästhetische Lernform, die von sozialen Situationen und den in sie eingehenden Haltungen nicht abstrahiert, ist das szenische Spiel. Im szenischen Spiel werden den Personen und Situationen keine Bedeutungen zugeschrieben, sondern diese werden durch die Spielenden (wieder) erschaffen, gestaltet und dargestellt. Dabei aktivieren die Spieler eigene Vorstellungen, Erlebnisse, körperliche und sprachliche Handlungsweisen, handeln in der Rolle nach ihren Möglichkeiten und geben ihr dadurch eine Gestalt. Dabei können sie eigene, aber auch fremde Haltungsanteile in ihren Voraussetzungen und Wirkungen nachvollziehen und genauer verstehen. So können soziale Situationen und Dramen, die in Erlebnissen, Theorien, Geschichten, Bildern und Texten entworfen und interpretiert werden, szenisch rekonstruiert, mit eigenen Erlebnissen durchsetzt und unter Aktivierung eigener Wünsche, Übertragungen und Verhaltensmuster neu gedeutet werden, so dass sie in ihrer Entstehung, ihrem Verlauf und in der spezifischen Interpretation erfahrbar werden. Diese Deutung wird gemeinsam von den Spielenden und Beobachterinnen in einer konkreten Situation erarbeitet und zeigt und deutet immer auch deren Haltungen. In dieser doppelten Gerichtetheit unterscheidet sich das szenische Spiel vom Theater.

▶ Handeln in vorgestellten Situationen

Szenisches Spiel ist Handeln in vorgestellten Situationen. Je genauere Vorstellungen die Spieler bzw. Spielerinnen von ihrer Rolle und der Situation entwickeln, umso besser sind sie in der Lage, reale Räume und Gegenstände, die Mitspielenden und sich selbst als andere wahrzunehmen und aus der Rolle heraus zu handeln. Werden ihre Vorstellungen systematisch aufgebaut und entfaltet, haben sie Gelegenheit, sich Schritt für Schritt in die Rolle und die Situation *einzufühlen,* dann bleibt ihr Handeln im Spiel nicht fiktiv und bloße Inszenierung, sondern wird so real wie in analogen Alltagssituationen auch (Scheller 1982a). Von innen heraus motiviert und gerechtfertigt, können die Teilnehmer ihr körperliches und sprachliches Verhaltens- und Ausdrucksvermögen situationsgerecht ausschöpfen. Sie zeigen nicht nur, wie sie die Rolle verstehen und welche Haltung sie ihr geben bzw. zu geben in der Lage sind. Sie erleben und zeigen mehr und anderes als das, was sie ausdrücken wollen. Denn ihr Spiel ist nicht (nur) strategisch, sondern immer auch wiederhergestelltes Verhalten, ein Verhalten, dass sie (und häufig auch die Beobachtenden) bei sich kennen oder kannten, das sie einmal gelernt haben und jetzt wieder aktivieren und enthüllen (Turner 1995, S.166).

Um dieses Verhalten und seine sozialen Wirkungen, aber auch um das, was im Spiel anderer und fremder Rollen und Situationen neu entwickelt wird, geht es vor allem, wenn vom szenischen Spiel als Lernform gesprochen wird. Es geht um die Analyse sozialer Prozesse und um das Wiederentdecken, Erleben und Bewusstmachen dessen, was die Spieler bewusst oder unbewusst ausdrücken, zeigen und zu zeigen in der Lage sind. Und es geht um gelebte und ungelebte lustvolle, aggressive, auch asoziale Träume, Wünsche, Gefühle, Lebensentwürfe und Verhaltensweisen, die sie sich in ihrer sozialen Welt angeeignet haben oder die sie vergessen, unterdrücken oder ausgrenzen mussten. Dabei können dann auch Verbindungen wieder hergestellt werden, die im Prozess der Sozialisation zugeschüttet wurden und die dazu geführt haben, dass wir uns und andere nach starren Kategorien definieren: als stark oder schwach, groß oder klein, friedfertig oder gewalttätig, gesund oder krank, Mann oder Frau, als Deutsche oder Ausländer usw.

Indem sich die Spielerinnen auf die Rolle anderer Menschen einlassen und fremde Verhaltensmuster im Spiel möglicherweise lustvoll erleben, können sie entdecken, dass es auch in ihnen fremde, häufig auch bedrohliche Anteile gibt. Respektieren sie diese Anteile als eigene und nehmen sie sie in ihr Selbstbild auf – also dass sie z.B. als Mann auch schwach, weich, zärtlich, traurig oder als Frau aggressiv und abgrenzend sind und das auch zeigen können –, brauchen sie diese nicht mehr anderen zuzuschreiben und möglicherweise an ihnen zu bekämpfen. Im Wechselspiel von Ich und Rolle können in dieser Weise Abgrenzungen und Polarisierungen in Frage gestellt und der Blick für die vielfältigen Schattierungen und Ambivalenzen in uns und unseren Beziehungen zu unserer sozialen Umwelt geöffnet werden.

Wie solche Lernprozesse zustande kommen können, möchte ich im Folgenden an einem Beispiel deutlich machen:

Eine Spielsituation: In einem Seminar, in dem der Alltag im Dritten Reich szenisch untersucht werden sollte, übernahm eine Lehrerin die Rolle von Inge, einem 14-jährigen jüdischen Mädchen, das in einer Szene zwei Hitlerjungen, die ein anderes jüdisches Mädchen traktieren, mit dem Hinweis in die Flucht schlägt, dass ihr Onkel Obersturmbannführer sei (vgl. Ludwig/Michel, Ab heute heißt du Sara, 4. Bild). Sie machte sich zunächst durch einen Rollentext und die Szene ein Bild von dem Mädchen und schrieb für dieses eine Rollenbiographie. Danach wusste sie, dass das Mädchen aus einer sozialdemokratischen Familie stammte, vor kurzem erst erfahren hatte, dass es Jüdin war, dass es deshalb die Schule wechseln musste und unglücklich war, weil es nicht mehr mit den anderen Kindern auf der Straße spielen durfte. Danach veränderte die Spielerin ihre Kleidung, entwickelte Körper- und Sprechhaltungen für das Mädchen und zeigte im Spiel, wie dieses auf der Straße tobte (was es früher am liebsten getan hatte). Dadurch bekam die Spielerin eine Vorstellung von der Haltung des Mädchens: Sie erlebte es als fröhlich und naiv, aber auch intelligent. Danach bereitete sie mit den Mitspielern die Szene vor: Gemeinsam entwickelten sie eine Vorstellung von dem Ort und bauten diesen auf, legten den Zeitpunkt der Handlung auf mittags (nach der Schule) fest und spielten den Ablauf des Geschehens kurz durch. Dann überlegte die Spielerin, was Inge vor der Szene gemacht haben könnte, was sie an dieser erregt, warum sie sich in dieser Weise auf die Hitlerjungen stürzt und sie von dem Mädchen wegreißt und wie ihr der Einfall kommt den Onkel zu erwähnen. Dabei wurde ihr klar, dass dieses Verhalten zu dem Bild passte, das sie sich schon vorher von Inge gemacht hatte: Das Mädchen war spontan, selbstbewusst und einfallsreich. Dann bauten die Hitlerjungen die Straßenecke auf, beschrieben ihren Standort und äußerten sich im Rollengespäch mit mir als Spielleiter zu dem, was sie vorhatten. Danach sprach ich mit Inge, die gerade aus der Schule kommt und erzählt, dass sie Handball gespielt habe, ihr Lieblingsspiel. Sie hätten gewonnen, jetzt werde sie nach Hause gehen und nachher noch das Buch weiterlesen, sie dürfe ja nicht raus.

Die Szene: Die Hitlerjungen pöbeln das jüdische Mädchen an, stoßen es um, verhöhnen und quälen es. Inge kommt dazu, will sich auf die Jungen stürzen, bleibt mehrere Meter vor ihnen stehen, zieht verkrampft ihre Schultern hoch, lächelt, greift nicht ein und vergisst ihren Part. Ich breche das Spiel ab und fordere die Spielerin auf die Szene noch einmal zu spielen. Ich erinnere sie an ihre Intention und das, was sie tun will. Das Spiel misslingt erneut, die Hitlerjungen triumphieren. Ich unterbreche das Spiel, lasse die Beobachter beschreiben, wie sie die Haltung von Inge wahrgenommen haben und wie die Hitlerjungen darauf reagiert haben. Dann lege ich eine kleine Pause ein und spreche mit der Spielerin. Sie erklärt mir, dass sie sich gegen ihre eigenen Intentionen nicht in der Lage gefühlt habe, laut zu werden und körperlich einzugreifen. Das habe sie nie gekonnt, vor allem ihren großen Brüdern gegenüber habe sie keine Chance gehabt, die hätten sie lächerlich gemacht, und jetzt auch noch im Spiel die Kollegen als Hitlerjungen. Im Spiel habe sie gemerkt, dass sie gar nicht fähig sei gegenüber Männern laut zu werden und dann sei wieder dieses blöde Lächeln gekommen, weshalb man sie nie ernst genommen habe. Wir verabreden, dass ich ihr helfen werde die Rolle „richtig“ zu spielen. Das sage ich dann auch den Seminarteilnehmern: Die Rolle müsse der Vorlage gemäß gespielt werden. Dann begleite ich die Spielerin bei ihrem dritten Versuch, ermuntere sie sich auf die Hitlerjungen zu zu bewegen, erinnere sie an ihre Wut, flüstere ihr immer wieder den Satz zu, den sie sprechen soll, und fordere sie auf lauter zu werden. Schließlich gelingt es ihr: Sie schreit die Hitlerjungen an, reißt sie auseinander, hat ihre Sprache wieder gefunden. Danach ist die Spielerin, wie Inge auch, mit sich zufrieden.

Diese Szene zeigt, wie und was im Spiel gelernt werden kann. Die Haltung, die die Lehrerin zeigen wollte, misslang, weil die Situation, die Personenkonstellation und die Aktion der Hitlerjungen in der Spielerin Szenen und Verhaltensweisen wachriefen, in die sie zu Hause gegenüber ihren Brüdern immer wieder geraten war: Szenen, die sie vergessen hatte, an die sie sich nicht gern erinnerte, weil sie kränkend und verletzend waren, die aber in ihr Verhaltensrepertoire eingegangen waren und noch immer ihr Verhalten (auch gegenüber ihren Kollegen) bestimmte. Als Spielleiter habe ich dieses Verhalten zwar akzeptiert, aber ich wollte ihr helfen auch neue Erfahrungen zu machen. Deshalb habe ich darauf bestanden, dass sie die Szene „richtig“, d.h. in der vom Text vorgegebenen Weise, spielte, habe sie in der Rolle eines Hilfs-Ichs unterstützt, habe Tendenzen in ihr verstärkt und ihr geholfen laut zu werden, die Hitlerjungen (und damit auch die Kollegen) anzuschreien und sich durchzusetzen. So konnte sie im Schutze der Rolle eine Fähigkeit entwickeln, die sie vielleicht auch einmal in einer Alltagssituation würde gebrauchen können.

Einfühlung

Um solche Erinnerungen anzustoßen und immer wieder möglich zu machen, werden nun beim szenischen Spiel über Spielverfahren und Interventionen des Spielleiters gezielt auch Gedächtnisschichten angeregt, in denen körperliche, emotionale und szenische Anteile erlebter Situationen gespeichert werden. Vor allem bei der *Einfühlung*, bei der die Spieler die Lebensgeschichte, die Lebenssituation, die äußere und innere Welt und Haltung einer Person von innen heraus so differenziert entwickeln müssen, dass sie in der Lage sind, sie in unterschiedlichen Situationen darzustellen, sind sie darauf angewiesen, vergessenes, halb- und vorbewusstes Erlebnismaterial zu aktivieren und auf die Person zu übertragen.

Dabei können sie (etwa beim Schreiben von Rollenbiographien) eigene Erlebnisse, Vorstellungen und Wünsche erinnern und sie verwenden, um Leerstellen in der Rollenvorgabe auszufüllen und eine in sich schlüssige Lebenswelt und innere Haltung für die Person zu entwerfen, die dabei viel mit eigenen Haltungsanteilen zu tun haben kann.

▶ Sinnliche Vorstellungen

Weiter sind die Erfahrungen von Stanislawski (1983, S. 193 ff) und Strasberg (1978, S. 64 ff) von Bedeutung, dass Erlebnisse und Empfindungen wieder belebt und mit in die Rolle hineingenommen werden können, wenn an sinnlich wahrnehmbare Objekte erinnert wird, die in intensiv erlebten Situationen wichtig waren. So erwähnt Inge im Rollengespräch vor Beginn der Szene das Handballspiel und den Sieg ihrer Mannschaft. Sie spielt dabei, wie auch aus der Reaktion der Beobachter zu entnehmen war, auf die Tatsache an, dass auch die Spielerin selbst leidenschaftlich gern Handball spielt.

Nun setzt die Aktivierung sinnlicher Vorstellungen voraus, dass die Spielenden über eine differenzierte Wahrnehmungsfähigkeit verfügen und dass auf ein Repertoire von Erlebnissen zurückgegriffen werden kann, die mit gefühlsintensiven sinnlichen Wahrnehmungen verbunden waren. Weil das der Konsumgesellschaft eigene inflationäre Angebot kurzlebiger Sinneseindrücke zu einer flüchtigen Wahrnehmung verführt und intensive Empfindungen kaum zulässt, haben Theater- und Schauspielpädagogen ihren Spielern immer wieder den Auftrag erteilt zentrale Lebensbereiche mit allen Sinnen zu erkunden. Zum szenischen Spiel gehören deshalb auch Wahrnehmungsübungen, mit denen die sinnlichen Beziehungen der Spieler zu ihrer Umwelt so differenziert und intensiviert werden, dass ihre Wahrnehmungsfähigkeit und damit ihr Sinnenbewusstsein erweitert wird (Selle 1988, z. Lippe 1987).

▶ Körperliche Haltungen

Dort, wo die Aktivierung von Erlebnissen und sinnlicher Wahrnehmung nicht ausreicht, um sich in Personen und Szenen hineinzuversetzen, wo also die kulturelle oder psychische Fremdheit der Personen den Zugang zu ihren Gedanken und Gefühlen erschwert, kann das Nachahmen und Erproben körperlicher Haltungen und Handlungen die Einfühlung erleichtern. Schon Brecht vertrat die Auffassung, dass nicht nur Stimmungen und Gedankenreihen bestimmte Haltungen und Gesten, sondern dass auch Haltungen und Gesten Stimmungen und Gedankenreihen hervorbringen können (vgl. Steinweg 1976, S. 41). Diese Auffassung wird durch die Untersuchungen von Ekman bestätigt, der in Experimenten mit Schauspielern nachweisen konnte, dass bestimmte Grundemotionen durch die Anspannung von Muskeln im Gesicht über das vegetative Nervensystem in Spielern erzeugt wurden. Diese Emotionen drücken sich dabei nicht nur in der Mimik, sondern auch in Gebärden, Ausrufen, Körperhaltungen und Bewegungen aus und können durch diese auch hervorgebracht werden (vgl. Schechner 1996, S. 50). Auf diesem Wissen basiert das asiatische Theater und die Arbeit seiner Schauspieler, die durch ein jahrelanges Training die Fähigkeit erwerben, Mimik, Gestik, Bewegungen, körperliche Haltungen und Ausdrucksformen so bewusst einzusetzen, dass sich die damit verbundenen Gefühle logisch einstellen. Dieses Wissen steht Laien und Schauspielern, die in westlichen Kulturen ausgebildet wurden, nicht zur Verfügung. Aber auch sie können sich durch die genaue Nachahmung körperlicher Handlungen, die für die Person, in die sie sich einfühlen wollen, wichtig sind, einen Zugang zu den damit verbundenen Wahrnehmungen, Gefühlen und Gedanken verschaffen. Das können z.B. Arbeitstätigkeiten sein oder, wie im Fall von Inge, das Toben auf der Straße oder die körperliche Auseinandersetzung mit den Jungen. Dabei können (z.T. schon sehr früh) im vorsprachlichen Raum produzierte Körpererlebnisse, die im Körpergedächtnis gespeichert wurden, abgerufen (zur Lippe 1978, S. 25), durch „Verhaltensinszenierungen" dargestellt und so bewusst gemacht werden, dass das körperliche Selbstbewusstsein erweitert wird (Lorenzer 1985, S. 10).

▶ Sprachliches Handeln

Was über die Nachahmung körperlicher Handlungen gesagt wurde, gilt auch für das sprachliche Handeln, mit dem sich Menschen in inneren und äußeren Kommunikationsprozessen zu sich und ihrer sozialen Umwelt in Beziehung setzen.

Bei der Erprobung von und beim Experimentieren mit Intonationsmöglichkeiten (Lautstärken, Tonfälle), also mit den sinnlich-körperlichen Anteilen des Sprechaktes, können Sprechhaltungen erinnert werden, die den Zugang zum Inneren der Personen, aber auch zu eigenen Verhaltensmöglichkeiten erleichtern. Dabei kann, wie das Beispiel gezeigt hat, auch das Misslingen von Sprechhandlungen Erinnerungen wecken und eingeschliffene Verhaltensweisen bewusst machen.

▶ Soziale Beziehungen

Und schließlich sind da die (materiell, politisch, kulturell und individuell hergestellten) sozialen Beziehungen, die die Personen geprägt haben, in denen sie stehen, über die sie sich definieren und die sie durch ihr Handeln und Denken aufbauen, bestätigen oder in Frage stellen. Um die Beziehungsmuster und die damit verbundenen Selbst- und Fremdbilder der Personen zu verstehen, müssen die Spieler auf eigene Beziehungserfahrungen zurückgreifen, wobei es, wie das oben dargestellte Beispiel zeigt, nicht selten zur Übertragung eigener Beziehungsmuster kommt. Dabei werden die konkreten Beziehungen, die die Personen zu anderen aufgebaut haben oder aufbauen, häufig erst während der Interaktion mit diesen bewusst und können nachträglich erschlossen werden.

Bei all diesen Einfühlungsversuchen geht es nun nicht darum, die Grenzen zwischen sich und der Rolle auszulöschen und in der Rolle nur vertraute Verhaltensmuster zu suchen und zu spielen. Vielmehr sollen die unvertrauten Anteile der Rolle, also fremde Haltungen, Handlungsmuster, Gesten, Blicke und Kleidung und die historischen, sozialen und kulturellen Regeln, die in diese eingegangen sind, durch eigene Gefühle und Vorstellungen von innen und durch das körperliche und sprachliche Handeln äußerlich dargestellt werden. Das setzt die Fähigkeit und Bereitschaft der Spielerinnen voraus, bei der Einfühlung und im Spiel so weit von den eigenen Bedürfnissen nach Selbstdarstellung und Selbstbestätigung abzusehen, dass es ihnen möglich wird sich in andere z.T. fremde Perspektiven einzuarbeiten. Eine wichtige Voraussetzung dafür ist das Wissen, dass sie nicht sich, sondern eine Rolle spielen, aus der sie immer wieder heraustreten, die sie immer wieder ablegen und von der sie sich distanzieren können. Nur dieses Wissen erlaubt ihnen an der fremden Rolle zu arbeiten und eigenes Material zu aktivieren, zuzulassen und auszuagieren.

▶ Intervention des Spielleiters

Dabei sind die Spielenden auf die Intervention des Spielleiters angewiesen. Er unterbricht immer wieder das Spiel, lässt sie in ihren Haltungen erstarren, lässt sie überlegen und aussprechen, was die Person gerade denken könnte. Er lässt Tonfälle korrigieren, Gesten und Handlungen wiederholen und ausstellen und hilft den Spielern in Rollengesprächen bei der Einfühlung und Gestaltung der Rolle. Die dadurch entstehenden Brüche, die den Spielfluss hemmen können, sind wichtig. Sie zwingen die Spielerinnen immer wieder, bewusst und unbewusst auf ihr Phantasie- und Handlungsrepertoire zurückzugreifen und dieses zur Bewahrung der Haltung einzusetzen. Und sie machen ihnen und den Beobachtern bewusst, dass sie eine Rolle spielen.

Szenische Reflexion

Zur Wahrnehmung und Reflexion ihrer Haltungen werden die Spieler auch durch die Beobachter angeregt, die von außen einzelne Aspekte – Vorgänge, Haltungen, Handlungen und Beziehungsstrukturen – spiegeln und deuten. Die Beobachter, auf die beim szenischen Spiel nicht verzichtet werden kann, beschreiben und zeigen, welche Haltungen im Spiel sichtbar geworden sind und welche sozialen Beziehungen die Personen (und die Spieler) über Handlungen, Gestik, Mimik und Sprechhaltungen aufgebaut bzw. abgebrochen haben. Sie beschränken sich nicht auf verbale Deutungen, sondern spiegeln, demonstrieren und kommentieren ihre Wahrnehmung mit Mitteln des szenischen Spiels.

Diese szenische Reflexion zwingt zur Konkretion, zur Sichtbarmachung von Haltungsnuancen und zur Diskussion unterschiedlicher Wahrnehmungen. Dabei kommen natürlich auch die Erlebnisse, Gefühle und Standpunkte der Beobachtenden ins Spiel. Deren Interpretationen thematisieren auch ihre eigenen Projektionen und Erfahrungen. Unterschiedliche Haltungen und Wahrnehmungsweisen stoßen dabei aufeinander. Selbst- und Fremdwahrnehmung geraten in Widerspruch und können an konkreten Verhaltensweisen präzisiert, überprüft und erklärt werden. In der szenischen Diskussion von Situationen und Haltungen, im Wechsel von Spiel und Beobachtung, Kommentar und Wertung können Widersprüche in ihren Voraussetzungen und Wirkungen untersucht werden – Widersprüche zwischen intendierten und tatsächlich gezeigten Haltungen, zwischen Selbst- und Fremdwahrnehmung oder zwischen äußerer und innerer Haltung. Konflikte, Haltungen und Beziehungsstrukturen können analysiert werden.

Fassen wir noch einmal zusammen: Im szenischen Spiel können soziale Situationen und die Haltungen und Beziehungen der Menschen, die in ihnen handeln, aber auch die Haltungen und Erlebnisse der Spieler und Beobachter dargestellt und gedeutet werden. *Das Spiel zeigt immer die Rolle und die Spielenden zugleich.* Bei der Einfühlung, bei der Darstellung und der szenischen Reflexion werden aktivierte, latente oder auch nur phantasierte Haltungsanteile, häufig auch die damit verbundenen Empfindungen bewusst. Sie prägen sich als Szene, Geste oder als Handlungsmuster ein und erinnern in analogen Alltagssituationen daran, dass auch andere als die gewohnten Haltungen und Verhaltensmuster möglich und von ihnen beherrscht werden. Das Wissen darüber und die im Spiel gemachten Erfahrungen erweitern das Selbst- und Verhaltens-Bewusstsein. Sie erleichtern das Verstehen und Anerkennen fremder Haltungen und Situationen. Sie können verhindern, dass eigene Verhaltensmöglichkeiten ignoriert, abgespalten, auf andere projiziert und an diesen bekämpft werden und sie können für die Tatsache sensibilisieren, dass sie selbst Gegenstand von Projektionen sind.

Nun finden solche Lernprozesse im szenischen Spiel nicht zwangsläufig statt. In offenen und unstrukturierten Spielsituationen, wie sie beim Rollenspiel oder bei der Improvisation üblich sind, werden fremde Rollen und Situationen häufig abgewehrt, den eigenen Bedürfnissen angepasst oder überzeichnet dargestellt. Ursache dafür ist weniger das mangelnde Einfühlungsvermögen der Spielenden als der Konkurrenz- und Selbstdarstellungsdruck, dem sie in Gruppen und pädagogischen Institutionen ausgesetzt sind. Lernprozesse im szenischen Spiel setzen voraus, dass geeignete und differenzierte Rollen- und Situationsvorgaben zur Verfügung stehen und Spielverfahren eingesetzt werden, die das ganze Spektrum von Wahrnehmungs-, Vorstellungs-, Denk- und Verhaltensmöglichkeiten ansprechen, darstellen und deuten können. Sie machen weiter erforderlich, dass szenische Handlungen und Lernsituationen inhalts- und zielorientiert geplant, angeleitet und kontrolliert werden und dass Rollen und Regeln Spielerinnen und Beobachtenden genügend Verhaltenssicherheit und Schutz geben, sich auch auf ungewöhnliche Verhaltensweisen und Szenen einzulassen. Und sie setzen schließlich einen Spielleiter voraus, der den Spielraum definiert und legitimiert, mit Vorgaben, Verfahren, Regeln und Interventionen die Einfühlung und das Spiel in Gang bringt und dafür sorgt, dass das Spielgeschehen so gedeutet und reflektiert wird, dass vor allem die Rollen und Szenen und nicht die Spieler im Mittelpunkt der Betrachtung stehen. Darum noch ein paar Hinweise:

▶ Rollen und Situationsvorgaben

Rollen- und Situationsvorgaben, die in szenische Handlungen umgesetzt werden sollen, müssen so beschaffen sein, dass die Spielenden bei der Aneignung nicht nur ihr eingeschliffenes Haltungs- und Rollenrepertoire wiederholen, sondern mit fremden, abgewehrten, idealisierten oder noch unbekannten Haltungen konfrontiert werden. Dafür bieten sich neben erlebten oder typischen Konfliktsituationen Geschichten an, in denen soziale Situationen und Dramen in spezifischer Weise entworfen und interpretiert werden. Die in Erzählungen, Ritualen, literarischen Texten, Bildern und Filmen entworfenen und inszenierten Menschen und Situationen können im Spiel dargestellt und in ihren Voraussetzungen, Wirkungen, Möglichkeiten und Grenzen szenisch untersucht werden. Dabei werden dann die Entstehungsbedingungen, Verlaufsformen und Lösungsmöglichkeiten sozialer Dramen (und die spezifische Verarbeitung) szenisch gedeutet und andere als die gewohnten Formen der Konfliktbewältigung und Bedürfnisbefriedigung entdeckt, probeweise ausgelebt und in das eigene Selbstbild und Verhaltensspektrum aufgenommen.

▶ Spielverfahren

Damit Rollen- und Situationsvorgaben in szenische Handlungen umgesetzt werden können, müssen Spielverfahren zur Verfügung stehen, mit denen aus unterschiedlicher Perspektive verschiedenartige Aspekte an Menschen und Szenen wahrgenommen, vorgestellt, erinnert, dargestellt und gedeutet werden können. Dabei sensibilisieren Wahrnehmungsübungen für sinnliche Momente von Szenen, werden in Vorstellungsübungen Szenen in der Phantasie durchgespielt, über Körperübungen können Körperhaltungen, über Sprechübungen Sprechhaltungen, beim Rollenschreiben können innere Haltungen, in Rollengesprächen situative Gedanken und Gefühle aktiviert und dargestellt werden. Mit Standbildern können Situationen, Haltungen und Beziehungen situationsspezifisch oder abstrakt fixiert, in szenischen Improvisationen Handlungen und Interaktionsverläufe erkundet und in szenischen Demonstrationen Haltungen, Situationen und Beziehungsstrukturen gespiegelt, dargestellt und kommentiert werden.

▶ Szenische Handlungen

Die Spielverfahren sind Teil szenischer Handlungen, über die Rollen und Situationen Schritt für Schritt in szenische Vorstellungen umgesetzt und zu Personen und Szenen gestaltet werden, die dann wieder szenisch reflektiert werden. Diese Handlungen verfolgen bestimmte Intentionen und müssen vorbereitet, geleitet und kontrolliert werden. Sie helfen unterschiedliche Aspekte von Haltungen und Situationen zu erkunden, sich Schritt für Schritt in die innere und äußere Welt von Personen und in Situationen einzufühlen, die dargestellten Szenen und Haltungen zu beobachten und zu reflektieren und erarbeitete Situationen und Haltungen zu verändern. Diese szenischen Handlungen können dann so miteinander kombiniert werden, dass die in Erlebnisschilderungen, Texten, Bildern und Filmen entworfenen sozialen Dramen Schritt für Schritt in Szenen umgesetzt und szenisch interpretiert werden können.

▶ Lernsituationen und Rahmenbedingungen

Schließlich müssen Lernsituationen geplant und geleitet werden, die sicherstellen, dass die Teilnehmer unter den institutionell vorgegebenen Bedingungen spielen können. Diese Lernsituationen, in denen Funktionen, Handlungen und Interaktionen von Spielern, Beobachtern und Spielleiter geregelt und festgelegt werden, müssen die jeweiligen Rahmenbedingungen berücksichtigen: die räumlichen, zeitlichen und inhaltlichen Vorgaben, die Haltungen und sozialen Beziehungen der Teilnehmer und die Haltung des Spielleiters.

▶ Die Rolle des Spielleiters

Das alles ist nun nicht denkbar ohne einen Spielleiter, der bereit und in der Lage ist, innerhalb und außerhalb institutionell erzwungener „Rollenspiele" Situationen zu schaffen, zu leiten und abzusichern, in denen das szenische Spiel in und mit einer Gruppe möglich ist. Der Spielleiter muss wissen, welche Themen er mit welchen möglichen Zielen an welchen sozialen Situationen und Rollen szenisch untersuchen lassen will, muss entsprechende Rollen- und Situationsvorgaben und darauf bezogenes sozial- und kulturhistorisches Hintergrundwissen zur Verfügung stellen. Er muss die Rollenverteilung (Spieler, Beobachter) organisieren und den Spielenden helfen, sich in Rollen und Situationen einzufühlen, in Rollen zu handeln und das szenische Geschehen zu reflektieren. Dabei ist er weniger Vermittler von Inhalten als Planer und Organisator von Spiel- und Reflexionssituationen, in denen die Teilnehmer im Schutze von Rollen Erfahrungen mit sich und anderen machen können, die ihnen in ihrer gewohnten Lebenswelt nicht oder nur schwer zugänglich sind. Der Spielleiter setzt keine Deutung durch, sondern übernimmt die Haltung, die Bertolt Brecht für den Probeleiter gefordert hat: „Seine Aufgabe ist, die Produktivität der Schauspieler (...) zu wecken und zu organisieren. Unter *Probieren* versteht er nicht das Einpeitschen von vornherein in seinem Kopf Feststehendem. Er versteht darunter ein *Ausprobieren*. Er hat darauf zu dringen, jeweils mehrere Möglichkeiten ins Auge gefaßt werden. Es ist gefährlich für ihn, sich hetzen zu lassen, er möglichst schnell die 'einzig richtige' Lösung angibt. Die einzig richtige Lösung kann nur eine von immerhin möglichen Lösungen sein, wenn es sie überhaupt gibt, und es lohnt sich, andere ebenfalls auszuprobieren, schon weil dadurch die Endlösung angereichert wird. Sie zieht die Kraft von dem Ausscheidungsakt. Außerdem ist die Produktivität der Einzelnen unregelmäßig, sie produzieren in verschiedenem Tempo und benötigen verschiedene Anreize. Die einzelnen Mitwirkenden haben auch verschiedene Interessen, die man voll entwickeln, um die Gesamtlösung anzureichern. Es ist eine wichtige Aufgabe des Probeleiters, alle schematischen, gewohnten, konventionellen Lösungen von Schwierigkeiten zu entlarven. Er muß *Krisen* entfesseln. Natürlich darf er nicht davor zurückschrecken zuzugeben, daß er nicht immer 'die' Lösung weiß und parat hat. Das Vertrauen der Mitwirkenden zu ihm muß eher darin begründet sein, daß er imstande ist herauszubringen, was *keine* Lösung ist. Er hat die Fragen beizusteuern, den Zweifel, die Vielfalt möglicher Gesichtspunkte, Vergleiche, Erinnerungen, Erfahrungen. Für gewöhnlich wird er Mühe haben, ein zu schnelles Aufbauen der Situationen und Rollen zu verhindern, da gerade dies den Routinierten oder Stärkeren (...) Gelegenheit gibt, die Produktivität der anderen zu lähmen und selbst konventionelle Lösungen für die anderen durchzusetzen" (Brecht 1980, S. 38).

Um zu verhindern, dass die „Routinierten" oder „Stärkeren" die Produktivität der anderen Spieler lähmen, muss der Spielleiter vor allem in der Schule Rahmen, Regeln und Rollen festlegen, die *allen* Teilnehmern eine Funktion und die Sicherheit geben, dass sie sich als Spieler und Beobachter auch auf Handlungen, Phantasien und Gedanken einlassen können, die sie sonst unter Kontrolle halten würden. Diese Sicherheit muss der Spielleiter gewährleisten – durch klare Rollenvorgaben, durch die Rollenverteilung, durch die Demonstration von Spielverfahren, durch Arbeitsanweisungen und den Aufbau, die Durchführung und Auswertung der Spielsituationen. Nicht zuletzt muss er durch sein Verhalten den Schutz der Rolle sicherstellen und dafür sorgen, dass die Haltungsbeschreibungen, Deutungen und Wertungen der Beobachter nur auf die Rollen, nicht auf die Spieler bezogen werden.

Natürlich vermittelt der Spielleiter auch Wissen, Erfahrungen und Deutungen, aber er tut das weniger argumentativ als szenisch: Er bietet mit themenbezogenen Rollen- und Situationsvorgaben Vorgänge und Verhaltensmuster zur szenischen Deutung an. Er demonstriert Verfahren, greift in wechselnden Rollen fragend, impulsgebend, demonstrierend, korrigierend und konfrontierend in das szenische Geschehen ein und macht auf Aspekte aufmerksam, die die Spielerinnen in ihren Rollen und die Beobachtenden von sich aus nicht wahrnehmen (können). Dabei übernimmt er selbst punktuell Rollen, um den Spielern zu helfen in ihre Rollen zu finden, unterschiedliche Lösungen zu entwickeln, Rollen und Szenen zu präzisieren und auf die Vorgaben bezogen zu überarbeiten. Er greift als Hilfs-Ich, als innerer Dialogpartner, manchmal auch als Konfrontationsfigur in das Spielgeschehen ein, regt in Rollengesprächen die Phantasie der Spieler an, provoziert ambivalente Gefühle und Einstellungen, lenkt die Aufmerksamkeit auf bestimmte Ereignisse und regt an, Einschätzungen, Empfindungen und Beziehungen wahrzunehmen und zu artikulieren. Diese Interventionen sind *Angebote*, auf die sich die Spieler einlassen, die sie aber auch zurückweisen können. Sie sind umso wirksamer, je mehr sie als Impulse, Artikulationshilfe, als Muster für die Selbstartikulation verstanden werden. Um solche Wirksamkeit zu erreichen, muss der Spielleiter die Situation und die Spieler beobachten, muss genau hinhören und sich probeweise immer wieder in die Spieler und die Personen, die sie darstellen, einfühlen.

Dies alles macht deutlich, welche zentrale Funktion der Spielleiter im szenischen Spiel hat. Bei der folgenden Darstellung der Spielverfahren, der szenischen Handlungen und der Organisation von Lernsituationen wird deshalb immer auch die Rolle des Spielleiters angesprochen. Zahlreiche Hinweise helfen diese Rolle zu übernehmen und auszuüben.

2. Verfahren des szenischen Spiels

Im szenischen Spiel wird in vorgestellten Situationen gehandelt, wobei unterschiedliche Spielverfahren unterschiedliche Aspekte dieses Handelns hervorheben: sinnliche Wahrnehmungen und Vorstellungen, körperliche oder sprachliche Haltungen, Handlungen und Interaktionen, Gedanken, Empfindungen, Phantasien oder Beziehungswünsche. Bei der pädagogischen Arbeit mit Kindern, Jugendlichen und Erwachsenen haben sich unter alltäglichen Bedingungen verschiedene Spielverfahren bewährt, die aus unterschiedlichen Zusammenhängen stammen. Sie werden nachfolgend vorgestellt.

2.1 Wahrnehmungsübungen

Obwohl wir durch die Inszenierungen der Waren- und Medienwelt in inflationärer Weise angesprochen werden, scheint unsere Fähigkeit abzunehmen, die natürliche und soziale Umwelt mit allen Sinnen wahrzunehmen und zu erleben. Das liegt wohl auch daran, dass es vor allem die Distanz-Sinne – das Auge und das Ohr – sind, die durch die lebendigen Bilder und die Musik in Anspruch genommen und differenziert werden, während die Nah-Sinne – also das Riechen, das Schmecken, vor allem aber das Berühren, das Tasten und Bewegen –, über die wir Räume, Gegenstände und Menschen intensiv und emotional erleben, empfinden und begreifen können, in einem technisch durchrationalisierten Alltag immer unwichtiger zu werden scheinen. Selbst intime Beziehungen werden immer häufiger dem Standard medialer Inszenierungen unterworfen. Dennoch: Auch wenn wir unsere natürliche und soziale Umwelt nicht bewusst mit allen Sinnen erleben, nehmen wir sie doch wahr. Wir sehen Räume, Gegenstände, Menschen, hören Geräusche, Stimmen und Töne, bewegen uns, begreifen und handeln mit Gegenständen, schmecken unterschiedliche Speisen, unterscheiden Gerüche, spüren Wärme und Kälte, Helligkeit und Dunkelheit. Weil uns dies so wenig bewusst ist, können wir oft nicht genau verstehen und begreifen, was in diesen Situationen tatsächlich geschieht.

Hier können Wahrnehmungsübungen helfen. Sie können bewusst machen, was wir in bestimmten Situationen wahrnehmen, wie diese Wahrnehmungen von außen und durch die Situation eingeschränkt werden und welchen Einfluss sie auf unser Bewusstsein und Verhalten haben. Und sie können für die vielfältigen sinnlichen Beziehungen sensibilisieren, die wir zu Gegenständen und Menschen herstellen können. Wahrnehmungsübungen sind, auch wenn sie sich immer auf sinnlich Wahrnehmbares beziehen, also Räume, Dinge, Menschen, Licht, Geräusche, Gerüche, Wärme usw., szenisch. Denn um sie berühren, ertasten, hören, riechen oder schmecken zu können und dabei die Sinneswahrnehmungen auch bewusst zu erleben, müssen wir uns konzentrieren und andere Wahrnehmungen ausschalten oder einschränken. Wir handeln, als ob wir blind wären, nicht hören könnten, uns nicht bewegen könnten. Wir schließen z.B. die Augen, um Materialien, Gegenstände, Hände oder Gesichter ertasten oder uns auf Geräusche und Gerüche konzentrieren zu können. Solche Einschränkungen verfremden die Alltagswahrnehmung, heben *bestimmte* Sinneswahrnehmungen hervor und eröffnen damit die Möglichkeit sie bewusst zu empfinden. Dabei sind es vor allem die Distanz-Sinne Sehen und Hören, mit denen wir Menschen und Gegenstände taxieren, einordnen und auf Distanz halten, die eingeschränkt werden müssen, um die Nah-Sinne zum Erlebnis werden zu lassen. Gelingt dieses, werden über das Sinnesgedächtnis (zur Lippe 1978, S. 25) Erinnerungen wachgerufen: Erinnerungen an bestimmte Berührungen, Bewegungen oder Düfte, Erinnerungen, die mit Situationen und Emotionen verbunden sind, die das sinnliche Erleben intensivieren und zur Erfahrung werden lassen.

Wahrnehmungsübungen helfen, über intensive Sinneserlebnisse die Fähigkeit der Spieler zu erweitern, die sinnlich wahrnehmbaren Anteile, die die soziale Situation beeinflussen, zu erkennen und zu erleben. Die Sinneserfahrungen, die dabei gemacht werden, können dann durch Bewegungen, Körperhaltungen und über Statuen ausgedrückt und gedeutet werden.

Für Wahrnehmungsübungen musst du genügend Zeit lassen. Erst wenn die Spielerinnen sich, anders als im Alltag, auf Berührungen, Geräusche und Bewegungen wirklich einlassen können, werden Erinnerungen und Gefühle wachgerufen, die Erfahrungen möglich machen. Sorge dafür, dass die Übungen sorgfältig ausgeführt und die Regeln eingehalten werden. Verhindere, dass sich Teilnehmerinnen aus Unsicherheit und Unverständnis nur oberflächlich und technisch auf die Übungen einlassen, damit ihnen keine Erfahrungen verloren gehen. Beobachte die Teilnehmer während der Übungen und mache immer wieder auf Regelabweichungen aufmerksam.

Vor allem bei Partnerübungen kommen sich die Teilnehmer häufig sehr nahe: sie müssen sich halten, stützen, führen und aufeinander verlassen. Das setzt Vertrauen voraus und fällt unerfahrenen Spielern häufig schwer. Sie lachen und reden dann, der Partnerwechsel wird selbstständig und zu schnell vorgenommen, Übungen werden vorzeitig beendet. Achte auf solche Schwierigkeiten und mache immer wieder auf die Regeln aufmerksam: Nicht sprechen; der Spielleiter gibt die Zeit und den Partnerwechsel vor; Haltungen und Bewegungsfolge beachten.

Gib nach Wahrnehmungsübungen Zeit, zu zweit oder in der Gruppe kurz über die Wahrnehmungen zu sprechen. Das gelingt nach anfänglichen Schwierigkeiten ganz gut, braucht aber häufig deinen Impuls.

Wahrnehmungsübungen müssen *wiederholt und variiert* werden, nur so können sich Empfindungen intensivieren und differenzieren, Zusammenhänge hergestellt und damit sinnliche Erfahrungen gemacht werden. Gewöhne dir an, auch in Sitzungen oder Unterrichtsstunden, in denen nicht gespielt wird, ab und an Wahrnehmungsübungen durchzuführen. Die Konzentration auf ihren Körper bringt die Teilnehmenden in die Situation zurück und hilft anschließend die Gedanken zu ordnen.

2.2 Vorstellungsübungen

Die Fähigkeit und Möglichkeit sinnlich konkrete Vorstellungen zu entwickeln und in der Vorstellung zu handeln, ist nicht nur eine Bedingung für ein bewusstes Verhalten in sozialen Situationen, sondern auch für die Verarbeitung von Erlebnissen und für die Produktion von Erfahrungen und Lebensentwürfen. Erlebnisse, Emotionen und Wünsche, die Kinder noch direkt oder im Spiel ausagieren und bearbeiten dürfen, werden später (zumindest in den Mittelschichten) zunehmend zurückgenommen, kontrolliert, nach innen verlagert und in der Phantasie oder kompensatorisch in den Inszenierungen der Freizeitindustrie durchgespielt. Je stärker und eindrucksvoller dabei die ästhetischen Inszenierungen vorgegeben sind, umso weniger müssen eigene Vorstellungen entwickelt werden. Da aber soziales Handeln die Fähigkeit einschließt, sich in andere Menschen und ihre tatsächliche Situation einzufühlen, müssen wir immer wieder lernen, eigene Vorstellungen zu entwickeln und weiterzuentwickeln. Hier können Übungen helfen, mit denen – durch Impulse des Spielleiters angeregt – Räume, Gegenstände, Menschen, Ereignisse und Handlungen in der Vorstellung inszeniert und durchgespielt werden. Vor dem inneren Auge entstehen Bilder und Filme, in die man eintreten und in denen man handeln kann. In ihnen wird sinnliches Material aus unterschiedlichen Erlebnisschichten montiert, vor allem vergessene bzw. unbewusste Anteile bestimmen ihre emotionale Qualität. Dies setzt voraus, dass die Wahrnehmung der Realsituation eingeschränkt und die Schwelle rationaler Kontrolle herabgesetzt wird. Bei der Arbeit mit dem szenischen Spiel bieten sich vor allem Phantasiereisen und Raumbeschreibungen an.

Phantasiereisen

Phantasiereisen können den Teilnehmern helfen sich in vertraute und fremde Welten, Lebenszusammenhänge, Situationen und Menschen hineinzuversetzen und diese in der Vorstellung zu inszenieren, wahrzunehmen und durchzuspielen. Dabei werden sinnliche Vorstellungen aller Art angeregt.

Die Teilnehmenden suchen sich zunächst einen Platz im Raum und eine Haltung, in der sie sich entspannen können. Dann schließen sie die Augen und konzentrieren sich auf ihren Körper und ihren Atem. Erst wenn alle zur Ruhe gekommen sind, lenkt der Spielleiter ihre Phantasie auf die konkrete Situation, in die sie „reisen“. Er benennt und beschreibt charakteristische Merkmale des Ortes, wichtige Gegenstände, die anwesenden Personen und deren Handlungen, wobei er die Perspektive der Phantasierenden einnehmen, also auch deren Handlungen, Gedanken und Gefühle ansprechen kann.

Setzt euch bequem hin, schließt die Augen, konzentriert euch auf euch selbst und fühlt, wie ihr atmet ... Ich führe euch jetzt auf den Platz eines kleinen Dorfes. Ihr steht an eine Hauswand aus roten Backsteinen gelehnt. Das Haus ist alt, bröckelt ein wenig. Jenseits der Straße aus Kopfsteinpflaster seht ihr, auf einer kleinen Anhöhe, ein Kriegerdenkmal: Ein Soldat kniet mit gesenktem Rücken auf dem Sockel. Um das Denkmal herum stehen Büsche, dahinter ein großer Baum, davor eine kleine Bank, auf der ihr manchmal Bier trinkt. Der Platz ist öde: Rechts stehen noch ein paar alte Backsteinhäuser, in der Mitte ist ein Bäckerladen, am Rande ein Kiosk, wo ihr immer euer Bier holt. Links ist die alte Schule, eine Grundschule ... Nichts los heute. Du stehst mit Peter hier und wartest auf die anderen. Ihr habt beide Jeans und Lederjacken an und ein Bier in der Hand. Das Wetter ist gut, es ist noch warm, die Sonne geht gerade unter. Ab und zu tuckert ein Auto vorbei, das hier nur langsam fahren kann. Drüben steht die alte Möller vor ihrem Haus und gafft zu euch rüber. Der Köter von Friedel kommt vorbei, die alte Töle. Hoffentlich kommen die anderen bald, damit ihr in die Disko fahren könnt ...

Nach dem Ende der Phantasiereise fordert der Spielleiter dazu auf, die Augen zu öffnen, in die Gegenwart zurückzukommen und wieder die Normalhaltung einzunehmen. Anschließend wird die Phantasiereise ausgewertet: Die Teilnehmerinnen können beschreiben, wie sie die Situation erlebt haben, welche Momente sie besonders angeregt haben und welche Gefühle sie ausgelöst haben. Sie können den Ort aufbauen und genauer beschreiben, sie können aber auch bestimmte Momente der Situation so, wie sie sie sich vorgestellt haben, mit Standbildern darstellen und interpretieren.

Phantasiereisen anzuleiten erfordert Sensibilität. Versuche dich selbst bequem hinzusetzen, gleichmäßig zu atmen und dich in eine ruhige Stimmung zu versetzen. Sprich langsam, ruhig und mit gleich bleibender Stimme, damit die Teilnehmerinnen in ihrem eigenen Rhythmus Vorstellungen entwickeln können und durch die Intonation deiner Stimme nicht zu sehr beeinflusst werden. Bemühe dich um konkrete Formulierungen, die so allgemein sein müssen, dass sich alle etwas vorstellen können, aber auch so genau, dass die Vorstellungen nicht in die Beliebigkeit abgleiten können. Wichtig ist vor allem das Tempo, mit dem du die Impulse gibst. Mache immer wieder Pausen und bemühe dich um weiche Übergänge, sodass alle sie nach eigenen Zeit- und Vorstellungsrhythmen in innere Szenen und Handlungen umsetzen können. Auch wenn du den eigenen Impulsen folgend selbst Vorstellungen entwickelst, solltest du die Teilnehmenden nicht aus dem Blick verlieren. Oft kannst du an ihrem Gesichtsausdruck erkennen, ob und wie sie mit der Phantasiereise zurechtkommen. Brich am Ende die Phantasiereise nicht abrupt ab, sondern lass den Teilnehmern Zeit, wieder ins Hier und Jetzt zurückzufinden.

Raumbeschreibungen

Eine wichtige Voraussetzung für die Einfühlung und das Handeln in vorgestellten Situationen sind genaue Vorstellungen über den Raum, in dem das Geschehen stattfindet. Aus dem Unterrichts- oder Seminarraum muss eine Küche, ein Bad, ein Platz oder eine Wiese werden. Der Spielleiter kann die Raumbeschreibungen anregen, die allerdings auf Hilfsobjekte angewiesen sind, mit denen der Ort vorher markiert wird. Der Spieler der Person, der der Raum gehört, beschreibt und zeigt den Raum und seine Grenzen sowie seine Ausstattung im Detail, einschließlich Material, Farbe, Herkunft und Gebrauch aller Objekte.

Zunächst werden die *Ausmaße* des Raumes festgelegt: Wie groß ist der Raum? Zeig es. Wo ist die Tür? Was sieht man, wenn man den Raum betritt? Danach werden die *Wände* beschrieben: Was ist hier an der Wand? Zeig, wie groß der Schrank ist. Wie sieht er aus? Aus welchem Material? Was für ein Holz? Was ist im Schrank drin? Wichtig für die Definition des Milieus sind *Bilder:* Wo hängt das Bild genau? Wie groß ist es? Was ist drauf? Beschreibe es mal. Wie sind die Farben? Woher hast du das Bild? Magst du es? Auch *Fenster und Aussicht* sind aufschlussreich: Wie groß ist das Fenster? Was siehst du draußen? Gehört der Garten euch? Wie ist das Wetter? Gibt es Gardinen? Welche Farben haben sie? Steht etwas auf der Fensterbank? Hast du die Blumen dahingestellt? Sind die Wände abgeschritten, werden die in der Regel durch Hilfsobjekte repräsentierten *Möbel* im Innenraum (Tische, Stühle, Sofa usw.), danach der Fußboden, Lampen und Farbe der Wände erarbeitet. Bei der Beschreibung wird nicht nur Sichtbares, sondern auch *Geräusche* (Hörst du was? Was sind das für Geräusche und woher kommen sie?), *Gerüche* (Wonach riecht das hier? Magst du den Geruch?), *Textur* (Wie fühlt sich der Stoff an?) und möglicherweise auch der *Geschmack* (Wie schmeckt die Zigarette?) angesprochen.

Bei der Raumbeschreibung wird eine Vielzahl unterschiedlicher Raum- und Gegenstandsvorstellungen angesprochen, aktiviert und montiert, die über das sinnliche Gedächtnis mit gefühlsintensiven Erlebnissen verbunden sind, die den Raum „heimisch" oder fremd werden lassen. Dabei wird ein kulturelles Milieu definiert, das das spielerische Geschehen, die Haltungen der Personen und ihre Wahrnehmung durch die Beobachter beeinflusst.

Raumbeschreibung

Begleite die beschreibende Spielerin auf ihrem Weg, lass dir systematisch alles zeigen, frag nach, bestehe auf Genauigkeit. Achte darauf, dass ihr euch so bewegt und so sprecht, dass ihr von den Beobachtern wahrgenommen werdet. Lass dir den Raum anschaulich beschreiben. Bestehe vor allem zu Anfang auf Details, die Spielerin wird dann schon von alleine erklärungsfreudiger. Achte allerdings auch darauf, dass die Beschreibung nicht zu ausführlich wird und die Beobachter überfordert. Wichtig sind vor allem Aspekte, die der Einfühlung und der Milieuschilderung dienen können: also die Beschaffenheit der Dinge (Material, Farbe), Möbel, Bilder, Bücher, außergewöhnliche Gegenstände. Der beschriebene Raum ist für alle Mitspielenden verbindlich, achte deshalb darauf, dass niemand durch Wände oder Möbel hindurchgeht. Geschieht das, mache sie darauf aufmerksam und fordere sie auf, das Spiel zu wiederholen.

2.3 Körper- und Bewegungsübungen

Der Körper und körperliche Handlungen sind beliebte Objekte kultureller, warenästhetischer und sportlicher Inszenierungen. Dies darf nicht darüber hinwegtäuschen, dass Bewegungen und Bewegungsmöglichkeiten in einem durchrationalisierten Alltag nicht nur erheblich eingeschränkt sind, sondern auch nach ökonomisch verwertbaren Mustern zugeschnitten werden. Was an Körpererfahrungen im Haushalt, in der Wohnumwelt, am Arbeitsplatz verloren geht, produziert Wünsche und Phantasien, die virtuell und kompensatorisch über die Medien und die Freizeitindustrie befriedigt und vermarktet werden. Dabei gehen nicht nur Erfahrungen, Fähigkeiten und Fertigkeiten im Umgang mit dem Körper und der natürlichen und sozialen Umwelt verloren, sondern auch das Wissen darüber, wie wir uns bewegen, wie wir über körperliches Handeln und Nachahmen lernen und welche Spuren körperliches Erleben in unserem Körper hinterlassen haben. Das hat gleichermaßen Folgen für das Selbstbewusstsein und die sozialen Beziehungen: Je weniger wir über unseren Körper wissen, umso stärker neigen wir dazu die Körper anderer Menschen zur Projektionsfläche eigener verdrängter Wünsche zu machen, und umso weniger wissen wir, wie wir von anderen wahrgenommen werden.

Körper- und Bewegungsübungen, mit denen beim szenischen Spiel gearbeitet wird, knüpfen an Handlungs- und Bewegungserfahrungen und -vorstellungen an, beleben vergessene Bewegungsmuster, Körpererlebnisse und -gefühle. Sie helfen individuelle und kollektive Körperhaltungen und Handlungsmuster, die mit ihnen verbundenen Vorstellungen, Gedanken und Gefühle erlebbar und bewusst zu machen und damit das Wissen über die eigenen Wahrnehmungs- und Handlungsmöglichkeiten zu erweitern.

Es ist anzunehmen, dass viele körperliche Handlungen über das Körpergedächtnis mit anderen Handlungen und Situationen verbunden sind. Das erleichtert Alltagshandlungen: Wir müssen nicht darüber nachdenken, wie man aus einer Tasse trinkt oder sich wäscht. Dies ist erlernt und im Körpergedächtnis gespeichert. Führen wir solche Handlungen in vorgestellten Situationen durch, etwa indem wir aus einer vorgestellten Tasse Kaffee trinken, wird uns die Komplexität des Handlungsablaufs bewusst, und wir müssen, um angemessen handeln zu können, Wahrnehmungen, Empfindungen und Erlebnisse in Erinnerung rufen, die mit diesen Handlungen verbunden waren und sind.

Körperübungen ermöglichen zudem einen Zugang zu den inneren und äußeren Handlungen und Haltungen anderer. Die Nachahmung fremder Haltungen hilft sich in die Menschen hineinzuversetzen. Häufig aktiviert sie Unerwartetes oder Abgewehrtes in uns, schafft Verständnis für die Anteile, die wir an uns nicht wahrhaben wollen und an anderen bekämpfen. Und schließlich können Körperübungen dafür sensibilisieren, dass Sprechen und Denken erst auf der Basis und im Kontext gestischen, mimischen und körperlichen Handelns soziale Wirkungen bekommen und dass es wesentlich Körperhaltungen sind, mit denen Menschen aufeinander reagieren.

Nun gibt es inzwischen viele Körperübungen, die den genannten Zielen dienen können. Schauspieler verwenden sie vor allem zum Aufwärmen und zur Erweiterung von Repertoire und Ausdrucksfähigkeit. Das szenische Spiel erkundet mit dem körperlichen Handlungs- und Ausdrucksrepertoire soziale Situationen. Die Übungen dienen vor allem dem Zweck

- das eigene körperliche Handlungs-, Haltungs-, Habitus- und Bewegungsrepertoire in unterschiedlichen sozialen Situationen zu aktivieren, zu erkunden und bewusst zu machen und in seinen Voraussetzungen und Wirkungen zu verstehen,

- die Körperhaltungen, Handlungen, gestischen und mimischen Eigenheiten fremder bzw. fremdgemachter Menschen zu verstehen,
- körperliche Haltungen und Handlungen wahrzunehmen, zu spiegeln und in ihrer sozialen Wirkung zu reflektieren.

Körperübungen werden in der Regel von der ganzen Gruppe gemeinsam durchgeführt, wobei verschiedene Konstellationen (Einzel-, Partner-, Gruppenarbeit) möglich sind. Deshalb muss eine größere Bewegungsfläche zur Verfügung stehen, meist muss der Raum leergeräumt werden. Bei der Durchführung der Übungen sollte nicht gesprochen werden, damit die Konzentration auf die Wahrnehmung des eigenen Körpers nicht gestört wird.

Beteilige dich nach Möglichkeit nicht an der Übung, leite sie nur an und beobachte von außen. Viele Körperübungen konfrontieren die Teilnehmer über das Körpergedächtnis mit gefühlsintensiven früheren Erlebnissen. Es ist wichtig, dass du durch deine Aufmerksamkeit Sicherheit gibst und dort eingreifen kannst, wo du das Gefühl hast, dass einzelne Teilnehmer mit früheren Gefühlen konfrontiert werden. Meist reicht es dann schon, wenn sie die Übung abbrechen können.

Führe die Übung möglichst vor und erkläre ihren Sinn. Gib genaue Regeln vor und achte darauf, dass sie eingehalten werden. Weise auf Abweichungen hin und gib Hilfestellung. Die Einfachheit vieler Übungen und die ungewohnte Nähe bei Partnerübungen verführen zur oberflächlichen Ausführung, aber nur eine präzise Ausführung kann in Erfahrung münden. Abweichungen von der Regel bzw. gelegentliche Störungen lassen sich nicht vermeiden. Meistens stehen dahinter Unsicherheit, Hilflosigkeit oder Angst. Sprich diese nicht an, sondern verweise auf die Regeln, deren Sinn und Zweck du in Pausen noch einmal erläutern kannst.

Verzichte darauf, nach jeder Übung in der gesamten Gruppe über Erfahrungen zu sprechen. Lege lieber – v.a. bei Partnerübungen – kurze Pausen ein, in denen die Spielerinnen miteinander sprechen können. Fordere sie gegebenenfalls zum Erfahrungsaustausch auf. Sprich am Ende einer Sequenz zunächst über die gesammelten Erfahrungen und dann über den Sinn und Zweck der Übungen, denn die Teilnehmer müssen deren Ziele kennen.

Scheue dich nicht, bestimmte Körperübungen zu wiederholen. Viele Übungen ermöglichen erst dann eine angemessene Körpererfahrung, wenn sie beherrscht werden.

2.4 Sprechübungen

Beim Hören und Lesen unterlegen wir sprachlichen Äußerungen einen Gestus, der ihnen Sinn gibt und von unseren Vorstellungen über die sich äußernde Person geleitet wird. Diese Sinnzuschreibung ermöglicht Verstehen und begrenzt es zugleich, da sie abweichende Bedeutungen ausschließt. So können wir etwa einer Äußerung Aggression unterstellen, nur weil sie uns an erlebte oder abgelehnte Aggressionen erinnert. Wollen wir solche heimlichen und spontanen Sinnzuschreibungen vermeiden und alternative Deutungsmöglichkeiten nicht ausschließen, müssen wir uns um Distanz bemühen und nach unterschiedlichen Bedeutungsmöglichkeiten suchen. Wie wir in Situationen, in denen wir Sätze, die uns berührt haben oder die wir anderen sagen wollen, immer wieder vor uns hin sprechen, um den angemessenen Tonfall und damit den Sinn herauszubekommen, können wir bewusst mit Sprechhaltungen experimentieren und das Bedeutungs- und Assoziationsspektrum sprachlicher Äußerungen erkunden. Dabei können wir entdecken, dass nicht nur Gefühle und Intentionen der Intonation eine bestimmte Färbung geben, sondern auch Tonfall, Lautstärke und Betonung sowie begleitende Handlungen, Gesten und mimische Ausdrucksweisen.

Das laute Sprechen und Experimentieren mit Texten, „Kneten" genannt, beleuchtet Passagen, Dialoge, Sätze und Wörter unterschiedlich, deckt Bedeutungsschichten auf, legt gestische Nuancen frei, die auf mögliche zu Grunde liegende Haltungen, Intentionen und Beziehungen verweisen. Dabei können Rollen gewechselt werden, Text- und grammatikalische Grenzen gesprengt, Sinneinheiten vorübergehend aufgelöst, Zusammengehöriges kann isoliert und nicht Zusammenpassendes kombiniert werden. Für das szenische Spiel empfehlen sich besonders die nachfolgend vorgestellten Sprechübungen.

▶ Sozialer Gestus von Äußerungen

Äußerungen können auf ihren möglichen sozialen Gestus hin untersucht werden,

- indem mit unterschiedlichen Intonationsmöglichkeiten experimentiert wird,
- indem ihnen bestimmte Intentionen, Gefühle und Gedanken unterlegt werden,
- indem sie mit bestimmten körperlichen Handlungen verbunden werden,
- indem sie im situativen Kontext einer Person gesehen werden.

Beim Experimentieren mit Intonationen und Sprechhaltungen beteiligen sich alle Teilnehmer. Erproben sie Sprechhaltungen für sich selbst, gehen sie durch den Raum und sprechen laut vor sich hin bzw. andere an. Soll die Wirkung von Sprechhaltungen erprobt werden, stehen alle im Kreis: Jemand geht durch den Kreis auf einen anderen zu und spricht ihn mit einem vorgegebenen Gestus an. Der Angesprochene reagiert gestisch, mimisch und mit einer eigenen sprachlichen Äußerung auf die Ansprache, geht dann zum nächsten und spricht diesen an usw.

▶ Inhalte und soziale Beziehungen in Gesprächen

Dialoge und Gespräche können untersucht werden,

- indem sie reihum mit wechselnden Intonationen gesprochen werden,
- indem sie wechselnd mit verteilten Rollen gelesen werden,
- indem den Gesprächsteilnehmern unterschiedliche Intentionen, Gedanken und Gefühle vorgegeben werden,
- indem unterschiedliche Beziehungen, situative Kontexte oder körperliche Handlungen vorgegeben werden oder
- indem der soziale Gestus und die Beziehungsstrukturen zwischen den Gesprächsteilnehmern sichtbar gemacht werden.

Sprechhaltungen können an einem vorgegebenen Text oder an improvisierten Gesprächen untersucht werden. Dialog-Texte werden zunächst reihum von allen Teilnehmern gelesen, wobei jeder einen Satz spricht. Dabei können unterschiedliche Intonationsvarianten erprobt werden. Für jede am Gespräch beteiligte Person wird ein Stuhl in den Raum gestellt, einer ist dem „Erzähler" vorbehalten, der Regieanweisungen liest. Dann kann der Text gelesen werden, wobei die Teilnehmer immer nur eine sprachliche Äußerung machen und sich dazu auf den Stuhl der entsprechenden Person setzen. Anschließend wird der Text mehrmals mit wechselnden Rollen und Haltungen gelesen. Danach wird die Rollenbesetzung festgelegt. Die Sprecher setzen sich und lesen den Text mit verteilten Rollen. Dann verschieben sie den Stuhl so im Raum, dass die Beziehung zu den anderen sichtbar wird und begründen ihre Entscheidung. Anschließend überprüfen sie die Beziehungskonstellation in einer weiteren Lesung.

Szenisches Lesen mit Erzähler

Die Sprechhaltungen bei improvisierten Gesprächen können am besten erprobt und untersucht werden, wenn mit einer Kunstsprache gearbeitet wird. Gesprächssituationen werden in Gruppen vorbereitet und im Plenum präsentiert, wobei etwa mit Zahlen gesprochen werden kann. Nach dem Gespräch können dann die Zuhörer mit Standbildern (s. S. 61 ff) die Sprechhaltungen der einzelnen Gesprächsteilnehmer, mit einer Statue (s. S. 68 f) die Beziehungen und die Hierarchie zwischen ihnen sichtbar machen und interpretieren, bevor sich die Sprecher so zusammenstellen, wie sie sich in dem Gespräch erlebt haben.

▶ Motiv und Wirkung sprachlichen Handelns

Sprachliche Handlungen und Haltungen werden wiederholt, ausgestellt und in ihren Motiven und Wirkungen reflektiert,

- indem sie nachgeahmt und mit Gedanken und Gefühle unterlegt werden,
- indem sie in ihrer Wirkung gespiegelt und gestisch beantwortet werden oder
- indem sie ausgestellt und verbal oder gestisch kommentiert und kritisiert werden.

Sprechhaltungen können reflektiert werden, indem die Beobachter sich für eine Äußerung entscheiden, an der man diese am besten erläutern kann, nacheinander nach vorne gehen, die entsprechende Körperhaltung einnehmen, die Äußerung in der wahrgenommenen Weise aussprechen und dann sagen, was der Person dabei durch den Kopf gegangen sein könnte. Sie können aber auch reihum nacheinander die Sprechhaltung nachahmen und anschließend darüber sprechen, wie sie die Haltung bei sich und anderen wahrgenommen haben. Und schließlich können sie die Haltung ausstellen, indem sie diese überzeichnet präsentieren und anschließend kommentieren.

Mit Tonfällen und Sprechhaltungen laut zu experimentieren, fällt nicht allen leicht. Bitte die Teilnehmer, zu Anfang durch den Raum zu gehen, Sätze mit unterschiedlicher Lautstärke und Betonung auszusprechen und dabei nach und nach auch Kontakt zu anderen aufzunehmen. Anregend ist es auch, eine Kunstsprache zu entwickeln und in dieser Gespräche führen zu lassen. Es ist sinnvoll Sprechübungen im Stehen oder Gehen durchzuführen: Im Sitzen sind die Ausdrucksmöglichkeiten durch die eingeschränkte Atmung geringer. Achte bei Gesprächsübungen auf den räumlichen Abstand zwischen den Sprechenden, ein vergrößerter Abstand kann die Lautstärke erhöhen.

Lass Gespräche und Dialoge sichtbar vor der Gruppe führen. Das erhöht die Konzentration der Sprecher und Beobachter, die darüber hinaus auch gestische Anteile besser wahrnehmen können. Fordere die Beobachter immer wieder auf, Gespräche auch mit geschlossenen Augen oder mit abgewandtem Blick anzuhören. Sonst verlassen sie sich bei der Beobachtung zu schnell auf Gestik und Mimik und vernachlässigen die Intonation.

2.5 Rollenschreiben

Biographisches Schreiben, d.h. das Darstellen und Verarbeiten von Ereignissen, Erlebnissen, Phantasien und Wünschen im Schreibprozess, ist sowohl im Deutsch- und Geschichtsunterricht als auch in der qualitativen Sozialforschung zu einer akzeptierten Aneignungsweise geworden. Allerdings besteht die Gefahr, dass derart „private" Texte, also Selbstdarstellungen, Tagebücher, Briefe etc., in wertenden Zusammenhängen (Schule, Hochschule) strategisch, d.h. nicht subjektiv, sondern adressatenorientiert verfasst werden. Dem begegnet das Rollenschreiben. Biographische Texte werden hier aus der Perspektive anderer Personen und damit im Schutz von Rollen verfasst. Dieses Schreiben bietet die Möglichkeit, sich in das Leben anderer Personen hineinzuphantasieren und aus dieser Perspektive Situationen wahrzunehmen, zu erleben und zu reflektieren. Um sich emotional und gedanklich einzufühlen und schreibend zu entdecken, was die Person generell und in bestimmten Situationen wahrnimmt, phantasiert und empfindet, müssen eigene Erlebnisse, Bilder, Wünsche und Schreibmuster aktiviert werden. Dabei provozieren und kanalisieren Rollen- und Situationsvorgaben die Phantasie und regen dazu an neue, auch ungewöhnliche oder unterdrückte Gedanken, Wahrnehmungs- und Verhaltensweisen in der Vorstellung durchzuspielen. Sie können und sollen jedoch verhindern, dass sich die Phantasie verselbstständigt und Widersprüche vorschnell ausgeschaltet werden.

Differenzierte Rollenvorgaben (etwa in Form von Rollentexten, in denen biographische und soziale Hintergrundinformationen zusammengestellt sind) und Leitfragen (Fragen zur Einfühlung in die Rolle oder Situation) können den Schreibenden helfen sich in ihren Texten der komplexen und widersprüchlichen Lebensrealität ihrer Rollen anzunähern.

Im Kontext der Arbeit mit dem szenischen Spiel bekommt das Rollenschreiben vor allem bei der Einfühlung (s. S. 118 ff) in Rollen und Situationen, aber auch bei der Verarbeitung und Vermittlung von Erlebnissen der Rollenfiguren eine wichtige Funktion.

Rollenbiographie

Über das Schreiben von Rollenbiographien (Selbstdarstellungen) können sich die Teilnehmer in hervorragender Weise in die Lebenssituation und die innere Welt der Personen einfühlen, die sie spielen wollen. Dabei werden Rollenvorgaben so weit wie möglich als Rollentexte (s. S. 172) zur Verfügung gestellt, in denen auf die Person zugeschnittene Informationen zur Biographie, zum Lebenszusammenhang, zum Alltag und zum Habitus zusammengefasst werden. Neben solchen Rollentexten, auf die verzichtet werden kann, wenn die Rollen im Erfahrungshorizont der Teilnehmer liegen oder wenn diese sich im Spiel vor allem mit eigenen Haltungen auseinander setzen sollen, können Bilder Vorstellungen über äußere Haltungen, Orte und soziale Situationen vermitteln, Erzählungen und Dramenszenen Einblicke in das sprachliche und körperliche Handeln geben. Wichtig sind darüber hinaus Einfühlungsfragen (s. S. 175), die die Aufmerksamkeit beim Schreiben auf Lebensbereiche und innere Haltungen richten, die für das Verständnis der Person wichtig sind. Fragen nach Alter, Beruf, Familie, Freundschaften, Liebe, kulturellen Aktivitäten, nach Selbst- und Fremdbildern, Problemen, Träumen, Lieblingstätigkeiten, möglicherweise auch nach dem Aussehen. Diese

Fragen geben dem Schreibprozess Impulse und bewirken, dass äußere Lebensbedingungen (Lebensräume, Alltagshandlungen und -beziehungen) auf innere Haltungen (Selbstbilder, Lebensgefühl, Wünsche) bezogen werden und das Selbstbewusstsein im sozialen Gefüge verortet wird. Wie und in welchem Stil Rollenbiographien geschrieben werden, bleibt den Einzelnen überlassen, wobei in jedem Fall darauf hingewiesen werden sollte, dass sich die Person natürlich nur in einer bestimmten Weise ausdrücken kann. Fest vorgegeben wird nur, dass in der Ichform und in ganzen Sätzen geschrieben werden soll. Die Ichform fördert die Identifikation, hilft eigene Erlebnisse, Phantasien, Empfindungen, Denk- und Schreibmuster zu aktivieren und mit zu verarbeiten. Das Schreiben in ganzen Sätzen verhindert die Distanzierung, bringt das biographische Schreiben in Gang und erzwingt eine persönliche Perspektive.

Tagebuch

Auch das Schreiben von Tagebüchern aus der Rolle heraus hilft, sich der Rolle anzunähern. Im Tagebuch können Wahrnehmungen oder Erlebnisse zwischen zwei Ereignissen oder Szenen entworfen und festgehalten werden. Zudem gibt das Tagebuch Gelegenheit sich einfühlend mit momentanen Situationen und Befindlichkeiten von Personen auseinander zu setzen und über Ereignisse, Beziehungen und Zukunftsentwürfe nachzudenken.

Brief

In Briefen können sich die Spielenden aus ihren Rollen heraus schreibend auf die angesprochenen Partner einstellen, müssen sie Erlebnisse, Gedanken und Positionen gezielt darstellen und möglicherweise auf Handlungskonsequenzen hin zuspitzen. Dabei orientiert sich die sprachliche Darstellung in stärkerem Maße an der Sprechhaltung öffentlicher Gespräche. Briefe können der Mitteilung und Verarbeitung von Ereignissen und Erlebnissen dienen, aber auch Ereignisse vorbereiten. Sie helfen den Spielenden, die Haltung der zu spielenden Person ohne Handlungsdruck zu klären.

Erörterung / Stellungnahme

Eine schriftliche Erörterung oder Stellungnahme aus der Rollenperspektive heraus erleichtert den Zugang zum Problem und dessen Deutung aus mehreren Perspektiven. Die Spielerinnen können inhaltlich und stilistisch Ideen entwickeln und durchspielen, zu denen sie vor Publikum keinen Mut hätten. Die Rollenperspektive entlastet, weil sich die Kriterien der Bewertung aus der Rolle, nicht aus der Haltung der Schreibenden ergeben.

Weitere Schreibmöglichkeiten

Es gibt eine Vielzahl weiterer Schreibmöglichkeiten aus der Rollenperspektive heraus: Berichte, Erzählungen, Spielszenen und Dialoge, Charakterisierungen, Notizen über Gedanken, Phantasien und Träume, Beschreibungen von Orten, Gegenständen und Alltagshandlungen usw.

Fordere die Teilnehmer auf sich einen ungestörten Platz zum Schreiben zu suchen und nicht miteinander zu sprechen. Sind wegen Rollenbeziehungen inhaltliche Absprachen notwendig, sollten die erforderlichen Informationen möglichst zu Beginn ausgetauscht werden.

Sorge dafür, dass die Rollen- und Situationsvorgaben gründlich gelesen werden und dass sich die Teilnehmer zumindest zu Beginn des Schreibprozesses an den Fragen zur Einfühlung orientieren. Das gibt Sicherheit, erleichtert den Einstieg, gewährleistet aber auch, dass sie die Texte zunächst auf die allgemeinen Lebensbedingungen und nicht zu schnell auf akute Probleme beziehen. Mache jedoch klar, dass die Fragen nur Anregungen geben sollen, dass sie nicht alle beantwortet werden können (und sollen). Bestehe immer auf der Beantwortung der wichtigen Fragen.

Überprüfe, ob die Teilnehmer tatsächlich in der ersten Person und in ganzen Sätzen schreiben. Immer wieder geben sich einige – vor allem Männer – mit Notizen zufrieden und beschränken sich damit auf den Außenblick.

Das Schreiben in Rollen löst nach einer ersten Verlegenheit in der Regel eine Schreiblust aus, die zu einem schwer lösbaren Zeitproblem werden kann. Falls möglich, können die Texte auch ohne Zeitdruck zu Hause geschrieben werden. Werden Texte gemeinsam in der Gruppe geschrieben, muss der Schreibprozess nach einer bestimmten Zeit abgebrochen werden. Bereite die Schreibenden rechtzeitig auf den Abbruch vor. Bitte um die Beantwortung der wichtigen Fragen.

Deutung: Die Texte können unterschiedlich ausgewertet werden. Da es nur in kleineren Gruppen möglich sein wird, alle Texte vorzulesen, sind Kompromisslösungen notwendig: Es werden exemplarisch Texte verlesen, die die Haltung verschiedener Personen sichtbar machen. Es werden nur die Textteile vorgestellt, die sich auf bestimmte Aspekte (Arbeit, Beziehung, Familie, Sozialisation, Selbstbild), Situationen oder Personen beziehen. Es können aber auch Gruppen beispielsweise gemäß ihrer sozialen Zugehörigkeit (Familie, Freunde o.ä.) gebildet werden, in denen alle jeweils zugehörigen Texte vorgetragen werden. Schließlich können auch Mappen angelegt werden, in denen die Texte gruppenweise zusammengestellt werden und zur Auswertung zur Verfügung stehen. Die Texte helfen so den Spielenden sich bei einem Rollenwechsel in die neue Rolle einzufühlen.

2.6 Rollengespräche

Rollengespräche nenne ich alle Gespräche, die von den Spielern spontan aus der Rolle heraus improvisiert werden, ohne dass es dabei zu Spielhandlungen kommt. Rollengepräche können zwischen verschiedenen Personen, als Selbstgespräche, aber auch zwischen einer Person und dem Spielleiter geführt werden, der in diesem Fall unterschiedliche Rollen übernehmen kann: die Rolle eines Hilfs-Ichs, eines inneren Dialogpartners, einer Vertrauens- oder einer Konfrontationsperson.

In Rollengesprächen können sich die Gesprächspartner um eine der Rolle angemessene Argumentations- und Sprechweise bemühen und sich in Personen und Situationen einfühlen. Sie lernen sich im Rahmen ihrer Rolle in neuen Situationen und gegenüber anderen Personen sprachlich und inhaltlich flexibel zu verhalten. Dabei greifen sie auf ihr eigenes, teils vergessenes Sprach- und Argumentationsvermögen zurück, lernen neue sprachliche Handlungs- und Verstehensmöglichkeiten kennen und verstehen und erweitern – im Schutz der Rolle – ihr eigenes sprachliches Repertoire.

Rollenmonolog

Selbstgespräche kennen wir alle. Wir führen sie, wenn wir uns Klarheit über etwas verschaffen wollen. Wir sprechen in Gedanken oder laut vor uns hin. Rollenmonologe, also Selbstgespräche aus einer Rolle heraus, werden öffentlich geführt. Sie helfen dem Spielenden sich einzufühlen. Er kann in der Rolle Absichten, Haltungen und Gefühle klären sowie Situationen und Erlebnisse verarbeiten:

Rollenmonolog

Peter: Ich bin Peter. War heute ein blöder Tag. Ich bin in der Computerbranche tätig, das ist ein harter Job, zumal wir gerade mal wieder auf ein neues Programm umsteigen. Wenn ich nicht da wäre, würde bei uns alles schief gehen ... Mit Anna, meiner Frau, komme ich gut aus. Ich finde sie attraktiv und tüchtig, ich kann mich auf sie verlassen. Nur manchmal ist sie komisch drauf. Na ja, ich gebe zu, wenn ich nach Hause komme, setze ich mich ins gemachte Nest. Aber ich bin auch so kaputt und das Geld muss ja reinkommen ...

Rollenmonologe können in unterschiedlichen Situationen geführt werden:

- Die Personen stellen sich vor: Sie sprechen über ein Ereignis oder Problem, das sie gerade beschäftigt.
- Die Personen handeln in einer bestimmten Situation: Sie sprechen öffentlich die Gedanken aus, die ihnen gerade durch den Kopf gehen.
- Die Personen unterbrechen die Handlung an bestimmten Stellen und sagen vor sich hin, was sie gerade denken.
- Die Beobachter unterbrechen das Spiel durch Stopp-Rufe. Die Personen erstarren in ihren Haltungen und sagen, was ihnen gerade durch den Kopf geht.
- Die Personen sprechen nach der Szene Gedanken aus, die ihnen durch den Kopf gehen.
- Die Personen verarbeiten nach dem Spiel ihre Erlebnisse allein: Sie sprechen aus, was sie geärgert, gekränkt oder gefreut hat, was sie eigentlich hätten tun oder sagen sollen und warum sie es nicht getan haben, was sie einer anderen Person unbedingt sagen müssen, welche Konsequenzen sie aus dem Erlebnis ziehen und wie sie sich in Zukunft verhalten wollen usw.
- Die Personen nehmen noch einmal die Haltung ein, die sie in einem bestimmten Moment der Szene gezeigt haben, und sprechen laut aus, was ihnen dabei durch den Kopf gegangen ist.
- Die Beobachter ahmen die Haltung einer Person in einem bestimmten Moment nach, konzentrieren sich auf ihre Wahrnehmungen und das Körpergefühl und sprechen die Gedanken aus, die ihr dabei durch den Kopf gehen könnten.

Innerer Dialog

In Selbstgesprächen kann die Sprecherin die Kontrolle über das, was sie öffentlich artikuliert, aufrecht erhalten. Damit ambivalente, widersprüchliche oder ungeliebte Phantasien, Gefühle und Motive, die das Verhalten von Menschen in sozialen Situationen häufig mehr beeinflussen, als ihnen lieb ist, öffentlich werden, bedarf es einer Instanz, die immer wieder an sie erinnert. Diese Instanz kann beim szenischen Spiel der Spielleiter übernehmen: Als innerer Dialogpartner lenkt er durch Fragen die Aufmerksamkeit der Person auf Aspekte, die sie möglicherweise nicht wahrhaben möchte.

Der Spielleiter fühlt sich in die Person ein und versucht die Situation, in der sie sich befindet, aus ihrer Perspektive zu verstehen und zum Ausgangs- und Zielpunkt des Dialogs zu machen. Indem er die Spielerin durch Fragen dazu provoziert in ihrer Rolle auch widersprüchliche und asoziale Gedanken und Gefühle zu artikulieren, ruft er Erlebnisse und Phantasien ab, die es ihr ermöglichen, sich mit ihrer Rolle zu identifizieren und in deren Schutz eigene Haltungen und Verhaltenswünsche wahrzunehmen und auszuagieren. Innere Dialoge zwischen Einzelnen und Spielleiter dienen vor allem der Einfühlung in bestimmte Situationen, der Vergewisserung eigener Wahrnehmungen, Gefühle und Intentionen während einer Szene und der Verarbeitung von Erlebnissen nach Beendigung der Szene.

Einfühlungsgespräch

Bei Einfühlungsgesprächen, die dort geführt werden sollten, wo sich die Person vor oder zu Beginn einer Szene gerade befindet, beobachtet der Spielleiter zunächst das Handeln der Person. Dann begibt er sich seitlich hinter sie und betrachtet das Geschehen aus ihrer Perspektive. Danach nimmt er Körperkontakt auf (indem er ihr die Hand auf die Schulter bzw. auf den Arm legt) und tastet sich fragend an das heran, was die Person gerade beschäftigt. Er beginnt mit Fragen darüber, was die Person gerade tut und wahrnimmt, welche Bedeutung dies im Moment hat und welche Gedanken und Gefühle sie dabei beschäftigen.

Einfühlungsgespräch

Anna steht in der Küche und wäscht ab.
SL: Was tust du gerade?
Anna: Ich wasche ab wie immer, leider.
SL: Keine Lust, was?
Anna: Natürlich nicht. Schließlich habe ich auch den ganzen Tag gearbeitet und noch eingekauft. Irgendwann möchte man ja auch mal seine Ruhe haben.
SL: Schlecht gelaunt?
Anna: Na ja, es geht. War heute eigentlich ganz interessant bei der Arbeit. Außerdem freue ich mich noch auf einen Film im Fernsehen.
SL: Was für ein Film?
Anna: Ein Krimi, die Kommissarin finde ich gut.
SL: Und jetzt?
Anna: Mein Mann kommt gleich. Der will sein Essen pünktlich haben.
SL: Ist es schon fertig?
Anna: Die Kartoffeln habe ich aufgesetzt. Das andere geht schnell. Hoffentlich hat er heute gute Laune.
SL: Hat er öfter schlechte Laune?
Anna: In letzter Zeit schon. Muss mit der Arbeit zusammenhängen, aber er sagt ja nichts. Er knurrt dann nur vor sich hin, das nervt.

Erlebnisgespräch

Ist auf Grund der vorherigen Szene klar, was die Personen gerade getan und erlebt haben, kann der Spielleiter sie zu Erlebnisgesprächen animieren, in denen sie das eigene Verhalten und die eigenen Gefühle aufarbeiten. Dabei stellt er zunächst Fragen nach dem momentanen Befinden, dann lässt er sie erzählen, wie sie die Situation erlebt haben, was dieses Erlebnis für sie bedeutet und welche Handlungskonsequenzen sie daraus ziehen wollen.

Erlebnisgespräch

Peter ist wütend abgehauen. Anna sitzt auf dem Sofa und starrt auf den Fernsehapparat.
SL: Wie geht es dir jetzt?
Anna: Schlecht.
SL: Warum?
Anna: Ich hab mich durchgesetzt, ja! Zum ersten Mal habe ich mich durchgesetzt, aber irgendwie fühle ich mich nicht wohl.
SL: Schlechtes Gewissen?
Anna: Hm. Irgendwie kann ich keinen Krach vertragen. Er hat ja auch einen schweren Tag gehabt.
SL: Und du?
Anna: Ich natürlich auch. Verdammt noch mal, er kann ja auch mal Rücksicht nehmen. Und dann das mit dem Kind. Unmöglich. Immer will er sich durchsetzen. Aber diesmal hat es nicht geklappt, ich war zu wütend. Das ist gut.
SL: Und er?
Anna: Soll er doch gehen. Dann habe ich endlich meine Ruhe.
SL: Kannst du den Film noch genießen?
Anna: Weiß nicht. Muss ich versuchen.

Hilfs-Ich

Beim inneren Dialog kann die Person bzw. der Spieler in seiner Rolle provozierende Fragen nach Gedanken und Phantasien zurückweisen und damit ungeliebte eigene Anteile abwehren. In der Rolle eines Hilfs-Ichs kann der Spielleiter in die Gefühlswelt der Person eindringen. Er ist Teil, nicht innerer Partner der Person und spricht Gedanken, Gefühle und Wünsche öffentlich aus, die diese sich nicht zugesteht oder nicht auszuagieren wagt. Die Technik des Hilfs-Ichs ist der Psychotherapie bzw. dem Psychodrama entlehnt – sie hilft tiefere Schichten einer Person anzusprechen und aufzudecken. Beim szenischen Spiel wird sie nur verwendet, wenn die Rolle den Spielern genügend Schutz gewährt und wenn es um das Ausagieren blockierter Gefühle (z.B. Wut) geht, die von der Rolle her

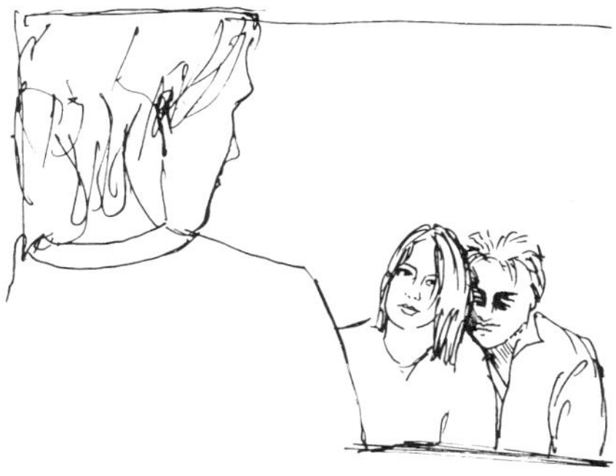

Hilfs-Ich

gefordert werden. Das kann eine befreiende Wirkung haben, ohne dass dabei tiefere Schichten der Persönlichkeit berührt werden müssen.

Als Hilfs-Ich steht oder sitzt der Spielleiter hinter der Spielerin, gibt dieser durch eine Berührung (z.B. Hand auf die Schulter legen) ein Zeichen, dass er sich äußern will, und spricht die Gedanken, Gefühle und Wünsche der Person in der Ichform aus. Spürt er, dass die Spielerin die artikulierten Gefühle annehmen kann, kann er diese durch Wiederholungen und einen dringlicheren Tonfall so verstärken und unterstützen, dass die Spielerin in der Rolle wagt, sie auszuagieren.

Peter zappt durch das Fernsehprogramm. Anna, die sich auf den Krimi gefreut hat, wird ungeduldig, weil der Film gleich beginnt. Sie nimmt Peter die Fernbedienung weg.
Anna: Hör auf damit.
Peter nimmt die Fernbedienung an sich.
Peter ärgerlich: Hör du doch auf.
Hilfs-Ich: Natürlich. Jetzt geht das wieder los. Ich hab die Nase voll. Ich will meinen Film sehen.
Anna greift zur Fernbedienung, ärgerlich: Wie soll ich damit aufhören, wenn ich es gar nicht tue.
Anna schaltet den Film an und legt die Fernbedienung neben sich.
Peter aufbrausend: Du hast damit angefangen!
Hilfs-Ich: Dieses Mal werde ich nicht nachgeben. Immer will er sich durchsetzen. Ich nehme die Fernbedienung und gebe sie nicht her.
Anna ruhig: Und du sollst damit aufhören.
Peter springt auf, will ihr die Fernbedienung wegnehmen. Geht dann zum Fernsehapparat und schaltet ihn aus.
Hilfs-Ich: Nicht nachgeben. Aufstehen. Hingehen. Apparat anmachen. Wenn er sich in den Weg stellt, brülle ich ihn an.

Konfrontationsgespräch

Haben Spieler Schwierigkeiten, eine angemessene Haltung zu finden, kann der Spielleiter sie innerhalb ihrer Rolle in ein Gespräch verwickeln, das sie veranlasst, ihre Haltung zu ändern. Dabei übernimmt er spontan eine Rolle, die ein anderes Verhalten erforderlich macht, weil sie auf gesellschaftliche Bedingungen und

Zwänge hinweist, in denen die Personen agieren. In der Konfrontationsrolle – in der Regel sind es Rollen von Menschen, die bestimmte Machtpositionen bekleiden, also z.B. Eltern, Lehrer, Polizisten, Chefs – spricht er Probleme, Bedürfnisse und Interessen direkt an, konfrontiert mit Normen und Erwartungen und zwingt die Spieler, in ihren Rollen darauf zu reagieren, die eigene Haltung zu überprüfen und Stellung zu beziehen. Wichtig ist, dass der Spielleiter die Konfrontationsrolle glaubwürdig, sicher und mit Konsequenz und Strenge (bis an den Rand der Überzeichnung) spielt und Bedingungen setzt, denen die betroffenen Personen (und Spieler) nicht ausweichen können.

Der Spielleiter betritt in der Rolle der Tochter den Raum.
Tochter: Mama, warum schreist du so, ich kann nicht schlafen.
Anna wendet sich ihr zu: Es ist nichts, Birgit, ich habe mich nur ein bisschen geärgert.
Tochter: Aber du sollst nicht so laut schreien, das macht mir Angst.
Peter, der wieder zur Fernbedienung gegriffen hat: Du hast Recht, geh wieder ins Bett, meine Kleine.
Anna zu Peter: Das fehlt auch noch! Komm, Birgit, ich bringe dich in dein Zimmer.
Tochter: Aber du sollst dich nicht mit Papa streiten.
Anna: Komm, wir gehen in dein Zimmer.
Tochter: Aber du schimpfst auch wirklich nicht mehr mit Papa?
Anna: Nein, mein Schatz.
Anna bringt Birgit ins Bett, kommt zurück, setzt sich neben Peter aufs Sofa, reißt ihm die Fernbedienung aus der Hand und zischt: Raus!

Rollengespräch zwischen Personen

Rollengespräche zwischen Personen bieten sich immer dort an, wo Informationen weitergegeben, Erlebnisse mitgeteilt und besprochen, Probleme reflektiert und Konflikte ausgetragen werden sollen, ohne dass dabei die situativen Bedingungen und nichtsprachlichen Handlungen wichtig sind. Rollengespräche dienen dabei vor allem der Verständigung und der Konfliktbewältigung zwischen den Personen und können vom Spielleiter je nach Bedarf und Intention organisiert bzw. abgebrochen werden.

Rollengespräch zwischen Personen

Je nach Zielsetzung können unterschiedlich Akzente gesetzt werden.

- Sind einzelne Personen in Schwierigkeiten geraten oder werden sie mit einem Problem nicht fertig, können sie mit anderen Personen ein klärendes Gespräch führen. Dabei entscheiden die Spieler, mit wem sie an welchem Ort ein (Rollen)Gespräch führen wollen. Handelt es sich dabei um eine Person ihres Vertrauens, für die noch keine Rolle entwickelt wurde, können sie sich die Spieler selbst aussuchen.
- Sollen Ereignisse und Vorhaben von unterschiedlichen Personen und Positionen her beleuchtet, diskutiert und vorangebracht werden, legt der Spielleiter fest, welche Personen der Reihe nach miteinander Rollengespräche führen sollen.
- Versuchen Spieler, sich ihrer Rolle zu entziehen und sich bestimmten Handlungen zu verweigern, arrangiert der Spielleiter Gespräche mit Personen, die sie zwingen sich so zu verhalten, wie das von der Rolle her gefordert ist. Sind solche Konfontationsrollen noch nicht entwickelt, wählt er Spieler aus und fühlt sie in die Rollen ein, damit sie in der Lage sind, konfrontative Positionen durchzuhalten.

In allen Fällen wird zunächst der Ort des Gesprächs festgelegt und kurz arrangiert. Dann werden in kurzen Einfühlungsgesprächen das momentane Befinden der Personen und das Thema des Gesprächs angesprochen. Sind die Haltungen der Beteiligten zum Thema deutlich geworden, bricht der Spieleiter ab, klärt in Erlebnisgesprächen die Positionen der Gesprächspartner und kündigt, sofern er das für notwendig hält, neue Gespräche an.

Beobachte vor den Einfühlungsgesprächen zunächst von außen die Handlungen und Haltungen der Personen. Beginne dein Gespräch erst, wenn du dir eine Vorstellung von der Situation gemacht hast. Wähle dazu einen Ort, der die Spielerinnen nicht bei ihrer Handlung stört und der es dir möglich macht, die Situation aus der Perspektive und Haltung der Person wahrzunehmen. Begebe dich am besten schräg hinter die Person auf die gleiche Ebene: Setze dich also hin, wenn die Spielerin sitzt.

Lege der Spielerin beim Einfühlungsgespräch die Hand auf die Schulter oder den Arm, um zu signalisieren, dass du ein Teil der Person bist bzw. zumindest intensiv mit ihr in Verbindung stehst, auch wenn du sie nicht ansiehst.

Spreche zunächst die Tätigkeiten und die sinnlichen Wahrnehmungen der Person an, bevor du ihre Gedanken und Gefühle ansprichst. Fragen nach sinnlich wahrnehmbaren Details, etwa nach dem Aussehen von Gegenständen, nach der konkreten Tätigkeit, nach Geräuschen, Gerüchen, dem Körpergefühl, erleichtern die Einfühlung, weil sie über das sinnliche Gedächtnis Emotionen wachrufen können, die die Spieler mit ihnen verbinden. Orientiere dich bei deiner Sprechweise an der der Personen: Ältere Menschen oder solche, die sich bewusst distanziert geben, solltest du siezen, in der Regel ist das Duzen angemessener.

Vermeide Fragen nach der generellen Lebenssituation. Deine Aufgabe besteht darin, die aktuelle Befindlichkeit der Person zur Sprache zu bringen. Achte deshalb darauf, dass sich das Gespräch nicht von der Situation entfernt und dass die Spielerin ihre Tätigkeiten nicht aufgibt. Fordere sie auf sich bei ihrer Tätigkeit nicht stören zu lassen.

Versuche dich zurückzuhalten und die Aufmerksamkeit der Person nicht zu sehr auf dich zu ziehen. Du bist kein Interviewpartner. Gib deshalb deinen Platz seitlich hinter der Spielerin nicht auf, sodass es nicht zu einer Face-to-Face-Kommunikation kommt. Das wird dir nicht immer gelingen. Immer wieder „verstehen“ Spieler deine Rolle nicht und halten dich auf Distanz, indem sie dir eine reale Rolle (eines indiskreten Gesprächspartners, eines Kumpels) zuschreiben. Das hat manchmal etwas mit den Rollen zu tun (Personen, die das sagen, was sie denken, brauchen keinen inneren Dialogpartner), häufig aber auch mit den Problemen der Spieler Ambivalenzen in sich zu akzeptieren und öffentlich zuzugeben. Akzeptiere diese Rollenzuschreibung und lasse dich auf das Rollengespräch ein. Versuche dabei, bei der Situation zu bleiben und lenke das Gespräch immer wieder auf das aktuelle Geschehen zurück.

Deine Aufgabe besteht vor allem darin, die Spieler anzuregen in der Rolle und der konkreten Situation wahrzunehmen, zu denken und zu empfinden. Sprich deshalb nur Themen an, die die Situation und mögliche Gedanken und Gefühle der Person betreffen. Je besser es dir dabei mit deinen Fragen gelingt an Brüche, Widersprüche und Masken der Person heranzukommen, umso wirklichkeitsnäher werden Haltungen und Handlungen und umso größer sind die Erfahrungsmöglichkeiten der Spieler. An solche Brüche in der Person kannst du dich durch vorsichtiges Nachhaken bei Ungereimtheiten in den Antworten herantasten oder indem du Gefühle ansprichst, wo Äußerungen und Körperhaltungen Unentschiedenheit verraten.

Achte auf die körperliche Nähe bzw. Distanz zu den Spielern. Je mehr du als innerer Dialogpartner einer Person agierst, also Gefühle und Empfindungen ansprichst oder – in der Rolle eines Hilfs-Ichs – aussprichst, umso eher kannst du zu den Spielern Körperkontakt aufnehmen. Die Nähe erhöht die Intimität, schafft einen Raum innerer Gemeinsamkeit, in dem auch ambivalente und zensierte Gefühle angesprochen werden können. Achte und respektiere dabei den persönlichen Raum, d.h. den Grad der körperlichen Nähe, den die Spielerin für sich akzeptieren kann.

Verliere dich bei Rollengesprächen nicht in Details und eigenen Problemen und achte darauf, dass sie nicht zu lange dauern. Sicherlich ist die Verführung groß, im Schutze von Rollen emotional intensive Gespräche zu führen, aber es ist nicht deine Aufgabe zu therapieren. Vergiss nicht, dass du den Spielern durch deine Fragen und Kommentare helfen sollst, sich den Raum vorzustellen oder sich in die momentane Situation der Person, die sie spielen, einzufühlen. Und dass du den Beobachtern helfen sollst, sich über diese Gespräche eine Vorstellung vom Raum und der äußeren und inneren Befindlichkeit der Personen zu machen. Die Gespräche bereiten das Spiel vor, intensivieren es oder zeigen, wie es aus der Rolle heraus erlebt wurde. Sie haben eine dienende Funktion – sie dürfen sich nicht verselbstständigen und nicht überfordern.

Alle diese Hinweise dürfen nicht darüber hinwegtäuschen, dass die Möglichkeiten und Grenzen von Rollengesprächen nicht zuletzt durch dich, durch deine Fähigkeit und Bereitschaft, dich auf die Spieler und Personen einzulassen, bestimmt werden. Entscheide selbst, wie weit du gehen willst. Manchmal kann es sinnvoller sein, ein Gespräch abzubrechen, als sich zu weit vorzuwagen.

2.7 Standbilder

Standbilder sind bildliche Darstellungen von sozialen Situationen, Personen, Konstellationen, Beziehungsstrukturen oder Begriffen. Mit Standbildern können erlebte oder vorgestellte Situationen und Personen fixiert, ausgestellt und gedeutet, Handlungsverläufe unterbrochen und verfremdet, Haltungen sichtbar gemacht, Beziehungen und Ereignisse auf den (sinnlichen) Begriff gebracht werden. Interpretiert werden dabei Situationen, Haltungen und Beziehungen nicht nur durch den Ausschnitt, das bildliche Arrangement und die Perspektive, sondern vor allem auch durch die Bedeutungen, die dem Bild und den Haltungen, Gesten und der Mimik der Personen zugeschrieben werden.

Die Arbeit mit Standbildern ist einfach und schnell zu erlernen. Dabei haben sich einige Verfahren bewährt, mit denen jeweils unterschiedliche Aspekte dargestellt und gedeutet werden können.

Unterbrechen von Handlungsverläufen

Standbilder entstehen, wenn Szenen oder Handlungsverläufe an bestimmten Stellen durch einen Stopp-Ruf unterbrochen und angehalten werden und die Spielenden in ihren Haltungen erstarren: Einem Schnappschuss gleich, werden Körperhaltungen, Gesten und Beziehungskonstellationen fixiert und ausgestellt. An welcher Stelle der Handlungsverlauf unterbrochen und fixiert wird, hängt von den Intentionen der Beobachter ab: Wollen sie die Handlungen und Interaktionen genauer wahrnehmen, die Einstellungen der Personen in bestimmten Momenten überprüfen, Beziehungen oder Höhepunkte der Situation festhalten, ein bestimmtes Verhalten ausstellen und kritisieren?

Deutung: Standbilder, die durch die Unterbrechung von Handlungsverläufen entstehen, können unterschiedlich gedeutet werden.

- Haltungen spiegeln und deuten: Die Beobachter bauen sich in gleicher Weise auf und sagen aus den Haltungen heraus, mit welchen Empfindungen diese verbunden sind.
- Gedanken und Gefühle erkunden: Die Spieler sagen aus ihren Rollen heraus, was sie gerade denken.
- Einstellungen und Reaktionen erfragen: Die Beobachter befragen die Spieler nach ihren Rollen und Einstellungen.
- Projektionen der Beobachter sichtbar machen: Die Beobachter treten nacheinander hinter die Personen, legen ihnen die Hand auf die Schulter und sagen in der Ichform, was diese ihrer Meinung nach gerade denken.
- Stellungnahme der Beobachter – möglicherweise aus einer Rolle heraus: Sie sagen nacheinander, wie sie die Situation und das Verhalten der Figuren einschätzen. Dabei können sie ihre Einschätzung durch eine Körperhaltung ausdrücken und Personen im Standbild mit einem Satz direkt ansprechen.

Haltungen einnehmen und zeigen

Standbilder entstehen auch, wenn Teilnehmer in Haltungen erstarren, die zeigen, wie sie zu bestimmten Situationen, Personen und Ereignissen stehen. Dabei können Haltungen von und gegenüber Einzelnen und Gruppen gezeigt, ausgestellt, nachgeahmt und reflektiert werden.

Bei diesem Standbildverfahren entscheiden die Spieler selbst über die Haltung, die sie zeigen. Sie suchen nacheinander den Ort und die Haltung im Raum, die ihren Vorstellungen entsprechen, und erstarren in dieser Position, wobei sie sich auf ihre Wahrnehmung und ihr Körpergefühl konzentrieren. Um das Standbild aufzulösen, verlassen es die Spieler nacheinander in der umgekehrten Reihenfolge. Auf diese Weise wird gewährleistet, dass alle Spieler die Haltungen der anderen sehen können.

Deutung: Standbilder, die in dieser Weise entstehen, können je nach Intention unterschiedlich gedeutet werden.

- Gedanken und Gefühle öffentlich machen: Die Spielerinnen sagen aus ihren Haltungen heraus, was sie in ihrer Rolle gerade denken und empfinden.
- Beziehungskonstellationen und Einstellungen gegenüber anderen herausarbeiten: Die Spielenden sagen nacheinander im Gespräch mit dem Spielleiter, warum sie diese Position eingenommen haben und wie sie ihre Beziehung zu den anderen Personen definieren.
- Die Haltung in der Beziehungskonstellation von außen wahrnehmen und einschätzen: Ein Spieler übergibt dem Spielleiter seine Position im Standbild

und betrachtet, beschreibt und bewertet seine Stellung in der Gruppe von außen.

- Projektionen der Beobachter verdeutlichen: Die Beobachter treten nacheinander hinter die Personen im Bild, legen ihnen die Hand auf die Schulter und sagen, was die Personen ihrer Meinung nach gerade denken. Zum Abschluss sagen die Spieler, welche Zuschreibungen ihren Vorstellungen am nächsten kommen. Dabei können die Beobachter angehalten werden, sich in ganz bestimmte Haltungen bzw. Personen einzufühlen, z.B. in die, mit denen sie sich identifizieren können oder die sie ablehnen, in solche, die eine Opfer-, Täter- oder Zuschauerrolle einnehmen etc.
- Wirkung der Haltungen und Beziehungskonstellation auf die Beobachter zeigen: Die Beobachter interpretieren das Standbild und drücken ihre Position durch eine eigene Haltung aus.
- Fragen der Beobachtenden an einzelne Personen im Standbild klären: Die Spieler beantworten die Fragen aus der Haltung heraus.
- Identifikationen der Beobachter mit einzelnen Haltungen und Personen zeigen: Die Beobachter stellen sich neben die gewählte Person und sagen im Gespräch mit dem Spielleiter, wie sie die Haltung wahrnehmen, ob sie sie kennen und warum sie sich mit ihr identifizieren.
- Haltungen spiegeln: Die Beobachter ahmen die Körperhaltungen nach, konzentrieren sich auf das Körpergefühl und sagen, was sie empfinden und welche Gedanken der Person durch den Kopf gehen könnten.
- Mit Haltungen bzw. Personen auseinander setzen, die provozieren, ärgern, bedrohen oder fremd sind: Die Beobachter konfrontieren die Personen mit einer eigenen Haltung und sprechen aus, was sie ihr am liebsten sagen würden.
- Eigenes Empfinden in einer der gezeigten Haltungen erkunden: Die Beobachterinnen gehen zu einer Person im Standbild, ahmen deren Haltung nach, konzentrieren sich auf ihre Wahrnehmungen und ihr Körpergefühl und sagen im Gespräch mit dem Spielleiter, wie sie diese Haltung erleben.

Situationsbezogene Standbilder bauen

Standbilder entstehen auch, wenn Teilnehmer (oder Spieler in ihren Rollen) Situationen auf einen bestimmten Moment zugespitzt als Bilder aufbauen und gestalten. Direkt oder mittelbar erlebte, aber auch vorgestellte Szenen – kritische Erlebnisse, Wunschsituationen, Bilder, Szenen aus Texten und Filmen – können so dargestellt und szenisch interpretiert werden.

Das Bauen von Standbildern ist leicht, erfordert aber ein wenig Disziplin. Die gestaltende Spielerin, Hauptspielerin genannt, sucht aus der Gruppe diejenigen aus, die schon äußerlich – also in Gestalt, Gesicht, Frisur usw. – den darzustellenden

Personen ähnlich sehen, und holt sie nach vorne. Dann bringt sie sie in die gewünschte Position und formt Körperhaltung und Gestik mit den Händen so lange, bis sie dem vorgestellten Bild entsprechen. Ist sie selbst an der Situation beteiligt (gewesen), baut sie eine Teilnehmerin in der entsprechenden Haltung ins Bild ein.

Hauptspielerin formt Haltung

Beim Bauen von Standbildern wird nicht gesprochen, Haltungen werden nicht demonstriert, sondern modelliert – lediglich die Mimik wird vorgemacht und auf ein Zeichen hin „eingefroren". Außer bei der Nachahmung der Mimik bleiben die Spieler, die geformt werden, passiv: Sie nehmen wie bewegliche Puppen die Haltungen an, die ihnen gegeben werden.

Ist das Standbild fertig, legt die Hauptspielerin die Perspektive fest, aus der sie es sieht, und überprüft und korrigiert das Bild noch einmal aus dieser Perspektive. Danach fordert der Spielleiter die Beobachter auf, sich das Standbild aus der Perspektive anzuschauen.

Deutung: Situationsbezogene Standbilder können unterschiedlich *gedeutet* werden. Ist die zu deutende Szene den Beobachtern bekannt, können diese zunächst sagen, welcher Moment dargestellt und wie er gedeutet wurde, bevor sich die Hauptspielerin zu ihrem Bild äußert.

Die spezifische Haltung und Deutung der Hauptspielerin steht in der Regel im Mittelpunkt des Interesses. Sie sollte zunächst die Gelegenheit bekommen, das Standbild – mit Unterstützung durch den Spielleiter – zu interpretieren:

- Sie beschreibt (im Gespräch mit dem Spielleiter) zuerst die dargestellte Situation: Um welche Situation geht es? Was geschieht? Wo und wann genau findet die Szene statt? Wer sind die Personen und was machen sie gerade?
- Sie nimmt (nach Aufforderung durch den Spielleiter) die eigene Position in der Situation ein, d.h. sie begibt sich seitlich hinter die entsprechende Spielerin, legt ihr die Hand auf die Schulter und fühlt sich, in der Ichform sprechend, (wieder) in die Situation ein. Dabei wird sie von dem Spielleiter durch Fragen unterstützt: Was ist gerade los? Wie geht es dir? Was denkst du? Welche Gefühle bewegen dich? Wo spürst du sie in deinem Körper? Bezogen auf die dargestellte Szene regt der Spieleiter vor allem das visuelle Gedächtnis an: Schau dir die Person an. Wie nimmst du sie wahr? Wie deutest du ihre Hal-

tung? Welche Gefühle löst sie in dir aus? Bezogen auf die dargestellte eigene Haltung regt er vor allem das Körpergedächtnis an: Was willst du mit deiner Haltung ausdrücken? Warum hältst du die Hand so? Wie erlebst du deinen Gesichtsausdruck? Warum schaust du die Person nicht an? Wo im Körper sitzt dein Gefühl? Dabei kann er auch die Körperhaltung nachahmen lassen, um einen besseren Zugang zum Körpergefühl zu ermöglichen.

- Um herauszuarbeiten, wie die Hauptspielerin die anderen Personen sieht, tritt sie (vom Spielleiter aufgefordert) nacheinander hinter diese, legt ihnen die Hand auf die Schulter und spricht ihre Gedanken aus. Zeigt die Situation ein *Gespräch*, kann die Hauptspielerin dieses demonstrieren, indem sie im Wechsel jeweils hinter eine Person tritt und deren Äußerungen wiedergibt, wobei sie (vom Spielleiter aufgefordert) nach der genauen Intonation sucht und auch die Gedanken ausspricht. Nachdem sich die Hauptspielerin in alle eingefühlt hat, geht sie schließlich wieder in die Ausgangsposition zurück und fasst ihre Sicht und Deutung zusammen.

Anschließend geben die Beobachter der Hauptspielerin ein Feedback. Sie tragen zusammen, was sie über sie herausbekommen haben: wie sie die Situation und die Haltungen der Personen gedeutet hat und welche Schwierigkeiten, Probleme, Wünsche und Ängste sie in der Situation hatte. Diese Interpretation kann auch mit szenischen Mitteln vorgenommen werden:

- Die Gedanken und Gefühle in der Situation herausarbeiten: Die Beobachter tragen in einer Stimmenskulptur (s. S. 136) ambivalente Gefühle, Gedanken und Phantasien zusammen.
- Die Projektionen auf die anderen Personen herausarbeiten und relativieren: Die Beobachter begeben sich hinter diese Personen und sprechen mögliche Gedanken aus, die von der Deutung der Hauptspielerin abweichen.
- Die spezifische Deutung herausarbeiten und relativieren: Die Beobachter bauen Gegen- bzw. Kontraststandbilder und abweichende Interpretationsmöglichkeiten.
- Mögliche Veränderungen bzw. Lösungen diskutieren: Die Beobachter verändern nacheinander so lange die Haltungen der Personen im Bild, bis eine bessere Lösung gefunden worden ist.

Das Bauen von Standbildern ist einfach, verführt aber zur Oberflächlichkeit. Wenn nicht präzise gearbeitet wird, bleiben die Bilder beliebig, es wird nicht erfahrbar, was das Verfahren leisten kann. Szenen können nur exakt gedeutet werden, wenn Standbilder genau erstellt und interpretiert werden. Es ist deine Aufgabe als Spielleiter, durch deine Interventionen den Erfolg der Interpretation zu sichern.

Erläutere zunächst, was ein Standbild ist. Du kannst eine fotografische Momentaufnahme als Vergleich heranziehen oder auf die Filmtechnik hinweisen, wo das bewegte Bild aus 24 Bildern pro Sekunde entsteht.

Erläutere dann, wie ein Standbild gebaut wird. Demonstriere die Technik des Standbild-Bauens langsam und genau und kommentiere deine Handlungen. Es kann durchaus sinnvoll sein ein eigenes Standbild zum Thema zu bauen. Geh nach vorne, sieh dich im Halbkreis um und kommentiere: „Ich suche mir unter den Teilnehmern diejenigen aus, deren Aussehen in mein Bild passt." Wähle eine Teilnehmerin aus, nehme sie an die Hand und hole sie nach vorne. Forme zunächst einen Arm und eine Hand und kommentiere: „Du bist für mich Material, das ich nach meinen Vorstellungen forme. Du hast keinen eigenen Willen, sondern fixierst jeweils die Haltung, die ich dir gebe. Ich kann deine Gestik formen, deine Körperhaltung, deinen Kopf." Forme währenddessen ruhig und exakt jeweils die benannten Körperteile. „Die Mimik, die ja besonders wichtig für den Ausdruck ist, mache ich vor. Ich drehe den Kopf der Spielerin zu mir hin. Dann mache ich die Mimik vor, die von der Spielerin jeweils imitiert wird." Demonstriere dieses Vorgehen exakt. „Bin ich mit der Mimik zufrieden, gebe ich ein Zeichen mit der Hand und die Spielerin hält den Gesichtsausdruck fest. Dann wende ich den Kopf wieder in die Haltung, die zu der Person passt." Demonstriere vor allem diesen Teil ruhig. Betone dabei die einzelnen Schritte durch Pausen. Baue dann eine zweite, eventuell eine dritte Person dazu.

Hauptspielerin formt Mimik

Erst wenn du mit dem Bild zufrieden bist, nimmst du Abstand und kommentierst: „Bin ich mit meinem Bild zufrieden, suche ich den Ort und die Perspektive, aus der ich es gesehen habe bzw. die meine Sichtweise zum Ausdruck bringt. Bilder können aus sehr unterschiedlichen Perspektiven gesehen werden: distanziert von außen, aus der Perspektive der einzelnen Personen, aus der Nähe, aus der Ferne, von unten oder von oben usw." Zeige die angesprochenen Perspektiven. „Aus jeder Perspektive sehe ich etwas anderes, deute ich das Bild anders." Suche dann deine Perspektive, wirf einen Blick auf das Bild und überprüfe es. „Habe ich meine Perspektive gefunden, überprüfe ich das Bild, also Gestik, Haltung und Mimik der Personen, aus dieser Perspektive. Stimmt etwas nicht, korrigiere ich es. Bevor ich dann das Bild erläutere, müssen die Beobachter es sich aus meiner Perspektive ansehen, sonst können sie meine Deutung nicht verstehen. Also kommt alle her und schaut es euch aus dieser Perspektive an." Warte, bis alle die Szene derart betrachtet haben. Fordere sie auf sich zu setzen.

Hauptspielerin erläutert Standbild

Nimm Abstand und erläutere die Situation, die du dargestellt hast, von außen. Tritt hinter die Person, die dich im Standbild darstellt, leg ihr die Hand auf die Schulter und sprich in der ersten Person über das, was dir in dieser Situation durch den Kopf gegangen ist bzw. durch den Kopf geht. Spreche dabei auch über deine Wahrnehmung der anderen Personen, deine Gedanken, deine Gefühle, besonders deine Körpergefühle: „Ich begebe mich wieder in die Situation, fühle mich in den Moment ein, versuche mich an meine Emotionen zu erinnern. Das wird erleichtert, wenn ich anschließend hinter die anderen Personen trete, ihnen die Hand auf die Schulter lege und sage, was sie in diesem Moment gesagt haben und was sie dabei möglicherweise gedacht haben.“ Demonstriere diese Einfühlung in die anderen Personen, kehre dann zu deiner Person zurück, lege ihr noch einmal die Hand auf die Schulter und reagiere in der ersten Person auf die Äußerungen und Gedanken der anderen. Brich dann die Demonstration ab und frage die Beobachter, was ihrer Meinung nach dein Problem in der Situation gewesen ist. Sammle ihre Äußerungen und nehme schließlich selbst Stellung.

Diese Demonstration ist nicht ganz leicht und setzt voraus, dass du dir Zeit nimmst. Sage den Teilnehmern anschließend, dass es für sie nicht so kompliziert wird, weil du ihnen als Spielleiter beim Bau und bei der Interpretation des Bildes hilfst.

Informiere dich vor dem Bau von Standbildern, ob alle oder zumindest die meisten ein Bild im Kopf haben. Um den Teilnehmerinnen den Entscheidungsdruck zu nehmen, kannst du eine Reihenfolge festlegen. Dies ist auch hilfreich, wenn Standbilder in Kleingruppen gebaut werden sollen. Fordere die Gruppen auf sich im Halbkreis hinzusetzen und lasse etwa diejenige, die rechts außen sitzt, mit dem Bauen beginnen. Diejenige, die links außen sitzt, kann dann die Spielleiterrolle übernehmen.

Bleibe, während das Standbild gebaut wird, auf deinem Platz sitzen und weise nur auf Regelverstöße hin: Es darf nicht gesprochen werden; eine Haltung muss geformt und nicht vor- bzw. nachgemacht werden; der Kopf muss für die Mimik auf den Hauptspieler gerichtet werden; die Hauptspielerin muss sich Zeit nehmen und die Haltungen immer wieder überprüfen; eine Person muss die Haltung der Hauptspielerin repräsentieren. Achte darauf, dass besonders die Mimik genau erarbeitet wird. Das gilt auch für den Fall, dass die Hauptspielerin die Mimik in der dargestellten Situation nicht gesehen hat. Indem sie den Personen eine Mimik gibt, schreibt sie ihnen eine bestimmte innere Haltung zu.

Erst wenn die Hauptspielerin mit ihrem Bild zufrieden ist, stehe auf, gehe zu ihr hin und fordere sie auf ihre Perspektive zu suchen und einzunehmen und aus dieser heraus noch einmal Haltungen und Mimik der Personen zu überprüfen und eventuell zu verändern. Überprüfe diese Perspektive selbst. Sie hilft dir dich besser in die Hauptspielerin einzufühlen und bei der Deutung genauere Fragen zu stellen.

Fordere alle Beobachter auf das Bild aus der Perspektive der Hauptspielerin zu betrachten. Bestehe darauf, dass alle das tun, denn nur der perspektivische Blick bezieht sie in die Szene ein. Im Übrigen kann es nur gut sein, wenn die Teilnehmer sich bewegen. Fordere die Beobachter dann auf, sich wieder auf ihre Plätze zu setzen. Wenn alle um die Hauptspielerin herum stehen, leidet deren Konzentration bei der Deutung.

Fordere die Hauptspielerin auf Abstand zu nehmen und die von ihr dargestellte Situation genau zu beschreiben. Wenn dir etwas nicht klar ist, frage nach. Du brauchst das Wissen über die Situation, um bei der Interpretation des Bildes einfühlsam helfen zu können.

Wenn dir die Situation klar geworden ist, fordere die Hauptspielerin auf sich hinter die Person zu stellen, die ihre Position und Perspektive repräsentiert, ihr die Hand auf die Schulter zu legen und in der ersten Person über sich in der Situation zu sprechen. Wichtig ist dabei, dass tatsächlich die gleiche Haltung und Perspektive gewählt wird, d.h. wenn die Person sitzt, muss die Hauptspielerin sich auf die gleiche Höhe hocken. Die Hand auf der Schulter zwingt zur Einfühlung und verhindert, dass lediglich über die Person gesprochen wird. Unterstütze das Sprechen in der ersten Person durch Fragen: „Wie geht es dir gerade? Was ist gerade los? Was machen die anderen? Was löst ihr Verhalten in dir aus? Was geht dir durch den Kopf? Welche Gefühle bewegen dich? Wo sitzen diese Gefühle in deinem Körper?" usw. Halte dich dabei neben oder besser seitlich hinter der

Perspektive der Hauptspielerin

Hauptspielerin auf, sodass du das Bild aus deren Sicht wahrnehmen kannst. Lenke die Aufmerksamkeit immer wieder auf das wahrnehmbare Bild, auf die Haltungen und Gesichter der Personen, in denen sich die situativen Empfindungen abbilden. Dabei kannst du die Hauptspielerin auffordern, noch einmal ihre Haltung in der Situation einzunehmen und aus dieser heraus über sie zu sprechen.

Fordere die Hauptspielerin auf, sich nacheinander hinter die anderen Personen zu stellen, ihnen die Hand auf die Schulter zu legen und in der Ichform zu sagen, was sie in dem dargestellten Moment gerade sagen und denken. Wähle dabei deinen Platz immer neben der Spielerin und rege sie durch Fragen an: „Was denkst du gerade? Was hältst du von der Situation und den anderen Personen?“ usw. Bestehe darauf, dass in der ersten Person und nicht über die Person gesprochen wird. Da sich die Hauptspielerin in Personen einfühlen soll, die sie bisher nur von außen gesehen und bewertet hat, musst du Abweichungen verhindern. Der Tonfall kann für eine Deutung wichtig sein. Lass die Äußerung so lange wiederholen, bis der Sprechgestus gefunden ist. Bitte danach die Hauptspielerin, zu ihrer Person zurückzukehren und über Gedanken und Gefühle zu sprechen, die diese Äußerung bei ihr in der Situation ausgelöst hat. Wenn das der Situation entsprach, kann sie auch mit einer sprachlichen Äußerung reagieren, auf die dann die anderen Personen wiederum mit Gedanken und Gefühlen antworten können usw. In dieser Weise kannst du die Hauptspielerin dazu anregen, im Wechselspiel von sprachlichen Äußerungen und gedanklichen Reaktionen die Szene zu rekonstruieren bzw. zu inszenieren, die sie mit dem Bild verbindet.

Interpretation aus der eigenen Perspektive

Die Hauptspielerin ist auf deine Lenkung angewiesen, bei dir liegt die Verantwortung. Vergiss nicht, dass der Hauptspielerin und den Beobachtern die Situation und das Problem deutlich werden sollen, und verliere dich nicht in eigenen Problemen. Dehne die Deutung nicht zu weit aus, bleib bei der Situation und brich die Interpretation ab, wenn dir das Geschehen zu nahe kommt oder dir nichts mehr einfällt. Jeder hat eine eigene Grenze, es ist wichtig, diese zu akzeptieren und nicht zu überschreiten. Auf jeden Fall solltest du zum Abschluss der Interpretation der Hauptspielerin noch einmal die Möglichkeit geben aus ihrer Perspektive zu sprechen.

Veranlasse die Spielerinnen ihre Haltungen aufzugeben, sich zu entspannen und sich wieder in den Halbkreis zu setzen. Bitte die Beobachter, der Reihe nach

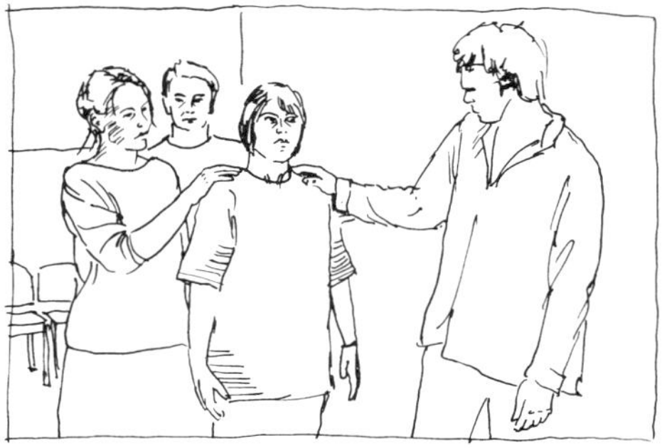

Interpretation aus der Perspektive der Personen

zu sagen, worin nach ihrer Wahrnehmung das Problem, die Schwierigkeit bzw. die Deutung der Hauptspielerin in der Situation lag bzw. liegt. Verlange von jeder eine Reaktion. Schweigen könnte die Hauptspielerin als gegen sich gerichtet empfinden. Im Übrigen geben schon winzige Deutungsvarianten einen Beitrag zur Entwicklung einer Gestalt, die der Hauptspielerin helfen können, sich und ihre Deutung besser zu verstehen. Nimm dabei selbst Stellung, wenn du an der Reihe bist. Zwar warst du als Spielleiter nicht nur Beobachter, aber du konntest doch – im Gegensatz zu den Spielerinnen – die Deutung aus wechselnden Perspektiven nachvollziehen.

Anschließend sollen die Mitspielenden berichten, wie sie ihre Haltung und Rolle wahrgenommen haben. Die Aktivierung des Körper- und Sinnengedächtnisses im Standbild, aber auch die Gedanken und Gefühle, die ihnen zugeschrieben wurden, rufen eigene Erlebnisse wach, bringen andere Perspektiven und Deutungen ins Spiel und können bewusst machen, dass es sich bei dem Standbild um die Inszenierung einer bestimmten Person handelt, nicht um eine verallgemeinerbare Deutung einer Situation.

Gib schließlich der Hauptspielerin die Möglichkeit, ihre Erfahrungen während des Bauens sowie der Interpretation zu schildern und das zu benennen, was sie durch das Feedback über sich und die Situation erfahren hat. Greife dabei nicht korrigierend ein und akzeptiere Rationalisierungen und Rechtfertigungen, auch wenn sie dir unpassend erscheinen. Gerade dort, wo man emotional berührt wird, muss man sich manchmal vor einer Überforderung schützen. Es ist deine Aufgabe, diesen Schutz zu gewährleisten.

Statuen bauen

Von Standbildern, die eine Situation aus einer bestimmten Perspektive abbilden und deuten, sind solche zu unterscheiden, die Abstraktionen, Beziehungsstrukturen, generelle Haltungen oder Begriffe sichtbar machen. Ich spreche hier deshalb in Anlehnung an Augusto Boal von Statuen (vgl. Boal 1989, S. 71 ff). Statuen sind Skulpturen, Denkmäler. Sie zeigen den Grundgestus, den „Titel" von Szenen, Haltungen, Beziehungen. Sie abstrahieren, verallgemeinern und bringen bildlich auf den Begriff. Sie werden deshalb nicht aus einer bestimmten Perspek-

Statue

tive, sondern von allen Seiten wahrgenommen.

Statuen werden wie Standbilder gebaut, allerdings werden Haltungen, Gestik und Mimik der Personen und die Beziehungskonstellationen im Raum vergröbert dargestellt: Oben und unten, Nähe und Distanz, Zuwendung und Abwendung haben jeweils Bedeutung.

Statuen werden zunächst von einer Teilnehmerin gebaut. Ist sie mit dem Standbild zufrieden oder weiß sie nicht mehr weiter, tritt sie zurück. Die Beobachter betrachten das Bild von allen Seiten und lassen es sich erklären. Der Spielleiter fragt dann, ob alle mit der Darstellung einverstanden sind, was fehlt, was möglicherweise unpassend ist. Jede Kritik muss mit einem Veränderungsvorschlag verbunden werden, der sofort umgesetzt werden sollte: Die Statue wird verändert oder neu gebaut, wobei jede Variante begründet wird. Die szenische Diskussion ist beendet, wenn eine Statue entwickelt wurde, die den Vorstellungen der meisten Teilnehmer nahe kommt.

Deutung: Gemeinsam erarbeitete Statuen können je nach Intention zum Ausgangspunkt weiterer Untersuchungen gemacht werden:

- Die Haltungen der Teilnehmer zu dem in der Statue gedeuteten Thema aufdecken: Die Teilnehmenden setzen sich zur Statue in Beziehung. Jeder sucht den Ort und die Haltung, die seine Wahrnehmung zum Ausdruck bringt. Der Spielleiter erfragt anschließend ihre Beweggründe. Dann werden die Spieler ausgewechselt, damit auch sie ihren Standpunkt bestimmen können.
- Veränderungsperspektiven für die Haltungen der Personen erarbeiten: Der Spielleiter fragt die Mitspieler, ob sie die angenommene Haltung kennen. Falls nicht, werden sie gegen Teilnehmer ausgewechselt, denen die Haltung vertraut ist. Die Spieler konzentrieren sich kurz auf die Haltung und erzählen in einem Monolog, was sie in dieser Haltung beschäftigt. Danach beginnen sie Gespräche mit anderen Personen im Bild, ohne ihre Haltungen aufzulösen. Schließlich zeigen sie nacheinander in Zeitlupe, in welche Richtung sie ihre Haltungen verändern wollen.
- Veränderungsperspektiven für die im Bild dargestellte Beziehungsstruktur erarbeiten: Die Teilnehmer bauen eine Wunsch-Statue nach ihren Vorstellungen, wobei alle Personen in der Statue eine neue Haltung erhalten. Die Spieler merken sich beides und wechseln auf ein Zeichen des Spielleiters hin mehrmals zwischen der Real- und der Wunschstatue hin und her. Im Anschluss

daran werden mehrere Statuen entwickelt, die den Übergang vom Real- zum Wunschbild zeigen. Auch hier merken sich die Spieler die einzelnen Positionen und wechseln auf ein Zeichen hin in Zeitlupe von einem Bild zum andern. Dabei wird der Wechsel von außen erläutert, wobei subjektive und objektive Bedingungen genannt werden, die Übergänge möglich machen (nach Boal 1989, S. 71).

2.8 Szenische Improvisation

Von szenischer Improvisation spreche ich, wenn Spieler mit wenigen Rollen- und Situationsvorgaben und -vorstellungen ins Spiel einsteigen und spontan handelnd nach und nach Szenen und Haltungen entwickeln. Improvisationen leben von den Aktionen und Interaktionen der Spieler. Diese müssen bereit und in der Lage sein, spontan Räume, Gegenstände, Personen, Situationen und sich selbst in der Vorstellung umzudeuten, die vorgestellten Rollen und Situationen wie reale zu akzeptieren, sich auf sie einzulassen, in der Rolle zu handeln und handelnd zu reagieren. Da bei der Improvisation Rollen- und Situationsvorgaben in der Regel sehr allgemein und vorläufig sind, müssen die Spielenden beim Spiel auf Haltungen, Vorstellungen und Handlungsweisen zurückgreifen, die sie kennen bzw. über die sie verfügen. Hier liegen – was den Lernprozess anbetrifft – Möglichkeiten und Grenzen der Improvisation. Die Spieler können im Spiel Erfahrungen, Vorstellungen, Projektionen, Vorurteile, Wünsche und Verhaltensmuster ausagieren, erproben und reproduzieren, ohne dass sie das in der vorgestellten Situation verantworten müssen. Sie brauchen keine konsistente Haltung aufzubauen, innerlich zu motivieren und durchzuhalten und damit in ihrer Wirkung zu erleben. Bei der szenischen Improvisation können zwar soziale Situationen, körperliche und sprachliche Haltungen und Handlungsweisen erprobt werden, die Möglichkeit bei der Auseinandersetzung mit und der Einfühlung in fremde Rollen eigene abgewehrte Anteile zu begreifen, bleibt aber in der Regel verschlossen.

Der Probe- und Experimentcharakter bestimmt denn auch den Stellenwert szenischer Improvisationen bei der Arbeit mit dem szenischen Spiel. Sie können helfen

- Räume, Gegenstände, Körper- und Sprechhaltungen, Handlungen, Interaktionen, Situationen, Vorstellungen, Einstellungen, Gefühle, Wünsche, Statuspositionen und Habitusformen experimentell zu erkunden,
- Körper- und Sprechhaltungen, Alltagssituationen und Tätigkeiten von und für Personen zu erarbeiten,
- körperliche und sprachliche Handlungen und Interaktionen in bestimmten Situationen auszuprobieren und durchzuhalten und
- beobachtetes Verhalten zu demonstrieren und gestisch zu kommentieren.

Szenische Improvisationen können offen oder geführt stattfinden. Bei der *offenen* Improvisation entwickeln die Spieler das Spielgeschehen nach ihren Rollen- und Situationsvorstellungen spontan im Wechselspiel der Aktionen: Sie legen den Ort fest, bauen ihn andeutungsweise auf, agieren und reagieren ihren Rollenvorstellungen entsprechend spontan auf die Handlungen der anderen Personen. Bei der *geführten* Improvisation steuert der Spielleiter von außen die Entwicklung der Rollen- und Situationsvorstellungen und die Handlungen der Spieler. Er setzt immer wieder neue Rahmenbedingungen, führt neue Personen ein, gibt neue Handlungssituationen vor und zwingt dadurch die Spieler, ihre Vorstellungen zu überarbeiten, zu differenzieren und zu präzisieren. Dabei kann er dort, wo das Spiel auf der Stelle tritt oder er die Spieler in ihren Rollen mit neuen Situationen konfrontieren will, selbst eine Rolle übernehmen und handelnd ins Geschehen eingreifen – etwa in der Rolle einer Autoritätsperson (Lehrerin, Polizistin, Chefin).

2.9 Szenisches Spiel im engeren Sinne

Vom szenischen Spiel im engeren Sinne spreche ich, wenn Spieler aus detaillierten Rollen- und Szenenvorstellungen heraus in vorgestellten Situationen handeln. Das ist nur möglich, wenn sie sich so in die innere und äußere Welt ihrer Rolle eingefühlt und entsprechende Haltungen entwickelt haben, dass sie im Spiel nicht nur handeln, wie es die Person, die sie spielen, getan haben könnte, sondern auch so oder ähnlich, wie sie selbst es hätten tun können. Beim szenischen Spiel geht es also nicht nur um die szenische Erkundung und Darstellung, sondern immer auch um das, was die Spieler in der Rolle und der Szene von sich zeigen und erfahren. Das setzt voraus, dass die Spieler bei der Aneignung von Rolle und Situation eigene Erlebnisse, Phantasien und Verhaltensmuster aktivieren und einbauen können und dass das Verhalten, das sie im Spiel zeigen, bewusst gemacht, d.h. szenisch reflektiert wird.

In diesem Sinne kann vom szenischen Spiel erst gesprochen werden, wenn folgende Momente und Schritte berücksichtigt und durchgeführt werden:

- Die Spieler erarbeiten sich Schritt für Schritt eine genaue Vorstellung von der Szene und den inneren und äußeren Handlungen und Haltungen, die die Person, die sie spielen, in der Szene durchführt und einnimmt.
- Die Spieler bauen den Handlungsort auf und beschreiben ihn so, dass sie (und die Beobachter) ihn sich genau vorstellen können.
- Die Spielerinnen begeben sich an den Ort, an dem sich die Personen, die sie spielen, vor Beginn der Szene aufhalten, handeln dort aus der Rolle heraus und sagen im Rollengespräch mit dem Spielleiter, was sie gerade tun, denken, empfinden und was sie gleich vorhaben.

- Die Spieler handeln in ihren Rollen aus dieser Haltung heraus in der vorgestellten Situation und reagieren dabei auf die anderen Personen. Wird das Spiel von außen oder innen unterbrochen, sprechen sie in der Rolle über die momentanen Gedanken und Gefühle der Person, die sie spielen.
- Nach Abschluss der Szene bleiben die Spieler in ihren Rollen und sprechen in Rollengesprächen mit dem Spielleiter über die momentane Befindlichkeit, über Erlebnisse und Perspektiven der Person, die sie spielen.

2.10 Szenische Demonstration

Von szenischer Demonstration spreche ich, wenn Ereignisse, Situationen, Handlungen, Haltungen und Beziehungen nicht gespielt, sondern aus der Perspektive einer Person gezeigt und kommentiert werden, die Distanz zum Geschehen hält. Zwar spielt sie Teile und Aspekte, aber nur, um auf etwas aufmerksam zu machen. Sie kann das Geschehen unterbrechen, kann Momente isolieren, ausstellen und verbal und gestisch kommentieren. Sie führt Verhalten, Gedanken oder Körper- und Sprechhaltungen sowie deren Bewertung bzw. Wirkung vor. Ihre Grundhaltung ist die einer szenisch demonstrierenden Erzählerin. Sie übernimmt – wenn überhaupt – nur kurz Rollen, kehrt immer wieder auf einen Standpunkt außerhalb des Geschehens zurück und erklärt und bewertet ständig – auch während der Demonstration –, was sie zeigt.

Szenische Demonstrationen sind bei der Arbeit mit dem szenischen Spiel auf verschiedenen Ebenen wichtig. Spielleiter müssen Spielverfahren demonstrieren, Spieler immer wieder die Ergebnisse von Übungen und Spielprozessen, Beobachter demonstrieren während und nach Spielprozessen ihre Wahrnehmungen und Deutungen.

Je nach Intention können dabei unterschiedliche Aspekte mit unterschiedlichen Verfahren demonstriert werden:

- Sprechhaltung oder Tonfall eines Satzes zeigen: Die entsprechende Körperhaltung einnehmen und die Sprechhaltung bzw. den Tonfall nachahmen, wobei – um an die innere Haltung heranzukommen – immer auch Gedanken ausgesprochen werden sollten, die der Person in diesem Moment durch den Kopf gehen könnten.
- Körperhaltung ausstellen: Die Körperhaltung nachahmen, in einem bestimmten Moment fixieren und deuten, indem Gedanken ausgesprochen werden, die der Person durch den Kopf gegangen sein könnten.
- Beziehungskonstellationen zwischen Personen in einem bestimmten Moment zeigen: Standbilder bauen und deuten.
- Handlungszüge herausarbeiten: Teile der Szene werden noch einmal gespielt. Dabei kann die Handlung „eingefroren“ und in Standbilder zerlegt werden.

Bestimmte Passagen können in Zeitlupe gespielt, Standbilder können durch Zeitlupenhandlungen verbunden werden usw.

- Interaktionsverläufe herausarbeiten: Die Demonstrierende nimmt im Wechsel die unterschiedlichen Rollen und Haltungen ein und führt die entsprechenden sprachlichen und körperlichen Handlungen aus.
- Kommunikationsverläufe interpretieren: Die Kommunikationssituation wird in einem Standbild fixiert. Der Demonstrierende tritt dann im Wechsel hinter die Personen, legt ihnen die Hand auf die Schulter und übernimmt deren Sprechpart. Dabei kann er auch deren (angenommene) Gedanken aussprechen.
- Beziehungen zwischen Personen sichtbar machen: Beziehungsstatue bauen und deuten.
- Verhalten kritisieren: das Verhalten überzeichnet demonstrieren.
- Verhalten durch alternatives Verhalten kritisieren: Nacheinander zeigen, wie sich eine Person hätte verhalten sollen bzw. können und wie sie sich stattdessen verhalten hat.

3. Intentionen und szenische Handlungen

Mit den Verfahren des szenischen Spiels können sich die Teilnehmer unterschiedliche Aspekte sozialer Situationen aneignen. Zu klären bleiben allerdings Intention und Standpunkt von Darstellung und Reflexion. Ein situationsbezogenes Standbild (s. S. 61 ff) fixiert eine Situation in einem bestimmten Moment. Welche Szene wo fixiert und wie gedeutet werden soll, das muss jeweils konkret bestimmt werden. Da es beim szenischen Spiel um Lernprozesse beim Handeln in ganz bestimmten vorgestellten Situationen geht, müssen Spielsituationen und Spielprozesse inhalts- und zielorientiert geplant, geleitet und ausgewertet werden. Der Spielleiter muss entscheiden, was er an welchen Inhalten bzw. Situationen über welche Handlungsschritte erfahrbar machen will.

Im folgenden Kapitel werden – auf unterschiedliche Bereiche und Ziele bezogen – Handlungsschritte dargestellt und begründet, die sich in der pädagogischen Praxis bewährt haben. Dabei wird zwischen den Intentionen Erkunden, Einfühlen, Reflektieren und Verändern unterschieden. Für die szenischen Handlungen werden Arbeitsaufträge formuliert, nicht nur, um Spielleitern die Arbeit zu erleichtern, sondern auch um zu zeigen, mit welcher Haltung Impulse und Sicherheiten gegeben werden müssen.

3.1 Szenisches Erkunden

Szenische Erkundungen können helfen, die vielfältigen sinnlichen und emotionalen Zugänge und Beziehungen, die wir zu uns und unserer sozialen Umwelt haben und herstellen, wieder zu entdecken, zu erproben, in ihren sozialen Voraussetzungen und Wirkungen zu untersuchen und in das eigene Selbstbild zu integrieren. Die Erkundungen können die Spieler auf sich selbst, aber auch auf die Rollen, die sie übernommen haben, beziehen.

Räume erkunden

Wir leben und handeln in Räumen: in Wohnungen, auf der Straße, an Arbeitsplätzen, im Restaurant, in der Natur usw. Wir bevorzugen bestimmte Orte oder Perspektiven. Wie wir einen Raum wahrnehmen, gestalten und uns in ihm bewegen, wird uns häufig erst bei Störungen bewusst. Räume und die Art, wie wir mit ihnen umgehen, beeinflussen auch unser Selbstbild. Unsere Aneignung von Räumen ist mit biographischen Erfahrungen verknüpft. Insofern verfügen wir nicht nur über Räume, sondern diese auch über uns. Nur wenige haben selbst über ihren Raum und Platz in Familie, Schule oder Arbeitswelt entschieden. Die Gestaltung und Kontrolle von Räumen durch Ordnungen, Rituale und Gewohnheiten ist ein bewährtes Mittel, um Hierarchie und Abhängigkeit in der Wahrnehmung und im Körper festzuschreiben. Dabei wird bewusst und unbewusst mit Sitzordnungen und Perspektiven (oben/unten, vorne/hinten) gearbeitet, die uns schon seit unserer Kindheit vertraut sind und die mit Angst, Ohnmacht und Hilflosigkeit verbunden waren. Szenische Erkundungen helfen, all diese Aspekte bewusst zu machen.

▶ Räume in der Phantasie ausmalen

Seht euch die Bilder an und betrachtet vor allem die dargestellten Orte. Setzt euch jetzt bequem auf einen Stuhl und schließt die Augen. Ich führe euch jetzt in der Phantasie in einen Raum. Versucht ihn euch vorzustellen. Benutzt dabei als Phantasiematerial das, was ihr auf den Bildern gesehen habt. „Wir befinden uns in einer kleinen Bauernhütte zu Beginn des 18. Jahrhunderts in Hessen. Der Raum ist sehr klein, die Decke niedrig – aus vom Ruß geschwärzten Brettern, die auf schweren Bohlen liegen ..."

Kommentar: Angeregt durch Bilder und die Impulse des Spielleiters können die Teilnehmerinnen den Raum in der Phantasie ausmalen. Sie können frei zwischen Innen- und Außenperspektive wählen. Im anschließenden Gespräch können sie die vorgestellten Räume detailliert beschreiben.

▶ Räume mit Hilfs-Objekten aufbauen

Baut den Raum mit Tischen, Stühlen und Tüchern auf. Beachtet seine Größe und seine Gestaltung, die Eingänge, die Möbel usw.

Kommentar: Der Spielleiter muss darauf achten, dass die Räume nicht oberflächlich aufgebaut werden. Je genauer Größe und Mobiliar festgelegt und durch Hilfs-Objekte repräsentiert werden, umso genauer prägt sich Spielern wie Beobachtern die Raumvorstellung ein, umso leichter fällt es ihnen ihr angemessen zu handeln.

▶ Räume detailliert beschreiben

Zeige und beschreibe den Raum. Gehe dabei systematisch vor: Betrete den Raum, gehe an allen Wänden entlang, beschreibe, was an den Wänden ist und was im Raum steht. Beschreibe nicht nur das, was du siehst, also Möbel, Boden, Fenster, Bilder, Farben und Licht usw., sondern auch Gerüche, Geräusche, Tastempfindungen. Lasse dich dabei von den Fragen des Spielleiters führen.

Kommentar: Räume repräsentieren und definieren die sozialen und kulturellen Vorstellungen und Beziehungen von Menschen (s. S. 41 f). Die gezielten Fragen des Spielleiters zwingen die Spielerin, Details sinnlich festzulegen, zu erinnern und zu montieren und so einen Raum zu definieren, der den Geschmack und die Wohnvorstellungen der Person zum Ausdruck bringt. Je genauer die Beschreibung, umso deutlicher wird die Vorstellung nicht nur des Raumes, sondern auch seiner Bedeutung für die Menschen, die ihn benutzen.

▶ Räumliche Details entdecken bzw. erinnern

Seht euch im Raum um und sucht nach Details, die ihr bisher noch nicht wahrgenommen habt. Tragt zusammen, was ihr entdeckt habt. Schließt die Augen. Bewegt euch in der Phantasie durch einen Raum, der euch vertraut ist, z.B. Wohnzimmer, Klassenraum, Straße oder Arbeitsplatz. Welche Details fallen euch ein? Sprecht anschließend über eure Vorstellungen, über Details und Fehlendes und sucht nach Erklärungen für eure Vorstellungen.

Kommentar: Die oft rein funktionale Wahrnehmung von Räumen führt dazu, dass bestimmte Bereiche und Details übersehen und für unwichtig gehalten werden. Die Übung kann auf solche Wahrnehmungslücken aufmerksam machen und das Interesse an der Erkundung neuer Räume wecken.

▶ Räume und Details ertasten

Bildet Paare. Ein Partner führt den anderen, der die Augen schließt, indem er eine Hand um dessen Hüfte legt und mit der anderen seine Greifhand führt. Sprecht nicht. Führe deinen Partner durch den Raum und lasse ihn Materialien ertasten. Führe seine Hand und gebe ihm durch deinen Arm Sicherheit. Konzentriert euch auf die Tastempfindungen, spielt kein „Sachenraten". Eilt nicht von Gegenstand zu Gegenstand, sondern verharrt an einzelnen Stellen und ertastet alles umliegende, auch Kleidung oder Hände von Personen, die gerade in der Nähe sind. Merkt euch angenehme und unangenehme Tasterfahrungen. Wechselt dann die Rollen. Sprecht anschließend über eure Erfahrungen.

Kommentar: Die Übung sensibilisiert für Tasterfahrungen, die wir, infolge der Dominanz der visuellen, distanzierten Wahrnehmung, kaum noch zur Kenntnis nehmen. Dabei spüren wir schnell, welches Material noch atmet, welches verklebt oder dicht ist.

▶ Räume in Bewegung wahrnehmen

Geht durch den Raum und bemüht euch möglichst viel von diesem wahrzunehmen. Fixiert jetzt einen Punkt am anderen Ende des Raumes, geht geradewegs und schnell darauf zu, kehrt um, fixiert einen neuen Punkt und eilt auf diesen zu usw. Kommt euch jemand in die Quere, haltet kurz an und geht dann in eurer Richtung weiter. Geht danach langsam in Kreisen und Kurven. Konzentriert euch bei beiden Gangarten auf das, was ihr von eurer Umgebung wahrnehmt. Sprecht anschließend über eure Raumwahrnehmungen.

Kommentar: Die Übung zeigt, dass die Wahrnehmung und Aneignung von Räumen von der Art der Bewegung abhängig ist: Der zielgerichtete Gang reduziert die Wahrnehmung, langsame und variantenreiche Bewegungsformen, wie das Bummeln oder Spazieren, ermöglichen eine komplexere Wahrnehmung.

▶ Unterschiedliche Perspektiven erleben

Bewegt euch durch den Raum und erkundet ihn aus verschiedenen, auch ungewöhnlichen Perspektiven: auf und unter Tischen, hinter Vorhängen, an Fenstern. Verharrt dabei immer wieder in einzelnen Positionen, konzentriert euch auf eure Wahrnehmung und sucht in der Erinnerung nach ähnlichen Situationen. Entscheidet euch anschließend für die intensivste Erinnerung. Präsentiert diese im Plenum, indem ihr euch in die entsprechende Position begebt und die erinnerte Situation erzählt: „Ich sitze hier in meiner Baumhöhle und ..." Sprecht mit dem Spielleiter über das, was ihr gerade macht, über eure Gedanken und Gefühle in der Situation usw.

Kommentar: Meist beschränken wir uns in unserer Raumwahrnehmung auf wenige Perspektiven. Die Festlegung und Kontrolle solcher Perspektiven in Räumen gehört zu den subtilsten Formen von Herrschaft im Alltag: Sitz- und Stehplätze und Ordnungen in Räumen (Schule, Ämter, Arbeitsplatz) geben Aufschluss über erlaubte und verbotene Sichtweisen. Dabei werden in der Kindheit erworbene Perspektiven verstärkt, z.B. der Blick auf die Autoritäten. Die Übung fordert dazu auf, vorgegebene und verinnerlichte Perspektiven aufzugeben und neue „verfremdende" Blicke auf Räume zu werfen. Darüber hinaus regt sie dazu an, Perspektiven mit Erinnerungen zu verknüpfen und so Übertragungssituationen wachzurufen und darzustellen.

▶ Vertraute und fremde Plätze einnehmen

Überlegt, an welchen Platz ihr euch am häufigsten setzt und begebt euch dahin. Begründet eure Vorliebe. Setzt euch jetzt auf einen fremden Platz und sagt, wie ihr euch dort fühlt und wie ihr von dort „euren" Sitzplatz wahrnehmt.

Kommentar: Lieblingsplätze haben etwas mit dem Raum, vor allem aber mit den Personen zu tun, mit denen man den Raum teilt: Der Platz und die Perspektive geben Sicherheit, das Bedürfnis nach Nähe und Distanz ist ausgeglichen, wir haben uns an die Konstellation gewöhnt. Die Suche nach vertrauten und fremden Plätzen und das Sprechen darüber erlauben es, Beziehungen und Beziehungswünsche in einer Gruppe zu thematisieren.

▶ Alltagsräume erkunden

Baut mit Tischen und Stühlen den Raum auf, in dem ihr regelmäßig beruflich oder in der Familie mit bestimmten Personen zusammensitzt. Setzt euch auf „euren" Platz. Sagt im Gespräch mit dem Spielleiter, warum ihr hier sitzt, was das mit den anderen Personen zu tun hat, wo ihr gerne mal sitzen würdet usw.

Kommentar: Bei der Suche nach Plätzen in einer Gruppe können momentane Beziehungen, Wünsche nach Nähe oder Distanz sichtbar gemacht und geklärt werden.

▶ Nähe und Distanz wahrnehmen

Bewegt euch kreuz und quer durch den Raum. Erstarrt, wenn der Spielleiter „Stopp“ ruft. Steigert jetzt das Tempo. Der Raum, der euch zur Verfügung steht, wird verkleinert. Steigert das Tempo weiter. Geht wieder langsamer. „Stopp!“ Geht ganz schnell. Und so fort ... Sprecht über eure Erfahrungen bei der Übung.

Kommentar: Bei der Übung spielen körperliche Nähe und Distanz eine große Rolle. Die Teilnehmer können sich bewusst machen, wie sie damit umgehen, welche Gefühle dabei ausgelöst werden, wie viel Bewegungsraum sie brauchen, um sich wohl zu fühlen.

Gegenstände erkunden

Gegenstände spielen in unserem alltäglichen Leben eine zentrale Rolle: Wir stellen etwas her, benutzen Werkzeuge, kaufen etwas, benötigen Nahrungsmittel, sammeln Erinnerungsstücke und Statussymbole. Dabei nehmen wir in der Regel den Gebrauchswert der Gegenstände wahr, die Wahrnehmung erfolgt automatisch, mitunter gar unbewusst. Erst wenn wir etwas herstellen, wenn es nicht mehr funktioniert oder wenn uns sein Gebrauchswert unbekannt ist, bemerken wir sein Material, bedenken die Herstellung und die damit verbundenen komplexen Handlungen oder beachten Funktionsweise und -bedingungen. Und wir können auch entdecken, was die Gegenstände mit uns machen: Sie regen uns zu einem bestimmten Handeln, zu einem funktionalen Umgang und zu automatisierten Verhaltensweisen an, die unser Alltagsleben häufig mehr bestimmen als bewusste Handlungen. Unterschiedliche Gegenstände haben in unterschiedlichen sozialen Schichten für Männer und Frauen, Jugendliche und Erwachsene, für bestimmte Berufe unterschiedliche Bedeutung, sind mit Handlungen verbunden und haben einen unterschiedlichen Gebrauchswert. Die Erkundung von Gegenständen hilft sich in das Alltagsleben anderer einzudenken. Szenische Erkundungen können bewusst machen, welchen praktischen und symbolischen Gebrauchswert sie generell und in konkreten Situationen haben können.

▶ Gegenstände ertasten

Tragt Gegenstände zusammen, mit denen ihr in eurem Alltag häufig zu tun habt. Schließt die Augen und tastet die Gegenstände ab. Nehmt euch Zeit und konzentriert euch auf die Tastempfindungen. Sprecht anschließend mit eurem Partner über eure Erlebnisse.

Kommentar: Gebrauchsgegenstände identifizieren wir in der Regel mit dem Auge, obwohl wir sie meistens mit den Händen gebrauchen. Das Wissen über diese Berührung und ihre Wirkung ist gering. Die Übung kann zu einer angemesseneren und differenzierteren Wahrnehmung beitragen.

▶ Alltagsbedeutungen szenisch improvisieren

Setzt euch in einem Kreis zusammen. Gebt reihum die imaginären Gegenstände weiter, die euch der Spielleiter überreicht. Wenn ihr den Gegenstand bekommt, improvisiert mit ihm eine kleine Szene, bevor ihr ihn an den Nachbarn weitergebt. Mögliche Gegenstände: Blumenstrauß, Frosch, Kaugummi.

Kommentar: Beim Improvisieren mit vorgestellten Gegenständen werden Szenen erinnert und dargestellt, in denen diese eine Rolle gespielt haben. Dabei werden über das sinnliche Gedächtnis Empfindungen angesprochen, die mit diesen Szenen verbunden waren, z. B.: Peinlichkeit beim Überreichen des Blumenstraußes, Ekel bei der Berührung eines benutzten Kaugummis.

▶ Verwendungsmöglichkeiten improvisieren

Sucht euch aus einer Reihe von Gegenständen einen aus und probiert aus, was man mit diesem alles machen kann. Demonstriert anschließend in kleinen Szenen, was ihr herausgefunden habt.

Nehmt euch, in der Realität oder in der Vorstellung, einen Gegenstand, der in eurem Alltag eine wichtige Rolle spielt. Findet euch in Gruppen zusammen. Jeder zeigt, wie er mit seinem Gegenstand umgeht. Die Beobachter können abweichende Verwendungen zeigen.

Kommentar: Die Übungen machen bewusst, wie unterschiedlich Gegenstände verwendet werden können und dass es individuelle, aber auch schicht- und geschlechtsspezifische Unterschiede gibt.

▶ Haltungen und Rollen zu Gegenständen entwickeln

Wählt einen Gegenstand aus, der im Alltag einer bestimmten Person bzw. Gruppe eine wichtige Rolle spielt. Beschäftigt euch damit und agiert so, wie das die Person oder Gruppe gewöhnlich tut bzw. tun könnte. Überlegt, in welchen Situationen das geschehen könnte und was die Personen dabei denken könnten. Präsentiert anschließend eure Situation im Plenum und sprecht dabei öffentlich die Gedanken der Person aus.

Kommentar: Der spezifische Umgang unterschiedlicher Personen mit unterschiedlichen Gegenständen kann deren spezifische Bedeutungen für diese Personen sowie damit verbundene Verhaltensweisen bewusst machen. Die eigene Sichtweise wird verfremdet und relativiert.

Geräusche erkunden

Die Geräusche, die täglich an verschieden Orten auf uns eindringen, sind vielfältig, häufig diffus und stresserzeugend. Welche Geräusche wir als normal empfinden, welche uns ablenken, weil sie uns an etwas erinnern, und welche wir überhören können, hängt mit unserer Lebenssituation und -erfahrung zusammen. Szenische Erkundungen können helfen, sich Geräusche bewusst zu machen, sie zu differenzieren und ihre Wirkungen in Kategorien und Hierarchien zu ordnen.

▶ Geräusche räumlich wahrnehmen

Setzt euch bequem hin, schließt die Augen und konzentriert euch auf alle Geräusche, die ihr außerhalb des Raumes wahrnehmt. Öffnet die Augen und berichtet, was ihr gehört habt. Schließt die Augen wieder und konzentriert euch auf die Geräusche im Raum. Tragt auch diese Wahrnehmungen anschließend zusammen.

Kommentar: Die Übung regt dazu an, Geräusche zu unterscheiden, zu lokalisieren, aber auch auszuschließen. So kann die Vielgestaltigkeit der Geräuschkulisse bewusst werden, die wir ausschalten müssen, wenn wir uns konzentrieren wollen. Geräusche lenken umso mehr ab, als sie uns an etwas erinnern (z.B. eine Stimme, ein Moped, ein Musikstück).

▶ Geräuschkulissen darstellen

Schließt die Augen und lasst die Geräusche um euch herum auf euch wirken. Wählt das Geräusch aus, das euch am stärksten beeindruckt. Steht auf und sucht umhergehend einen dem Geräusch entsprechenden Laut. Erprobt Lautstärke und Klangfarbe. Eine Teilnehmerin nimmt in der Mitte des Raumes Platz. Nehmt die Position ein, aus der ihr das Geräusch gehört habt. Lasst euren Laut hören. Nach einer Konzentrationsphase sortiert die Teilnehmerin in der Mitte alle Laute nach nah und fern sowie laut und leise.

Kommentar: Die Erkundung beeindruckender Geräusche sensibilisiert für die unterschiedliche Bewertung von Geräuschen. Das Nachahmen und Nachstellen der Geräuschkulisse zwingt die Teilnehmer Geräusche zu lokalisieren, zu differenzieren und zu hierarchisieren.

▶ Geräuschskulptur bauen

Erinnert euch an die Geräusche, die in einer bestimmten Situation auf euch einwirken. Wenn ihr eine Vorstellung entwickelt habt, baut eine Geräuschstatue: Gebt einzelnen Teilnehmerinnen einen bestimmten Standort, eine bestimmte Körperhaltung und einen Ton mit spezifischer Lautstärke und Häufigkeit. Setzt euch wieder auf euren Platz, hört euch die Laute an und verändert eventuell die Geräuschskulptur.

Kommentar: Beim Bau einer Geräuschskulptur können sich die Teilnehmenden bewusst machen, mit welchen Geräuschen sie in bestimmten Situationen konfrontiert sind bzw. mit welchen sie sich umgeben.

▶ Sich von Tönen leiten lassen

Bildet Paare. Eine schließt die Augen. Die andere führt sie mit einem artikulierten Ton durch den Raum: Wiederhole den Ton in regelmäßigen Abständen, gehe rückwärts und pass auf, dass ihr dabei nicht mit anderen zusammenstoßt; halte Abstand zu deiner Partnerin und ändere ab und zu die Bewegungsrichtung, das gibt mehr Sicherheit. Tauscht dann die Rollen.

Kommentar: Die Übung lässt erfahren, wie gut wir uns mit dem Ohr orientieren können. Gerade auffallend laute und undisziplinierte Teilnehmer sind beeindruckt, dass sie trotz geschlossener Augen und ohne Körperkontakt ihre Sicherheit bei der Führung nicht verlieren.

▶ Szenen in Geräuschen darstellen

Bildet Gruppen und wählt eine Szene. Überlegt euch dann, wie ihr diese Szene allein mit Stimmen und Geräuschen darstellen könnt, die auch mit Hilfsmitteln erzeugt werden können. Präsentiert eure Szene im Plenum. Die Zuhörer konzentrieren sich mit geschlossenen Augen auf die Geräuschkulisse. Anschließend fassen sie zusammen, worum es in der Szene ging und welche Personen daran wie beteiligt waren.

Kommentar: Die Darstellung einer Szene durch Geräusche, Stimmen und Töne sensibilisiert für deren gestischen Charakter. Sie sind nicht diffus, sondern Personen, Räumen, Gegenständen und Beziehungen zuordenbar.

Musikalische Ausdrucksformen erkunden

Musik und musikalische Ausdrucksformen sind Teil des kulturellen Selbstverständnisses aller Gesellschaften. Besonders Jugendliche und junge Erwachsene definieren sich über musikalische Stile, mit denen innere sowie äußere Vorstellungen und Bewegungen verbunden werden: körperliche Inszenierungen, Tanz und Bewegung, Instrumentalisierung, Gesang und nicht zuletzt Kleidung und Interaktion. Szenische Erkundungen können helfen musikalische Ausdrucksformen und die damit verbundenen Bilder, Gefühle und Inszenierungen besser zu verstehen.

▶ Musik durch Bewegungen ausdrücken

Hört euch die Musik an und versucht dann, die Musik körperlich auszudrücken. Berichtet anschließend, wie ihr die Musik erlebt habt und was sie eurer Meinung nach ausdrücken will.

Kommentar: Die Übung sensibilisiert dafür, dass Musik mit inneren Bewegungen verbunden wird, die bestimmte Emotionen ansprechen.

▶ Tanzrhythmen erarbeiten

Hört zunächst zu und entwickelt dann einen Tanz, der den Rhythmus der Musik aufnimmt. Schaut euch an, wie sich die anderen bewegen und überlegt, was am besten passt. Erprobt Standard-Tanzschritte und -formationen zu dieser Musik. Vergleicht die eigenen Bewegungsformen damit und erklärt die Unterschiede.

Kommentar: Die Übung konzentriert sich auf den Rhythmus der Musik und setzt individuelle Ausdrucksformen in eine Beziehung zu den gesellschaftlich etablierten.

▶ Musikalische Wirkung bildlich ausdrücken

Hört euch das Musikstück an und notiert anschließend die Bilder und Stimmungen, die euch einfallen. Tragt eure Assoziationen in Gruppen zusammen und entwickelt eine Statue, die eure Vorstellungen sichtbar macht. Präsentiert eure Statue zur Musik. Die Beobachter sagen, wie eure Statue die Musik interpretiert. Nehmt anschließend zu der Deutung Stellung.

Kommentar: Die durch Musik hervorgerufenen Assoziationen können helfen sich dieser zu nähern und in einen szenischen Dialog über deren sozialen Gestus zu kommen. Gemeinsamkeiten bei der Rezeption können entdeckt, gedeutet und dargestellt werden.

▶ Haltungen, Stimmungen und Situationen zu Musikstücken zeigen

Hört euch die Musik an. Überlegt, an welche Haltung, Stimmung oder Situation sie euch erinnert. Sucht nach entsprechenden Körperhaltungen und präsentiert diese anschließend im Plenum. Sprecht aus, was euch durch den Kopf gegangen ist.

Kommentar: Die Übung regt dazu an, der eigenen akustischen Wahrnehmung einen Ausdruck zu geben. Die Auseinandersetzung über die assoziierten und dargestellten Haltungen bzw. Situationen vertieft nicht nur das Verständnis für die Musik, sie führt auch zum Austausch über Erlebnisse und Emotionen der Mitspielenden.

▶ Veränderungen im musikalischen Gestus zeigen

Hört euch das Musikstück an. Baut ein Standbild, das die soziale Situation sichbar macht, um die es eurer Meinung nach darin geht. Hört euch noch einmal die Musik an. Wenn jemand meint, dass das Bild nicht mehr passt, ruft er Stopp, verändert das Bild seiner Vorstellung gemäß und begründet das. Die Musik wird währenddessen unterbrochen.

Kommentar: Das Musik-Stopp-Verfahren wurde von Nebhuth und Stroh (Nebhuth/Stroh 1990) bei der szenischen Interpretation von Opern entwickelt. Es setzt Musik in Szenen und Gesten um und gibt die Möglichkeit Veränderungen im musikalischen Gestus bildlich darzustellen und zu erläutern

▶ Gestus von Liedern ersingen

Ihr kennt das Lied. Geht herum und singt das Lied unterschiedlich laut und gefühlvoll: aggressiv, zärtlich, fröhlich, traurig. Präsentiert nacheinander vor der Gruppe den Singgestus, der euch am meisten überzeugt. Die Zuhörer deuten euren Vortrag. Sagt, welche Deutung eurer Intention am nächsten gekommen ist.

Variation: Singt das Lied im Chor. Bildet Gruppen und erprobt einen gemeinsamen Gestus, z.B. Wut oder Freude. Macht euch zunächst die dazugehörige Situation bewusst und erarbeitet dann das Lied entsprechend. Präsentiert es als Gruppe.

Kommentar: Lieder können mit einem unterschiedlichen Gestus, mit unterschiedlichen Intentionen und Gefühlen gesungen werden. Bei der Übung können unterschiedliche Singhaltungen erprobt und präsentiert werden. Neben dem gesanglichen Interpretationspektrum werden auch individuelle bzw. kollektive Einstellungen bewusst gemacht.

Zeit erkunden

Zeit bestimmt unser Leben und Handeln. Die Einteilung und Kontrolle von Zeiträumen (in Familie, Schule, Arbeitswelt) organisiert Menschen und ihre sozialen Beziehungen nach ökonomischen und bürokratischen Gesichtspunkten. Häufig verlieren sie darüber die Fähigkeit ihre eigenen Zeitbedürfnisse und (biologischen) Zeit-Rhythmen wahrzunehmen und zu gestalten. Szenische Erkundungen können bewusst machen, welchen Einfluss äußere und verinnerlichte Zeitzwänge auf die Wahrnehmung und das soziale Handeln haben.

▶ Handlungen in Zeitlupe ausführen

Setzt euch bequem in einen großen Kreis. Führt die folgenden Übungen so langsam wie möglich durch: Nehmt zunächst eure Hände nach oben und schaut sie euch von beiden Seiten an. Legt sie dann langsam wieder auf eure Knie. Sucht euch einen Platz auf dem Boden, geht ganz langsam dorthin, legt euch langsam bequem auf den Rücken und schließt die Augen: Auf eurem linken großen Zeh sitzt ein kleines Männchen! Das kriecht jetzt langsam über euer Bein, den Bauch, die Brust, den Hals, das Kinn und die Nase bis hoch zu den Augen. Wenn es dort angekommen ist, schiebt es eure Augen auf. Richtet euch langsam wieder auf, streckt euch, nehmt die Arme hoch und geht aufeinander zu. Seid ihr in der Mitte angekommen, ergreift zwei andere Hände: Ihr seid ein Hügel aus Schnee. Die Sonne scheint und ihr fallt tauend ganz langsam in euch zusammen. Setzt euch dann wieder an euren Platz und sagt nacheinander, ob und wie ihr mit dem Zeitlupentempo zurechtgekommen seid.

Kommentar: Die Übung kann variiert werden. Die Verlangsamung der Bewegungen sensibilisiert für deren Abläufe. Über einen veränderten Bewegungsrhythmus wird auch innerlich ein anderes Zeitgefühl entwickelt. Die Teilnehmer werden schnell merken, wo sie in Widerstreit zu ihrem „normalen" Zeitgefühl geraten.

▶ Tempounterschiede wahrnehmen

Stellt euch vor, ihr seid zu spät aufgestanden. Ihr habt einen wichtigen Termin, müsst noch viel erledigen und hetzt durch die Wohnung: Alles geht schief. Verändert eure Haltung: Ihr habt es sehr eilig, zwingt euch aber zur Ruhe. Weiter: Ihr habt genügend Zeit und führt die Handlungen in Ruhe aus. Sprecht über eure Erfahrungen.

Kommentar: Die Übung sensibilisiert für die Tatsache, dass die Aneignung und Wahrnehmung von Räumen und Situationen vom Zeitgefühl und -erleben abhängig ist.

▶ Ortsgebundene Zeitrhythmen erproben

Verhaltet euch so, wie man dies an den folgenden Orten tut: Bahnhof, Sauna, Park, Fußgängerzone, Börse. Sprecht über die Zeiterfahrungen an den verschiedenen Orten.

Kommentar: Öffentliche Räume werden durch die Handlungen und Beziehungen derjenigen Menschen definiert, die sie benutzen. Je nach Funktion werden sie in unterschiedlichen Zeitrhythmen angeeignet.

▶ Tages- und Jahreszeiten erkunden

Sucht euch einen Ort im Raum und agiert dort so, wie ihr euch zu folgenden Tageszeiten verhalten würdet: 8 Uhr, 10 Uhr, 13 Uhr, 16 Uhr, 19 Uhr, 22 Uhr. Setzt euch anschließend in den Kreis und erzählt, was ihr gemacht habt.

Variation: Geht einen vorgestellten Weg nacheinander im Winter, Frühling, Sommer und Herbst entlang. Sprecht über die Zeiterfahrung in den unterschiedlichen Jahreszeiten.

Kommentar: Die Übung zeigt, dass und wie wir zu unterschiedlichen Tages- bzw. Jahreszeiten unterschiedliche Rhythmen entwickeln.

▶ Historische Epochen erkunden

Lest die Texte, die den Verlauf eines Ereignisses in unterschiedlichen Epochen beschreiben bzw. seht euch entsprechende Bilder an. Kontrastiert das Verhalten der Menschen in den verschiedenen Epochen in Szenen. Achtet dabei vor allem auf die Art, wie die Menschen sich bewegen und wie viel Zeit sie sich dabei nehmen.

Kommentar: Bei der Aneignung, Darstellung und Kontrastierung von Ereignissen und Szenen aus unterschiedlichen Epochen kann auch sichtbar werden, dass es historische Differenzen beim Umgang mit der Zeit gibt und dass die Verhaltensweisen Ausdruck einer bestimmten historischen Epoche und Situation sind.

▶ Zeit und keine Zeit haben

Zeigt an einer Szene, wie ihr euch verhaltet, wenn ihr Zeit habt, die Zeit totschlagt, euch Zeit nehmt, keine Zeit habt.

Schreibt auf, was dazu führt, dass ihr das Gefühl habt, keine Zeit zu haben. Fertigt dann eine Skizze an, in der ihr von Anforderungen umstellt seid. Drückt dabei Bedeutung und Dringlichkeit der Anforderungen durch die Nähe bzw. Distanz zum Ich aus. Baut eine Anforderungsskulptur auf: Sucht euch Mitspieler aus, die jeweils eine Anforderung repräsentieren sollen, stellt sie in den entsprechenden Abständen von euch auf, gebt ihnen eine Körperhaltung und einen Satz, der die Anforderung ausdrückt (z.B.: Du musst mir helfen, mach deine Schularbeiten, komm mit in die Disko). Habt ihr alle Anforderungen aufgebaut, nehmt die eigene Position ein. Die Anforderungen sprechen jetzt auf euch ein. Sagt danach im Gespräch mit dem Spielleiter, welche Anforderung euch wichtig ist, welche ihr zurückstellen oder – weisen könnt. Sagt den abgewiesenen Anforderungen, warum ihr jetzt nicht auf sie eingehen könnt oder wollt.

Kommentar: Indem die Teilnehmerinnen zeitbezogene Redewendungen (s.o.) in eine Szene umsetzen, können sie sich bewusst machen, dass mit dem Zeitgefühl immer auch eine spezifische Art des Umgangs mit Situationen verbunden ist. Wer keine Zeit hat, fühlt sich in der Regel von einer Vielzahl von Anforderungen umstellt, die er gleichzeitig erfüllen will, obwohl das objektiv nicht geht. Die Ursache ist häufig die mangelnde Fähigkeit nein zu sagen und Prioritäten zu setzen. Die Anforderungsskulptur macht dies deutlich.

Körperhaltungen erkunden

Körperhaltungen – wie wir unseren Körper halten, bewegen, kleiden und zeigen, wie wir uns gegenüber anderen verhalten – werden im Sozialisierungsprozess durch die Nachahmung von Körperbildern und Verhaltensmustern erlernt. Sehr früh lernen Kinder sich als Junge oder Mädchen zu geben, sei es von den Eltern, Freunden oder aus den Medien. Weil der Blick in den Spiegel deutlich macht, dass wir unserem Idealbild nicht entsprechen, mögen wir unseren Körper häufig nicht, trimmen, schminken und verkleiden – oder vergessen – ihn. Wir wissen bald nicht mehr, wie wir wirklich wirken und es entstehen Widersprüche zwischen Selbst- und Fremdbild. Zudem sind die angebotenen Körperbilder kultur-, schicht- und geschlechtsspezifisch unterschiedlich. Deshalb dienen die Körperhaltungen, die wir ausbilden und darstellen, als Projektionsfläche für die

Wünsche und Ängste des jeweils anderen Geschlechts bzw. der anderen Kultur. Dadurch können weitere Missverständnisse und Konflikte entstehen: raumnehmende, abgrenzende Körperhaltungen von Männern können von Frauen als gewalttätig, weiche Bewegungen von Schwarzafrikanern von weißen Männern (z.B. Skins) als homoerotisch wahrgenommen und abgewehrt werden. Durch szenische Erkundungen können wir uns bewusst machen, welche Körperhaltungen wir und andere einnehmen und zeigen, wie diese von anderen wahrgenommen werden und welche Körpergefühle damit verbunden werden.

▶ Körperhaltungen zu Kleidungsstücken entwickeln

Zieht euch eigene oder fremde Kleidungsstücke an, die euch faszinieren. Betrachtet euch im Spiegel. Sucht umhergehend nach Körperhaltungen, die zu den Kleidungsstücken passen. Stellt euch dann im Plenum in einer Körperhaltung vor und sprecht aus, was der Person durch den Kopf gehen könnte. Entwickelt situationsspezifische Körperhaltungen, indem ihr mit anderen Personen interagiert, und improvisiert danach Situationen, in denen ihr diesen aus einem bestimmten Anlass begegnet.

Kommentar: Kleidung hat zu allen Zeiten die Phantasie beflügelt. Die Übung kann helfen sich bewusst zu machen, welches Image Kleidung erzeugt, wie sie den Körper zeigt bzw. verhüllt, inwieweit sie Körperhaltungen und -beziehungen ermöglicht und inwieweit sie auf die innere Haltung wirkt.

▶ Körperhaltungen, Gesichter und Hände ertasten

Bildet Paare. Eine Partnerin erstarrt zum Standbild. Die andere ertastet mit geschlossenen Augen die Haltung und stellt sie nach. Öffne dann die Augen und prüfe, ob deine Haltung dem Vorbild entspricht. Wechselt die Rollen.

Variation: Stellt euch einander gegenüber und schließt die Augen. Die eine ertastet die Hände der anderen. Bewegt euch dann alle mit geschlossenen Augen durch den Raum und sucht aus einer Reihe von Händen die der Partnerin heraus.

Variation: Bildet Gruppen und geht mit geschlossenen Augen auf die anderen zu. Ertastet Gesichter oder Hände. Glaubt ihr ein Gesicht (oder Hände) erkannt zu haben, nennt den Namen der Person. Stimmt eure Vermutung, könnt ihr die Augen öffnen und sagen, woran ihr sie erkannt habt. Haben alle ein Gesicht (oder Hände) entdeckt, werden die Rollen gewechselt.

Kommentar: Die Übungen machen deutlich, dass auch mit dem Tastsinn charakteristische (physiognomische) Eigenarten wahrnehmbar sind. Sie sensibilisieren darüber hinaus für das Verhältnis von Körpergefühl und Körperbild: Die Vorstellung, die ich von einer Körperhaltung habe, muss nicht unbedingt mit dem Gefühl übereinstimmen, das die Haltung in mir auslöst. Die Übungen eignen sich vor allem auch als Vorübungen zum Standbild-Bauen (s. S. 59 ff).

▶ Geh-, Steh- und Sitzhaltungen überprüfen

Erkundet Geh-, Steh- und Sitzhaltungen unter verschiedenen Rahmenbedingungen: Wechselt die Gefühle (Anspannung, Wut, Angst, Freude, Hass), die Orte (Bahnhof, Unterricht, Disko), die Kleidung (Jeans, Smoking, Boxer-Shorts), die Situationen (Prüfung, Verabredung), die Tätigkeiten (Hausarbeit, Autofahren), die Rollen (Ärztin, Verkäuferin, Schülerin) und die Partner. Achtet dabei auf euer Körpergefühl, auf Verspannungen, auf die Wahrnehmung der Umwelt und auf die Gedanken und Gefühle, die durch eine bestimmte Haltung provoziert werden.

Kommentar: Bei der bewussten Erprobung von Körperhaltungen werden über das Körpergedächtnis Situationen und Empfindungen aktiviert. Wichtig ist es, den Teilnehmern genug Zeit zu lassen sich auf die Körperhaltung zu konzentrieren und über die vorgestellte Situation nach haltungsspezifischen Gedanken und Gefühlen zu suchen.

▶ Körperhaltungen in Situationen zeigen

Bildet einen Halbkreis. Der Spielleiter nennt eine Situation. Geht nacheinander nach vorne und erstarrt in der Körperhaltung, die euch dazu einfällt. Dabei bleibt es euch überlassen, ob ihr auf die Haltungen der anderen reagiert oder nicht. Stehen bzw. sitzen ca. fünf Teilnehmer vorne, geht der Spielleiter von einem zum anderen, legt ihnen die Hand auf die Schulter und lässt sie aus der Haltung heraus sagen, was sie gerade denken.

Kommandobilder: Fünf Teilnehmer stellen sich vor der Gruppe auf. Eine Beobachterin nennt eine Anforderungssituation: Sucht nach der Körperhaltung, mit der ihr auf die Situation reagieren würdet und erstarrt dann einen Moment in dieser. Dann übernimmt die Beobachterin die Rolle einer Spielerin. Die nächste Beobachterin nennt eine andere Anforderungssituation: Die Spieler erstarren in ihrer Haltung usw. Die Übung ist beendet, wenn alle einmal eine Situation genannt und fünf Haltungen gezeigt haben.

Kommentar: Durch die Übung können Situationen und Haltungen erkundet werden, die den Teilnehmern zu einem Thema einfallen. Dabei werden Gemeinsamkeiten und Unterschiede in den Haltungen sichtbar. Die Übung hat sich besonders bei Teilnehmern bewährt, die in einem gemeinsamen Arbeitsfeld tätig sind.

▶ Emotionale Körperhaltungen erproben

Sucht, gehend oder sitzend, nach Haltungen, die den folgenden Gefühlen entsprechen: Wut, Freude, Trauer, Verliebtheit. Lasst euch dabei Zeit.

Kommentar: Die Übung zeigt, wie stark Gefühle die Körperhaltung beeinflussen und sich über Körperübungen vermitteln. Dabei wird erfahrbar, dass Gefühle jeweils einen spezifischen gestischen Code haben.

▶ Zwischen Körperhaltungen wechseln

Zeigt nacheinander eine Körperhaltung in einer Situation, in der es euch schlecht geht. Erstarrt in der Haltung und sagt nach Aufforderung durch den Spielleiter, welche Gedanken euch in dieser Haltung durch den Kopf gehen. Setzt anschließend eure Haltungen in einer Statue in Beziehung zueinander. Zeigt danach in gleicher Weise eure Körperhaltung in einer Situation, in der es euch gut geht. Nennt einen Gedanken und entwickelt wie oben eine Statue. Wechselt nun auf ein Zeichen des Spielleiters mehrmals zwischen der Negativ- und der Positiv-Statue. Sprecht dabei jeweils die Gedanken aus.

Kommentar: Bei der Übung werden individuelle Haltungen sichtbar gemacht, koordiniert und mit Gegenhaltungen konfrontiert. Dabei werden Gemeinsamkeiten und kollektive Haltungsmuster in den Statuen (s. S. 67 ff) thematisiert. Konfrontation und Wechsel zwischen den negativ und positiv besetzten Haltungen machen Widersprüche und Ambivalenzen sichtbar.

▶ Alltägliche Steh- oder Sitzhaltungen zeigen und reflektieren

Bildet einen Halbkreis. Wählt eine für euch typische Steh- oder Sitzhaltung. Eine geht nach vorne und demonstriert ihre Haltung. Die Beobachter gehen nacheinander nach vorne, stellen sich hinter die Spielerin, legen ihr die Hand auf die Schulter und sagen, was ihr in diesem Moment durch den Kopf gehen könnte.

Kommentar: Alltägliche Körperhaltungen sind uns so selbstverständlich, dass wir sie nicht mehr hinterfragen. Die Übung macht bewusst, dass Körperhaltungen als Projektionsfläche für Vorstellungen dienen können, die andere auf Grund ihrer Erfahrungen und ihrer Situationsdefinition an uns herantragen. Die Teilnehmenden können erfahren, wie ihre Haltung von anderen wahrgenommen wird und in welchem Verhältnis Fremd- und Selbstwahrnehmung stehen.

▶ Charakteristische Gehhaltungen spiegeln und reflektieren

Bildet zwei gleich große Gruppen. Eine Gruppe beobachtet die andere beim Gehen. Sprecht heimlich ab, wer wen beobachtet. Dann geht die zweite Gruppe so durch den Raum, wie sie es gewohnt ist. Die Beobachtenden ahmen anschließend „ihre“ Person nach. Die Nachgeahmten versuchen herauszubekommen, wer wen nachahmt. Habt ihr eine Vermutung, geht zu der entsprechenden Spielerin und fragt sie. Wird eure Vermutung bestätigt, verlässt die Spielerin den Raum. Habt ihr alle eure Haltung gefunden, tauscht ihr euch mit eurer Partnerin darüber aus, an welchen Charakteristika ihr euch erkannt habt.

Kommentar: Körpergefühl und -bild stimmen in unserer Wahrnehmung nicht immer überein. Bei der Übung werden Gehhaltungen nachgeahmt bzw. gespiegelt und müssen (wieder)erkannt werden. Das ist nicht ganz einfach und macht erfahrbar, dass unser Körpergefühl kein zuverlässiges Körperbild produziert. Viele sind überrascht, wenn sie ihre Gehhaltung gespiegelt sehen.

▶ Inszenierte Körperhaltungen zeigen

Präsentiert Körperhaltungen, die zum Ausdruck bringen, wie ihr euch in bestimmten Situationen präsentieren (inszenieren) möchtet. Sagt anschließend, wie ihr euch zeigen wollt und wie ihr euch tatsächlich seht. Die Beobachter sagen, wie sie diese Haltungen deuten und bewerten.

Kommentar: Die Übung kann die Wirkung von Selbstinszenierungen bewusst machen.

▶ Haltungsklischees erproben

Bewegt euch so, wie ihr das aus dem Western (dem Krimi, der Oper, der Operette) kennt.

Kommentar: Die Faszination von Genrefilmen oder -dramen besteht nicht zuletzt darin, dass sie Menschen in Körperhaltungen inszenieren, die die Zuschauer im Alltag nur selten so eindeutig realisieren können: Männlichkeit, Gewalt, Leidenschaft usw. Medieninszenierungen erzielen ihre Wirkung vor allem auch dadurch, dass sie Haltungsklischees präsentieren, die sich als Projektionsfläche für die Phantasien, Wünsche und Gefühle der Zuschauer anbieten. Die Nachahmung solcher Haltungen macht dies bewusst.

▶ Bedrohliche Körperhaltungen erproben

Erinnert euch an Körperhaltungen, die ihr als bedrohlich empfunden habt. Tut euch zu zweit zusammen. Baut die andere in der erinnerten Körperhaltung auf und nehmt die Haltung ein, mit der ihr auf diese reagiert. Sagt dann aus der Haltung heraus, was ihr an der Körperhaltung der anderen bedrohlich findet, welche Gefühle und Übertragungen sie auslöst und wie ihr darauf reagiert. Die Partnerin konzentriert sich auf die zugeschriebene Körperhaltung, versucht sich in die Person einzufühlen und sagt anschließend aus der Rolle heraus, wie sie die Situation und ihr Gegenüber wahrnimmt. Wechselt dann die Rollen, damit auch die Partnerin eine bedrohliche Körperhaltung zeigen kann. Demonstriert dann nacheinander eure Körperhaltungen im Plenum, indem ihr die Konstellation aufbaut, das

Bedrohliche an der Haltung nennt und ausspricht, was der Bedrohlichen durch den Kopf gegangen sein mag.

Kommentar: Bei der Übung können sich die Teilnehmer bewusst machen, welche Körperhaltungen sie als bedrohlich empfinden, was sie dabei der anderen Person zuschreiben und was diese Person tatsächlich empfinden könnte.

Gestik und Mimik erkunden

Gestische und mimische Ausdrucksweisen sind – zumindest teilweise – erlernt und nur zum Teil bewusst. Auch wenn davon ausgegangen werden kann, dass es eine generelle „Sprache der Emotionen" (Schechner 1996) gibt, sind doch situationsspezifische mimische und gestische Ausdrucksweisen sozial definiert und schicht- und geschlechtsspezifisch unterschiedlich: Der „starre" steht gegen den abgewandten und gesenkten Blick, das soziale Lächeln gegen den emotionslosen Gesichtsausdruck, der Zeigegestus gegen die Hand am Mund. Dabei kann besonders der Gesichtsausdruck auch strategisch eingesetzt und inszeniert werden. Mit den folgenden Übungen können mimische und gestische Ausdrucksformen in ihren Voraussetzungen und sozialen Wirkungen erkundet werden.

▶ Mimik und Gestik fixieren

Verhaltet euch nach Belieben. Wenn der Spielleiter „Stopp" sagt, erstarrt in der Haltung und fixiert die Mimik und Gestik. Was nehmt ihr wahr? Welche Gefühle werden wachgerufen? Agiert dann weiter, bis der Spielleiter erneut das Signal zum Fixieren von Gestik und Mimik gibt.

Kommentar: Die Übung lenkt die Aufmerksamkeit auf Gestik und Mimik, wobei vor allem die Mimik – zur Maske erstarrt – Empfindungen wachruft, die mit erlebten Situationen verbunden waren.

▶ Mimik weitergeben

Stellt euch im Kreis auf. Eine fixiert ihre Mimik zu einer Maske und wendet sich nach rechts. Die Nachbarin übernimmt den Gesichtsausdruck und gibt ihn weiter usw. Die Letzte verändert die Mimik und gibt sie wieder in die Runde.

Kommentar: Gesichter erstarren zu Masken, die nachgeahmt und weitergegeben werden können. Die Übung sensibilisiert für die Unterscheidung von Mimik und Maske.

▶ Mimik und Gestik nachahmen

Bildet Paare und stellt euch einander gegenüber. Die eine agiert wie vor einem Spiegel, die andere ahmt Gestik und Mimik so genau wie möglich nach. Nach einer bestimmten Zeit werden die Rollen gewechselt.

Variation: Setzt euch einander gegenüber. Die eine spricht über ein Erlebnis, die Partnerin gegenüber imitiert Gestik und Mimik. Sag anschließend, was dir an gestischen und mimischen Eigenarten aufgefallen ist.

Variation: Bildet zwei Gruppen. Die eine Gruppe agiert, die Mitglieder der anderen Gruppe entscheiden sich heimlich für je eine Teilnehmerin und beobachten über einen längeren Zeitraum ihre Gestik. Dann kommunizieren die Beobachter, wobei sie jeweils die Gestik der Person verwenden, die sie beobachtet haben. Die Anderen versuchen herauszufinden, wer jeweils ihre Gestik imitiert.

Kommentar: Die Übungen konfrontieren mit den eigenen mimischen und gestischen Eigenarten. Sie lassen Masken und Ausdrucksmöglichkeiten sowie das Verhältnis zwischen Selbst- und Fremdwahrnehmung bewusst werden.

▶ Gestik und Mimik situativ und emotional zeigen und spiegeln

Bildet zwei Reihen und setzt euch einander gegenüber. Der Spielleiter gibt nacheinander verschiedene Gefühle bzw. Situationen vor. Die Teilnehmer der einen Reihe suchen nach einer Mimik und Gestik, die dazu passt, und erstarren in der entsprechenden Haltung. Die Partner gegenüber imitieren Gestik und Mimik.

Variation: Setzt euch in Paaren einander gegenüber. Eine wählt eine Situation bzw. ein Gefühl, sucht nach der entsprechenden Gestik und Mimik und erstarrt. Die Partnerin ahmt Gestik und Mimik nach, konzentriert sich auf die eigenen Empfindungen und Gedanken und sagt anschließend, um was für eine Situation es gegangen sein könnte.

Kommentar: Gefühle drücken sich, häufig unbewusst, in Mimik und Gestik aus. Die Übungen sensibilisieren für Eigenarten und machen auf Widersprüche zwischen Selbst- und Fremdwahrnehmung aufmerksam.

▶ Gestik und Mimik in Bildern untersuchen

Seht euch die Bilder an. Achtet vor allem auf die Gestik und Mimik der dargestellten Personen. Ahmt diese nach, beachtet dabei Blickrichtung, Augen, Nase und Mund. Verharrt einen Moment in der Haltung und konzentriert euch auf die Wahrnehmungen und Empfindungen. Tragt eure Wahrnehmungen zusammen und sucht Titel zu den Bildern. Vergleicht die Titel mit denen der Urheber.

Kommentar: Die bildliche Darstellung von Personen ist in der Regel inszeniert. Dabei repräsentieren Gesten und mimische Haltungen historische, kulturelle, standes- und geschlechtsspezifische Eigenarten. Die Nachahmung erleichtert den Zugang zur Darstellung.

▶ Kollektive Gesten erproben

Stellt euch im Kreis auf. Der Spielleiter demonstriert eine Geste. Ahmt sie nach und deutet sie anschließend. Mögliche Gesten: zeigen, drohen, ermahnen, abwehren, Ergebenheit, nachdenken, Verlegenheit, trauern.

Variation: Die Bilder zeigen Angehörige einer bestimmten Gruppe: z.B. Politiker, Lehrer, Skins. Imitiert Gestik und Mimik und überlegt, was es dabei für Gemeinsamkeiten gibt und wie sie zu erklären sind. Präsentiert anschließend eure Ergebnisse im Plenum. Die Beobachter sollen sagen, welche Gruppe ihr darstellt.

Kommentar: Es gibt Gesten, die innerhalb einer Kultur von allen verstanden werden. Die Übung macht das bewusst und aktiviert eigene Erfahrungen. Sie hilft zwischen kollektiven und inszenierten Gesten zu unterscheiden.

Sprechhaltungen erkunden

Die körperlichen Anteile der Sprache spielen beim Sprechakt eine größere Rolle, als uns bewusst ist: so beispielsweise Lautstärke, Tonfall oder Stimmlage. Sie legen den Sinn fest und beeinflussen die Kommunikation: Ob wir langsam oder schnell, laut oder leise, emotionslos oder nachdrücklich sprechen, welche Pausen wir einlegen, wie wir schweigen, andere unterbrechen usw., das alles beeinflusst die Wirkung unserer Äußerungen und die Wahrnehmung durch andere. Unsere eigene Sprechweise erlernen wir schon früh in der Familie. Wie da gesprochen wurde – abstrakt oder situationsspezifisch, einfühlend oder distanziert – und wie die Rollen dabei verteilt waren, also wer reden, unterbrechen, schweigen oder sich zurücknehmen durfte und musste, das wirkt sich auf unsere Sprechhaltungen aus, die von unserem sozialen Umfeld nicht nur bestätigt und sanktioniert werden, sondern häufig auch über den Status entscheiden, der uns gesellschaftlich oder situativ zugeschrieben wird. Die folgenden Übungen können helfen sich die nur bedingt bewussten gestischen Momente im Sprechakt und in Kommunikationsprozessen in ihren Voraussetzungen und Wirkungen bewusster zu machen.

▶ Intonation erproben

Stellt euch im Kreis auf. Gebt einen Satz, den der Spielleiter vorgibt, mit unterschiedlichem Sprechgestus an den Nachbarn weiter. Experimentiert dabei mit unterschiedlichen Intonationsmöglichkeiten: leise, laut, getragen, schnell.

Kommentar: Das Experimentieren mit Intonationsmöglichkeiten, Brecht spricht vom „Kneten" des Textes, aktiviert das sprachliche Verhaltensspektrum der Teilnehmer und bringt eine Vielfalt von Bedeutungsmöglichkeiten ans Tageslicht, die beim stillen Lesen selten zum Tragen kommen.

▶ Innere Haltungen in Sprechhaltungen ausdrücken

Wählt (aus dem Text) eine sprachliche Äußerung aus und interpretiert sie. Geht dann durch den Raum und sucht – laut vor euch hinsprechend – eine Sprechweise, die eurer Interpretation entspricht. Präsentiert eure Äußerung im Plenum. Die Zuschauer sagen jeweils einen Satz, der als Gedanke hinter der Äußerung stehen könnte. Der Sprechende sagt zum Schluss, welcher Gedanke seiner Deutung am nächsten kam.

Variation: Erinnert euch an eine sprachliche Äußerung in einer bestimmten Situation. Präsentiert die Äußerung mit dem entsprechenden Gestus. Die Zuhörer wiederholen nacheinander die Äußerung wie vorgegeben und sagen, was ihr in diesem Moment gedacht haben könntet. Sagt zum Schluss, welche Gedanken euren in der Situation am nächsten kamen.

Kommentar: Die Übung sensibilisiert für die Tatsache, dass sich der Sinn einer Äußerung erst durch eine spezifische Intonation realisiert. Die Nachahmung bzw. Deutung erinnert an eigene Sprechhaltungen und hilft sich in andere einzufühlen. Die Teilnehmenden werden bemerken, dass die Intonation nicht unbedingt in Übereinstimmung mit Gedanken und Gefühlen steht.

▶ Wirkungen von Sprechhaltungen erproben

Stellt euch im Kreis auf. Ein Mitspieler geht durch den Kreis auf einen anderen zu und spricht ihn mit einem vorgegebenen Satz, z.B. „Hör auf damit!“, an. Der Angesprochene reagiert körperlich und verbal und geht dann seinerseits zu jemand anderem, den er mit dem gleichen Satz bei verändertem Gestus anspricht. Die Übung ist beendet, wenn alle einmal jemanden angesprochen und auf eine Ansprache reagiert haben.

Variation: Sprecht mit vorgegebenem Gestus: aggressiv-genervt, liebevoll-zärtlich, traurig.

Kommentar: Die Übung sensibilisiert für die Wirkungen von Sprechhaltungen. Über die Nachahmung von Sprechhaltungen können Gefühle wachgerufen werden, zu denen sonst der Zugang erschwert ist. Darüber hinaus wird deutlich, dass die „reinen“ Gefühle Zuneigung und Trauer in der Regel positiv beantwortet werden, während gemischte Gefühle (aggressiv-genervt) Widerstand provozieren.

Bildet zwei sich gegenüberstehende Reihen: Die rechts Stehenden gehen auf ihr Gegenüber zu und sprechen es mit einem vorgegebenen Satz an. Erprobt nacheinander unterschiedliche Sprechhaltungen. Nach mehreren Versuchen sagt die Angesprochene, welcher Gestus bei ihr am besten angekommen ist. Rückt anschließend nach rechts auf und sprecht den Nächsten mit gleich bleibendem Gestus an. Danach sagen die Angesprochenen, welche Sprechhaltung am intensivsten auf sie gewirkt hat.

Variation: Eine Teilnehmerin schließt die Augen. Nacheinander sprechen die anderen sie jeweils mit ihrem Gestus an. Die Angesprochene sagt hinterher, welche Äußerung die größte Wirkung hatte.

Kommentar: Die Teilnehmer erfahren, dass der Gestus, mit dem ein Satz gesprochen wird, nur dann wirkungsvoll ist, wenn er vom Partner akzeptiert wird. Da die Akzeptanz von unterschiedlichen Voraussetzungen (Situation, Beziehung, Intention, Erfahrungen) abhängig ist, müssen diese beim Sprechen berücksichtigt werden.

▶ Situationsspezifische Sprechhaltungen erproben

Der Spielleiter nennt einen Satz, der in unterschiedlichen Situationen gesprochen werden soll: z.B. beim Rasieren vor dem Spiegel, beim Kochen, in der Kneipe in ein Bierglas starrend. Sagt nacheinander aus der Handlungssituation heraus den Satz.

Kommentar: Die Übung sensibilisiert für den Einfluss von Handlungen bzw. Situationen, einschließlich der damit verbundenen Wahrnehmungen und Empfindungen, auf die Sprechhaltung: Sie beeinflussen den Gestus sprachlicher Äußerungen.

Der Spielleiter gibt Situationen vor, in denen besonders intensive und ambivalente Gefühle eine Rolle spielen (z.B. Du möchtest allein sein und ein Freund bittet dich mit ins Kino zu gehen). Stellt euch die Situation vor und sagt nacheinander einen vorgegebenen Satz (z.B. Ich will nicht) mit einem Gestus, der der Situation angemessen ist.

Kommentar: Die Übung zeigt, in welcher Weise ambivalente Gefühle die Sprechhaltung beeinflussen.

▶ Medienspezifische Sprechhaltungen untersuchen

Sprecht nacheinander im Restaurant, über den Anrufbeantworter und am Telefon mit einer Person und vergleicht die Sprechhaltungen.

Kommentar: Die Übung verdeutlicht, welchen Einfluss Medien auf unsere Sprechhaltung haben: Das direkte Gespräch, in dem auch die situativen Bedingungen, Gestik und Mimik eine wichtige Funktion spielen, unterscheidet sich vom Telefongespräch, bei dem wir uns allein auf die Stimme verlassen müssen, aber auch von der Kommunikation über den Anrufbeantworter, bei der situative und gestische Momente fast vollständig wegfallen bzw. lächerlich wirken.

▶ Beziehungsspezifische Sprechhaltungen untersuchen

Überlegt euch, wen ihr in welcher Weise mit einem vorgegebenen Satz (z.B. Kannst du mich nicht mal in Ruhe lassen?) ansprechen wollt, und erprobt den entsprechenden Gestus. Präsentiert dann nacheinander eure Sprechhaltung im Plenum. Die Zuhörer sagen, an wen sich die Äußerung gerichtet haben könnte.

Variation: Ihr sitzt im Halbkreis. Immer drei gehen nacheinander nach vorne und improvisieren eine Szene zu einer vorgegebenen Beziehungskonstellation: z.B. Flirt, Eifersucht, Beziehungskrise, Trauer. Ihr sprecht ausschließlich in Zahlen (fortlaufend von 1-30). Nach der Improvisation beschreiben die Beobachter die Sprechhaltungen.

Kommentar: Die Übung zeigt, dass und wie Sprechhaltungen die Beziehung zum Kommunikationspartner berücksichtigen.

Die Spielenden lesen einen Text mit verteilten Rollen bzw. führen ein Rollensprächh. Ihr habt das beobachtet. Zeigt als Beobachter mit einer Statue, wie ihr die Rollenverteilung und die Beziehungen zwischen den Gesprächsteilnehmern wahrgenommen habt.

Kommentar: Die Statuen zeigen Soziogramme. Sie sollen die Beziehungen aufdecken.

▶ Inhalte ausdrücken

Bildet Paare. Sprecht vor der Gruppe in einer Kunstsprache (z.B. in Zahlen) über ein vorgegebenes Thema: z.B. Auto, Prüfung, Essen. Die Beobachter versuchen herauszufinden, worüber ihr sprecht und woran man das erkennen kann.

Variation: Sprecht in der Kunstsprache über ein brisantes Thema. Die Beobachter sagen, welche Position ihr vertreten habt.

Kommentar: Durch die Verwendung der Kunstsprache richtet sich die Aufmerksamkeit auf den Sprechgestus, aber auch auf Gestik und Mimik der Sprecher. Die Übung macht bewusst, dass es schwerer ist das Thema als die Einstellung zu diesem Thema gestisch zu vermitteln.

▶ Absichten ausdrücken

Präsentiert einen Gegenstand, ein Ereignis oder eine Person mit unterschiedlichen Intentionen: Ihr könnt sie beschreiben, kritisieren, loben, schlecht machen, für sie werben. Dabei könnt ihr jeweils bestimmen, welche Zielgruppe ihr ansprechen wollt. Die Zuschauer übernehmen dann jeweils die Rolle der Zielgruppe und sagen anschließend, ob die Präsentation sie überzeugt hat.

Kommentar: Die Teilnehmer erfahren, dass die Intention einer Sprechhaltung über den sachlichen Gehalt dominiert.

▶ Institutionsspezifische Sprechhaltungen untersuchen

Bildet Dreiergruppen. Überlegt euch eine Situation in einer Institution, z.B. Schule, Arbeitsamt, Kirche, und sprecht ab, wer in welcher Weise und warum handelt und worüber gesprochen wird. Verteilt dann die Rollen, baut den Raum auf und erprobt die Szene, verständigt euch nur mit Zahlen. Präsentiert eure Szenen nacheinander. Abschließend deuten die Beobachter die Situation, sagen, wer wo warum mit wem gesprochen hat.

Kommentar: Die Übung sensibilisiert für ritualisierte Kommunikationsprozesse in Institutionen. Die Kunstsprache verdeutlicht, dass die Inhalte austauschbar sind.

▶ Soziale Beziehungen in Gesprächen

Stellt Stühle beliebig in den Raum, sucht euch einen Platz und beginnt ein Gespräch (lest eine Szene) mit verteilten Rollen. Sucht nach dem Ende des Gesprächs den Ort im Raum, der zum Ausdruck bringt, welche Rolle und Beziehung ihr im Gespräch gespielt habt. Setzt euch dort auf den Stuhl und begründet eure Entscheidung. Wiederholt das Gespräch bzw. die Lesung und überprüft die Beziehungsstruktur.

Variation: Zeigt als Beobachter mit einer Statue, wie ihr die Rollenverteilung und die Beziehung im Gespräch wahrgenommen habt.

Kommentar: Die Übungen machen in Form von Soziogrammen die Beziehungen bewusst, die in Gesprächen gezeigt und aufgebaut werden.

Handlungen erkunden

Unsere alltäglichen Handlungen führen wir teilweise automatisiert und routiniert aus, ohne auf sie zu achten. Aufstehen, Waschen, Frühstücken beispielsweise sind uns so selbstverständlich, dass wir ihre Bedeutung für unser Leben kaum noch wahrnehmen. Eingeschliffene Handlungsmuster werden erst dann zum Problem, wenn sie gestört werden – wir reagieren ungehalten. In gewissem Sinne sind wir das, was wir tun, und nicht unbedingt das, was wir denken und sagen. Unterschiedliche Handlungen aktivieren und entwickeln unterschiedliche Fähigkeiten und beeinflussen die Wahrnehmung, das Denken und die Realitätsdeutung. Bei der szenischen Erkundung kann die Komplexität der alltäglichen, nur halb bewussten Handlungen nachvollzogen und erlebt werden. Dadurch kann auch bewusst werden, wie viel körperliches Wissen und körperliche Fähigkeiten dabei eingesetzt werden und auf welche Weise Handeln die Realitätswahrnehmung beeinflusst.

▶ Alltagstätigkeiten ausführen

Bildet Paare. Eine Partnerin führt so genau wie möglich eine Tätigkeit aus ihrem Alltag aus. Die andere beobachtet und beschreibt sie anschließend. Wechselt die Rollen.

Kommentar: Beim Handeln in vorgestellten Situationen wird erfahrbar, wie selbstverständlich und unbewusst wir eine ganze Reihe von Alltagshandlungen durchführen. Die Beschreibung der durchgeführten Handlung durch Beobachter kann auf Lücken und Ungenauigkeiten in der Darstellung aufmerksam machen.

▶ Arbeitstätigkeiten ausführen

Baut den Arbeitsplatz auf und führt eine Tätigkeit aus. Sagt laut, was euch durch den Kopf geht. Demonstriert die Arbeit anschließend im Plenum, indem ihr den Arbeitsplatz kurz beschreibt, euch wieder an die Arbeit begebt und erklärt, was ihr macht. Der Spielleiter kann sich dabei in einen inneren Dialog mit euch begeben und nach euren momentanen Gedanken und Empfindungen bei der Arbeit fragen.

Variation: Bildet Gruppen. Jede Gruppe bekommt einen Arbeitsplatz zugeteilt. Baut euch den Ort auf, verteilt die Aufgaben und improvisiert die Arbeitssituation. Erzählt nach dem Spiel, was ihr gemacht und was ihr dabei erlebt habt.

Kommentar: Arbeit bestimmt einen Großteil unseres Lebens, obwohl wir damit verbundenen Tätigkeiten in unserer Selbstdarstellung häufig nur einen untergeordneten Platz einräumen. Die Erkundung von Arbeitssituationen kann helfen sich in die Haltung und Lebensweise von Menschen einzufühlen.

▶ Lieblingstätigkeiten zeigen

Setzt euch in einen Kreis. Eine beginnt, zeigt ihre Lieblingstätigkeit und nennt ihren Namen. Die Nächste wiederholt die Tätigkeit und den Namen, zeigt die eigene Lieblingstätigkeit und nennt ihren Namen usw.

Kommentar: Die Übung eignet sich besonders gut als Kennenlernspiel. Während der Nachahmung sehen sich die Teilnehmenden immer wieder an, was bei einer ersten Begegnung ungewöhnlich ist, und verbinden Person, Namen und Tätigkeit zu einem Erinnerungsmuster. Durch die Kennenlernübung kann man in kurzer Zeit sehr viele Namen lernen.

Interaktionen erkunden

Wie wir uns in sozialen Situationen handelnd aufeinander beziehen und im Wechselspiel der Handlungen die Situationen und Beziehungen gestalten, wird sowohl durch situations- und institutionsspezifische als auch durch Interaktions-

und Beziehungsmuster bestimmt, die wir im Laufe der Sozialisation erworben haben. Interaktionen sind oft durch Abhängigkeitsverhältnisse geprägt (wie in der Schule, am Arbeitsplatz oder in Behörden) und teilweise hochgradig ritualisiert, wobei bestimmte Interaktionsmuster favorisiert, andere als störend abgewiesen werden. Dabei können solidarisierende oder distanzierende, körperliche oder sprachliche, situationsspezifische oder abstrakte Handlungen gefordert bzw. ausgeschlossen werden. Szenische Erkundungen können bewusste, aber auch unbewusste und verinnerlichte Interaktionen und Interaktionsmuster und die dahinter stehenden sozialen Beziehungen und Abhängigkeitsverhältnisse erfahrbar machen.

▶ Offene Interaktionen untersuchen

Bildet einen Halbkreis. Eine geht nach vorne, führt eine Handlung aus und erstarrt danach in der entsprechenden Haltung. Die Nächste setzt sich mit einer Handlung zu ihr in Beziehung und erstarrt dann ebenfalls usw., bis fünf Spielerinnen im Bild stehen. Führt, wenn der Spielleiter klatscht, jeweils eine Handlung aus und erstarrt dann wieder. Interagiert so Zug um Zug bei jedem Klatschen miteinander.

Variation: Geht nach vorne und improvisiert eine Szene. Wenn der Spielleiter bzw. die Beobachter „Stopp" rufen, erstarrt in euren Haltungen. Sagen sie „weiter", setzt euer Spiel fort. Nach der Übung berichten die Beobachter, wie sie die Interaktion wahrgenommen haben. Erläutert anschließend eure eigenen Wahrnehmungen.

Kommentar: Es werden Interaktionen zwischen Einzelnen und in Gruppen untersucht und aus den jeweiligen Handlungen und Beziehungskonstellationen heraus wahrgenommen und erklärt.

▶ Ritualisierte Interaktionen untersuchen

Der Spielleiter gibt eine Situation vor, in der Interaktionen auf Grund hierarchischer Strukturen institutionell ritualisiert werden (z.B. Unterricht, Behörde, Bundestagsdebatte) und er baut den Raum auf. Geht nach vorne, nehmt eine der Situation angemessene Haltung ein und erstarrt in dieser. Haben alle eine Haltung gefunden, führt die Person, die die dominanteste Rolle eingenommen hat, eine Handlung durch und erstarrt dann wieder. Die anderen verharren dabei in ihren Ausgangspositionen. Auf ein Zeichen des Spielleiters hin reagieren sie dann mit einer Handlung auf die Person, deren Haltung dabei fixiert bleibt. Zug um Zug agieren und reagieren dominante und untergeordnete Personen aufeinander, wobei jede Seite immer nur eine Handlung ausführt.

Kommentar: Ritualisierte Interaktionen finden sich vor allem in Gruppen und Institutionen, die von Herrschafts- und Abhängigkeitsverhältnissen geprägt sind.

Die Übung führt an die Regeln derartiger Interaktionen heran und zeigt, wie diese – unabhängig von den Inhalten – die Beziehungen bestimmen und aufrechterhalten.

▶ Beziehungsabhängige Interaktionen untersuchen

Der Spielleiter gibt eine Gruppe und eine Situation vor. Zeigt, wie die Gruppe in der Situation interagiert: Geht nacheinander nach vorne und erstarrt in einer Haltung, die eurer Meinung nach für die Gruppe in der Situation charakteristisch ist. Wenn euch der Spielleiter ein Zeichen gibt, agiert aus eurer Haltung heraus. Ruft er „Stopp", erstarrt in eurer Haltung usw.

Kommentar: Neben den gruppenspezifischen Interaktionen können die teilnehmenden Spieler durch die Unterbrechungen Alltagsinteraktionen erkunden und in ihrer Wirkung überprüfen.

Ihr sitzt im Halbkreis. Immer drei gehen nach vorne und improvisieren vorgegebene Beziehungskonstellationen, z.B. Streit, Flirt, Trauer, Langeweile oder Eifersucht, wobei der Dialog nur mit Zahlen (1-30) geführt wird. Die Beobachter beschreiben jeweils die spezifische Form der Interaktion.

Kommentar: Die Spielerinnen aktivieren Verhaltensweisen, die sie in entsprechenden Beziehungskonstellationen zeigen (könnten). Darüber hinaus wird deutlich, dass die Beziehungen die Interaktionen bestimmen.

Situationen erkunden

Unser Leben verläuft als unendliche Folge von Situationen, in denen wir uns Erlebnisse, Erfahrungen und Wissen aneignen, nur ist uns dies oft nicht bewusst. Häufig übersehen wir, dass Situationen auf Grund unterschiedlicher Erfahrungen unterschiedlich wahrgenommen und gedeutet werden können. Gesellschaftliche Strukturen (Arbeitsteilung, Schicht- und Geschlechtsunterschiede) provozieren und produzieren unterschiedliche Wahrnehmungen. Identische Situationen werden oft höchst unterschiedlich erlebt. Szenische Erkundungen können helfen abstrahierende Deutungen von Erlebnissen an konkreten, wenn auch gespielten Situationen zu überprüfen und möglicherweise zu verändern.

▶ Ein Thema in Situationen „übersetzen"

Sammelt Situationen, die zum Thema passen – gleichgültig, ob ihr sie selbst erlebt, aufgeschnappt, im Fernsehen gesehen oder gelesen habt. Schließt euch in Gruppen zusammen. Nacheinander zeigt jede ihre Situation mit Hilfe eines Standbilds. Legt danach die Reihenfolge fest, mit der ihr die Situationen demonstrieren wollt. Zeigt im Plenum eure Bilderserie, wobei jedes Standbild von der Schöpferin durch einen Titel kommentiert wird.

Kommentar: Es wird sichtbar, welche Szenen die Teilnehmer mit dem Thema verbinden. Die Übung eignet sich gleichzeitig hervorragend zur Sammlung szenischen Materials.

▶ **Situationen improvisieren**

Bildet Gruppen und entscheidet euch für eine Situation, die ihr szenisch improvisieren wollt. Baut den Handlungsort auf, verteilt die Rollen und steigt spontan ins Spiel ein. Besprecht anschließend, ob das Spiel euren Vorstellungen von der Situation entsprochen hat, und legt Rollen und Ablauf genauer fest. Spielt eure Szene im Plenum. Die Beobachter sagen anschließend, welche Situation dargestellt wurde.

Kommentar: Die szenische Improvisation kann mögliche Situationsverläufe erkunden. Sie hilft Handlungsfolgen zu finden, zu erproben und festzulegen.

▶ **Erlebnisse demonstrieren**

Demonstriert eine selbsterlebte Situation als Standbild und interpretiert es.

Variation: Demonstriert entscheidende Momente einer Situation, wobei ihr abwechselnd die Rollen der beteiligten Personen übernehmt, in den Rollen handelt und diese kommentiert.

Variation: Beschreibt einen Ort und baut ihn auf, wählt Teilnehmer für die Rollen aus, positioniert sie, führt sie in ihre Rollen ein, beschreibt den Ablauf der Situation und lasst die Situation spielen, wobei ihr eure eigene Rolle übernehmen könnt.

Kommentar: Einzelne Teilnehmer erhalten die Möglichkeit Erlebnisse zu rekonstruieren, zu interpretieren und neu zu inszenieren. Dabei geht es weniger um die Situation als um die Rolle der Protagonistin und wie sie sie verarbeitet hat.

▶ **Situationen aus unterschiedlicher Perspektive wahrnehmen**

Ihr habt die Situation aus unterschiedlichen Perspektiven erlebt. Zeigt im Standbild, wie ihr sie wahrgenommen habt, und interpretiert sie aus eurer Perspektive.

Kommentar: Situationen werden perspektivisch erlebt und verarbeitet. Die Übung kann helfen die unterschiedlichen Sichtweisen und Deutungen der an der Situation Beteiligten herauszuarbeiten und Verständnis für die Entstehung und Aufrechterhaltung problematischer bzw. konflikthaltiger Situationen zu schaffen.

Vorstellungen erkunden

In die Vorstellungen, die wir uns von Menschen und Situationen machen, gehen direkt und mittelbar Erlebnisse und Erfahrungen ein. Sie sind in ihren emotionalen Anteilen häufig von Wünschen und Phantasien bestimmt und gefärbt. Und sie helfen uns, unterstützt durch selektive Wahrnehmung, Alltagstheorien und Vorurteile, unser Selbstbild und unsere Lebensweise zu bestätigen und unangenehme und ambivalente Gefühle zu vergessen oder zu korrigieren. Vorstellungen sind häufig mit Bildern verbunden, die aus erlebten oder medial vermittelten Situationen erwachsen sind. Bei der szenischen Erkundung können wir uns die Erlebnisse, Bilder, Wünsche und Bedürfnisse bewusst machen, die Vorstellungsbildern zu Grunde liegen, und nach deren Voraussetzungen bei und Wirkungen auf uns und andere/n fragen.

▶ Assoziationsbilder zeigen

Überlegt, welches Bild euch spontan zum Thema einfällt. Bildet Gruppen und baut nacheinander eure Bilder als Standbilder auf. Sagt, woher ihr das Bild habt. Die Beobachter überlegen, welche Bedeutung das Bild für euch haben könnte. Habt ihr alle eure Standbilder gezeigt, entwickelt in der Gruppe eine Statue, in der alle Bilder enthalten sind, und präsentiert diese im Plenum.

Kommentar: Werden Assoziationen in Bilder gefasst, zeigen sie intensiv, welche Bedeutungen und Beziehungen wir mit einem Thema verbinden. Die Umsetzung in ein Standbild und nicht zuletzt das Feedback der Beobachter hilft den Spielerinnen die eigene Wahrnehmung des Themas zu hinterfragen.

▶ Bilderserien entwickeln

Bildet Fünfergruppen. Jede soll ein Standbild zum Thema bauen, in dem die anderen vier Gruppenmitglieder eine Rolle spielen. Eine beginnt: Baue dein Bild, erläutere es kurz und gibt ihm einen Titel. Gehe dann zu einer Person im Standbild und löse sie ab. Diese schaut sich das Bild von außen an und reagiert mit einem kurzen Kommentar. Dann produziert sie ein Bild, das ihren Vorstellungen entspricht usw. Habt ihr alle ein Bild gebaut, einigt euch auf die Reihenfolge, in der ihr die Bilder im Plenum präsentieren wollt. Präsentiert nacheinander eure Bilderserie, wobei die Spielerin, die das Bild entworfen hat, jeweils den Titel nennt und durch ein Klatschzeichen die Auflösung ihres Bildes einleitet. Die Beobachter sagen anschließend, nach welchen Kriterien ihrer Meinung nach die Serie zusammengestellt wurde.

Kommentar: Die Übung gibt den Spielerinnen Gelegenheit zunächst unbeobachtet ein Standbild zu bauen. Die durch die Titel kommentierte Präsentation der Bilderserie gibt Anlass zu einer gruppenspezifischen Montage. Die Übung eignet sich als Vorübung zum Standbild-Bauen.

▶ Klischeebilder und Haltungen untersuchen

Bildet Fünfergruppen. Begebt euch in eine Ecke des Raumes und stellt in drei Minuten drei Bilder, die euch zum Thema einfallen. Denkt dabei nicht groß nach und diskutiert die Bilder nicht. Jede nimmt in den Bildern eine Haltung ein und erstarrt in ihr. Zeigt dann im Plenum eure Bilder. Die erste Gruppe beginnt. Zeigt zunächst nacheinander eure drei Standbilder. Die Beobachter assoziieren jeweils zwischendurch, was für eine Situation dargestellt werden soll. Stellt dann die Bilder noch einmal vor, damit sie von den Beobachtern reflektiert werden können. Dabei können die Beobachter hinter die Personen treten, ihnen die Hand auf die Schulter legen und einen Satz sagen, der der Person gerade durch den Kopf gehen könnte; sie können die Haltungen einzelner Personen nachahmen und aus der Haltung heraus sagen, was die Person denken könnte; sie können in Gruppen die Bilder nachstellen und aus den Haltungen heraus sagen, was die Personen denken, oder sie können sich mit einzelnen Personen konfrontieren und diesen ihre Meinung sagen.

Habt ihr alle Standbilder gezeigt und reflektiert, dann baut eine Statue, die alle Aspekte berücksichtigt, die euren Bildern gemeinsam waren. Sucht nun den Ort und die Haltung, die ihr zu dem in der Statue gezeigten Geschehen einnehmt. Begründet eure Entscheidung im Gespräch mit dem Spielleiter. Tauscht anschließend die Spieler in der Statue aus, sodass auch sie ihre Haltung suchen und begründen können.

Kommentar: Unser alltägliches Handeln wird stärker von stereotypen Bildern bestimmt bzw. gerechtfertigt, als wir glauben. Wir benötigen sie, um Komplexität zu reduzieren (und möglicherweise Angst abzuwehren). Deshalb haben diese Bilder eine relativ grobe Struktur und werden als Klischees abgewertet. Gleichwohl sind sie kollektive Muster der Verhaltensorientierung, die in ihrer Wirksamkeit ernst genommen werden müssen. Die Übung hilft dies zu Bewusstsein zu bringen und zwingt darüber hinaus eine Position zu beziehen.

▶ Vorurteile untersuchen

Bildet Gruppen und sammelt Vorurteile, die es gegenüber bestimmten Menschen bzw. Gruppen gibt. Stellt jedes Vorurteil in einem Standbild dar und stellt diesem das Standbild gegenüber, das die sich abgrenzenden Menschen mittelbar (im Vorurteil) von sich zeichnen, z.B.: Ausländer sind faul – wir sind fleißig. Stellt dann die Bilder von Vorurteil und Gegenbild im Plenum vor. Präsentiert zum Schluss noch einmal nacheinander alle Gegenbilder. Welches Menschenbild wird sichtbar?

Kommentar: Vorurteile dienen der Abgrenzung und der Aufwertung des eigenen Ichs durch die Abspaltung eigener ungeliebter Anteile und ihre Projektion auf Andere. Die Übung macht bewusst, dass Vorurteile weniger mit den Menschen zu tun haben, auf die sie sich beziehen, als mit den Personen, auf die sie sich beziehen.

▶ Erfahrungsbilder erarbeiten

Bildet Gruppen. Beschreibt und diskutiert eure Erfahrungen mit Menschen und Gruppen und entwickelt ein gemeinsames Bild, das ihr als Statue zeigen könnt. Präsentiert und erläutert eure Statuen im Plenum und diskutiert, welche eigenen Bedürfnisse und Erfahrungen sich in den Bildern finden.

Kommentar: Die Bilder, die wir uns erfahrungsbedingt von anderen machen, zeigen immer auch, wo und in welcher Weise diese Menschen unsere eigenen Bedürfnisse berühren. Die Übung kann erlebbar machen, dass Erfahrungsbilder nicht die Realität abbilden, sondern Produkte der Werte und Bedürfnisse des sie entwerfenden Menschen sind.

▶ Schaubilder inszenieren

Bildet Gruppen und entwickelt ein Schaufenster-(Stand)Bild, das eure Position zum Thema deutlich ausstellt. Präsentiert dann nacheinander die Schaufenster im Plenum. Die Beobachter sagen, was die Gruppe herausgestellt hat, was sie weggelassen hat, welches Bild sie dadurch entworfen hat und welche Intention dahinter stehen könnte. Im Anschluss daran erläutert die Gruppe ihre Intentionen.

Kommentar: Bei der Inszenierung eines bildlichen Arrangements können sich die Teilnehmer bewusst machen, dass und wie Bilder mit spezifischen Intentionen inszeniert werden, wie ein Inhalt ins Licht gesetzt und interpretiert werden kann.

▶ Werbebilder entwerfen

Bildet Gruppen. Erarbeitet zum Thema ein Werbebild. Überlegt, wen das Bild ansprechen soll und welchen Gebrauchswert es versprechen soll. Baut das Bild als Standbild auf.

Kommentar: Werbebilder versprechen einen Gebrauchswert, der den Gegenstand interessant machen soll. Um wirkungsvoll zu sein, müssen die Teilnehmer Situationen, Haltungen und Gesten ausstellen, die die Bedürfnisse des Betrachters ansprechen.

Einstellungen erkunden

Einstellungen, also die Werthaltungen, die wir Themen, Menschen und Situationen entgegenbringen, resultieren aus Erlebnissen und Erfahrungen und den dabei entstandenen Beziehungs- und Abgrenzungswünschen. Wenn wir uns identifizieren oder uns abgrenzen, greifen wir auf Werte und Normen zurück, die uns in unserem sozialen Umfeld angeboten werden. In szenischen Erkundungen können Einstellungen dargestellt und in ihren Voraussetzungen und Wirkungen reflektiert werden.

▶ Einstellungen zu einem Thema zeigen

Baut gemeinsam eine Statue, die euer aller Vorstellungen von einem Thema auf den „sinnlichen" Begriff bringt. Sucht nacheinander den Ort und die Haltung, die zum Ausdruck bringen, wie ihr zu den in der Statue dargestellten Menschen steht. Begründet eure Entscheidung im Gespräch mit dem Spielleiter.

Kommentar: Die Übung zwingt die Teilnehmer, eine eigene Position zu dem gemeinsam erarbeiteten Bild zu beziehen.

▶ Einstellungen zu einzelnen Personen zeigen

Baut eine Person, die ihr alle kennt, in einer charakteristischen Haltung auf. Sucht dann einen Ort und eine Körperhaltung, die eure Einstellung zu ihr zeigen, und begründet diese im Gespräch mit dem Spielleiter.

Kommentar: Bei der Suche nach Ort und Haltung haben die Spielenden Zeit, sich mit ihrer Beziehung zur gezeigten Person auseinander zu setzen. Durch die Fragen des Spielleiters angeregt, können sie ihre Haltungen begründen, mit denen der anderen vergleichen, relativieren und verstehen.

▶ Beziehungsstatue (Soziogramm) bauen

Baut nacheinander Statuen, die zum Ausdruck bringen, wie ihr die Gruppe seht. Baut euch selbst mit in das Standbild ein. Äußert euch im Gespräch mit dem Spielleiter über eure Wahrnehmung und eure Beziehung zu den einzelnen Mitgliedern der Gruppe, über eure Stellung in der Gruppe und wie ihr euch diese wünscht.

Kommentar: Mit Hilfe einer Beziehungsstatue können sich die Spieler bewusst machen, wie sie die Gruppe, einzelne Mitglieder, die Beziehungsstruktur und sich selbst in der Gruppe sehen und welche Einstellung sie zu dieser haben.

Sucht den Ort und die Körperhaltung, die eure eigene Position in der Gruppe zum Ausdruck bringen. Habt ihr eure Positionen gefunden, sagt nacheinander im Gespräch mit dem Spielleiter, warum ihr gerade diesen Ort gewählt habt. Anschließend könnt ihr einzeln das Bild verlassen, der Spielleiter nimmt dann eure Position ein. Ihr könnt das Bild von außen betrachten und die eigene Position bewerten.

Kommentar: Die Suche nach der eigenen Position in der Gruppe ist nicht einfach, braucht Zeit und kann schmerzlich bewusst machen, dass man isoliert und von Menschen getrennt ist, die man bewundert oder denen man sich nahe fühlt. Im Gespräch mit dem Spielleiter sollten nicht nur Wahrnehmungen, sondern auch Wünsche angesprochen werden. Sollen diese Wünsche als Impuls zur Veränderung der Gruppensituation sichtbar gemacht werden, kann ein Wunschbild erstellt werden: Alle suchen den Ort und die Haltung, die zeigen, wie sie sich die Beziehung in dieser Gruppe wünschen.

Gefühle erkunden

Die Sprache der Gefühle ist eine Sprache des Körpers: Gefühle zeigen wir über Mimik und Blicke, über Gebärden, Körperhaltungen und Bewegungen, durch Laute und Intonation. Und weil diese Sprache so komplex ist, bleiben Gefühle selten verborgen: Wir merken schnell, wenn sie nur vorgetäuscht werden, wenn etwa an der Körperhaltung oder der Stimme deutlich wird, dass hinter einem sozialen Lächeln Angst steckt. Auch wenn es so etwas wie eine kulturunabhängige Sprache der Emotionen gibt – also mimische, gestische und körperliche Eigenarten, die mit Grundemotionen (Liebe, Glück, Trauer, Zorn, Angst, Abscheu, Überraschung) verbunden sind und die diese auch hervorbringen können (Schechner 1996), so gibt es doch kultur-, schicht-, geschlechtsspezifische und natürlich auch individuelle Unterschiede in der Art, mit Gefühlen umzugehen, sie zu zeigen, zu kontrollieren oder zu unterdrücken. Schon früh lernen z. B. Jungen, nicht zu weinen und Aggressionen auszuleben, während Mädchen weinen dürfen und positive Gefühle zeigen, Aggressionen jedoch zurückhalten sollen. Unterschiede beim Umgang mit Gefühlen führen immer wieder zu Übertragungen, Missverständnissen und Konflikten – gerade in den Beziehungen zwischen den Geschlechtern: Der expressiv-aggressive Gefühlsausdruck von Männern wird von vielen Frauen als Gewalt erlebt, die emotionale Zuwendung von Frauen von vielen Männern als peinlich und zu nah. Szenische Erkundungen können für die Sprache der Emotionen sensibilisieren, die wir und andere generell und in bestimmten Situationen und Beziehungskonstellationen zeigen. Sie helfen auch vergessene Emotionen zu erinnern und zuzulassen.

▶ Gefühle körperlich ausdrücken

Bildet Paare: Eine ist zuerst Spielerin, die andere Beobachterin. Es beginnen die Spielerinnen: Geht durch den Raum und versucht Gefühle, die der Spielleiter benennt, in euch zu erzeugen und körperlich auszudrücken: Angst, Wut, Freude, Trauer. Wenn der Spielleiter Stopp ruft, erstarrt in eurer Haltung. Eure Partnerin stellt sich euch gegenüber und spiegelt eure Haltung.

Variation: Fünf Teilnehmer stellen sich vor der Gruppe nebeneinander auf. Nacheinander suchen sie nach Körperhaltungen zu den Gefühlen, die der Spielleiter nennt. Die Beobachter sprechen anschließend über Gemeinsamkeiten der gezeigten Haltungen.

▶ Gefühle bei bestimmten Körperhaltungen untersuchen

Seht euch die Bilder an. Imitiert die Haltungen und Gesten der abgebildeten Menschen und schreibt auf, welche Gefühle die Haltungen bei euch auslösen. Schließt euch in Gruppen zusammen und besprecht, wie ihr euch selbst und die Umgebung bei der Nachahmung der Haltungen wahrgenommen habt, welche

Gefühle dabei wachgerufen bzw. verdrängt wurden. Entscheidet euch danach für ein Bild, das besonders intensive Gefühle ausgelöst hat, baut es als Standbild auf und legt die Perspektive fest, aus der ihr es sehen wollt. Die Beobachter nehmen Haltungen zum Bild ein, die zeigen, welche Gefühle es bei ihnen auslöst.

▶ **Gefühle in Sprechhaltungen umsetzen**

Geht durch den Raum und sprecht einen vorgegebenen Satz laut vor euch hin. Sucht anschließend Sprechhaltungen für Gefühle, die euch der Spielleiter gibt: wütend, freudig-erregt, melancholisch usw.

Variation: Stellt euch im Kreis auf. Der Erste geht durch den Kreis zu einer anderen Spielerin und spricht diese mit dem vom Spielleiter vogegebenen Gefühl an. Die Angesprochene reagiert körperlich und durch eine sprachliche Äußerung auf den Gestus, geht zu einer anderen Spielerin und spricht diese mit dem gleichen Gefühl an usw. Haben alle die emotionale Sprechhaltung erprobt, gibt der Spielleiter ein neues Gefühl vor. Sprecht anschließend über die Wirkung der Sprechhaltungen auf euch.

Variation: Zieht einen Zettel, auf den ein bestimmtes Gefühl geschrieben ist. Bringt dieses Gefühl durch eure Bewegung und durch Sätze, die ihr vor euch hin sprecht, zum Ausdruck. Improvisiert dann zu zweit vorgegebene Szenen (z.B. im Taxi, Cafe, Zugabteil), bleibt dabei bei eurem Gefühl. Die Beobachter beschreiben anschließend die Gefühle, die sie wahrgenommen haben.

Wünsche erkunden

Mit Wünschen reagieren wir häufig auf Situationen, die wir als unbefriedigend erleben bzw. erlebt haben. Bewusst oder unbewusst auf positive Erlebnisse zurückgreifend entwerfen wir in der Vorstellung Situationen, in denen die eigenen Bedürfnisse befriedigt werden. Diese utopische Funktion von Wünschen öffnet der Phantasie neue Möglichkeiten, sie ist ein Potenzial für Veränderungen. Szenische Erkundungen können helfen, das Wunschpotenzial der Teilnehmer zu thematisieren, auf konkrete Situationen und Haltungen zu beziehen und die subjektiven und objektiven Bedingungen zu untersuchen, die der Realisierung der Wünsche im Wege stehen.

▶ **Wunschbilder entwerfen**

Zeigt in Standbildern, wie ihr euch das Leben in Zukunft (in 10 Jahren) wünscht. Konfrontiert im Anschluss daran diese Wunschbilder mit Bildern eurer jetzigen Lebenssituation und überlegt und zeigt möglicherweise mit Standbildern, welche subjektiven und objektiven Bedingungen erfüllt sein müssten, damit sich der Ist-Zustand auf das Wunschbild zu bewegt.

Kommentar: Wünsche werden an Situationen konkretisiert und auf gegenwärtige Probleme bezogen, die Anlass zum Wünschen geben. So kann der Wunsch der Veränderung eine Perspektive geben.

▶ Wunschhaltungen zeigen

Demonstriert nacheinander das Wunschverhalten und euer tatsächliches Verhalten bei bestimmten Anforderungen: In der Situation verhalte ich mich nicht so (... zeigt das gewünschte Verhalten), sondern so: (... demonstriert das Realverhalten).

Kommentar: Aus dem Kontrast zwischen gezeigter Wunsch- und Realhaltung werden Verhaltenswidersprüche und -probleme offenbar, die zum Ausgangspunkt für Veränderungen gemacht werden können.

Formt eine Person, die vor euch steht, nacheinander so, wie ihr sie euch wünscht, und zeigt durch eine Haltung, in welcher Beziehung ihr jeweils zu ihr stehen möchtet.

Kommentar: Auf andere Menschen projizierte Verhaltens- und Beziehungswünsche können in dieser Übung erkundet werden. Da dabei in der Regel auch asoziale Wünsche dargestellt werden, muss auf Rollenschutz geachtet werden, d.h. entweder wird die Person, von der man sich etwas wünscht, anonym gehalten oder die Übung wird aus der Rollenperspektive heraus durchgeführt.

▶ Asoziale Wünsche zeigen

Bildet Vierergruppen aus je zwei Paaren. Das eine Paar kann das andere nach seinen Wünschen beliebig formen. Wenn der Spielleiter „Stopp" ruft, erstarrt ihr in euren Haltungen: Jetzt dürfen die beiden Geformten die Formenden nach ihren Wünschen gestalten. Bei jedem Stopp wird erneut gewechselt.

Kommentar: Bei dieser Übung übt der Spielleiter deutlich Kontrolle aus, indem er immer wieder unterbricht und die Rollen wechseln lässt. Dadurch entsteht die Lust an kleinen Racheakten, die zu einer lustvoll erlebten Eskalation führen kann. Es wird möglich auch asozialen Wünschen Ausdruck zu verleihen.

Statusverhalten erkunden

Auf Grund der Position, die wir in einer Gesellschaft, aber auch in bestimmten sozialen Gruppen und Situationen zugeschrieben bekommen und wahrnehmen, können wir, bewusst oder unbewusst, unterschiedliche Verhaltensweisen entwikkeln. Die Chancen bestimmte Statuspositionen zu übernehmen sind gesellschaftlich ungleich verteilt. Und es hängt nicht nur von der individuellen Leistung, sondern auch von der sozialen Schicht und von unserem Geschlecht ab, ob wir eine solche Position erreichen und ein entsprechendes Statusverhalten ausbilden können. Schon früh lernen Kinder, ob sie sich in sozialen Situationen gegenüber anderen Menschen anpassen, unterwerfen oder sich durchsetzen oder zur Wehr setzen dürfen und sollen. Dominantes oder angepasstes Verhalten wird im sozialen Umfeld erwartet, gezeigt, verinnerlicht und häufig auch dann noch aufrechterhalten, wenn es gar nicht mehr nötig ist. Dominantes oder angepasstes Verhalten kann aber auch vorgetäuscht oder bewusst inszeniert werden, wenn es darum geht, sich aufzuwerten oder bestimmte Ziele durchzusetzen. Die folgenden szenischen Übungen, die z.T. von Keith Johnstone (1993) angeregt wurden, können helfen, sich das eigene und das Statusverhalten anderer in unterschiedlichen Situationen bewusst zu machen, in seinen Voraussetzungen und Wirkungen zu überprüfen und möglicherweise zu verändern.

▶ Statusperspektiven erproben

Stellt euch paarweise dicht gegenüber auf. Langsam begibt sich der eine in die Hocke, ohne den Blickkontakt zum Partner aufzugeben. Nachdem ihr euch einen Moment auf die Perspektive konzentriert habt, wechselt beide langsam die Positionen ohne dabei den Blickkontakt aufzugeben. Wechselt mehrmals die Position. Konzentriert euch auf die jeweilige Wahrnehmung und die damit verbundenen Gedanken und Gefühle. Tauscht euch über eure Erfahrungen aus.

Kommentar: Die Teilnehmer erfahren, wie der Blick von oben bzw. von unten den Status von Personen definiert. Auf Eltern-Kind-Erfahrungen anspielend, werden solche Perspektiven bewusst oder unbewusst genutzt, um in Institutionen (Schule, Gericht, Bundestag) und Medien Autorität zu etablieren.

▶ Statusverhalten erproben

Bildet Paare. Eine hält ihre Hand dicht vor das Gesicht der Partnerin und bewegt diese, die den Abstand beibehalten muss, durch den Raum, wobei alles erlaubt ist: hoch und runter, schnell und langsam, gerade und kurvenreich. Nach einer längeren Phase bricht der Spielleiter das Spiel ab. Sprecht über eure Erfahrungen, bevor ihr die Rollen – führen und geführt werden – wechselt.

Kommentar: Die Übung geht auf Augusto Boal (Boal 1989, S. 176) zurück. Sie macht eindrucksvoll das Wechselspiel zwischen Herr und Knecht, Dominanz und Unterwürfigkeit erfahrbar. Der Führende erzwingt nach kurzer Zeit mit Spaß ungewöhnliche und nicht selten problematische Bewegungsabläufe, der Geführte muss der Hand bedingungslos folgen. Beide sind voneinander abhängig und amüsieren sich trotz ihrer – von außen gesehen – grotesken Beziehung zueinander. Um diesen Zusammenhang und Parallelen zu anderen Situationen (Eltern-Kind, Lehrer-Schüler, Mann-Frau) deutlich zu machen, ist es sinnvoll, dass ein Teil der Gruppe die Übung von außen beobachtet.

▶ Statusansprüche entdecken

Bildet Paare. Bewegt euch Rücken an Rücken durch den Raum. Achtet darauf, wer führt, wer sich eher führen lässt und wo ambivalente Gefühle entstehen.

Kommentar: Die Übung lässt keine Absprache zu. Die Teilnehmenden müssen entscheiden, wer die Richtung vorgibt, wer sich führen lässt oder Widerstand leistet. Dabei können sie sich eigene Dominanz- bzw. Anpassungswünsche und -verhaltensweisen bewusst machen.

▶ Statuspositionen zeigen

Der Spielleiter gibt Situationen vor. Eine Spielerin geht nach vorn und erstarrt in der Position einer dominanten Person, eine zweite nimmt anschließend eine Gegenposition ein, eine dritte verstärkt die dominante usw., so lange, bis die Statusbeziehungen in der Situation deutlich sind. Der Spielleiter geht dann von einer Person zur anderen, legt ihnen die Hand auf die Schulter und fragt nach ihren Gedanken.

Statuspositionen zeigen: z.B. dominant/unterwürfig

Kommentar: Die Übung dient der Darstellung, Wahrnehmung und Reflexion von Statuspositionen in bestimmten Situationen, wie sie über Körperhaltungen zum Ausdruck gebracht werden.

▶ Rollenkonstellationen durchspielen

Bildet Paare. Der Spielleiter gibt statusbestimmte Konstellationen vor, die spontan improvisiert werden (z.B. Hund/Katze, Polizistin/Diebin, Krankenpflegerin/Patientin, Lehrerin/Schülerin, Chef/Angestellter). Dabei übernehmen die Spieler in den einzelnen Konstellationen nacheinander beide Rollen. Ihr spielt ohne Pause, alle drei Minuten gibt der Spielleiter ein Zeichen für den Rollenwechsel. Nach der Improvisation könnt ihr zunächst für euch selbst überlegen, welche Rollenpositionen ihr beherrscht, mit welchen ihr Schwierigkeiten hattet. Besprecht dann im Stuhlkreis gemeinsam eure Erfahrungen und Verhaltensmöglichkeiten.

Kommentar: Bei der szenischen Improvisation wechseln die Spieler ständig die Rollen, in denen sie komplementäre Statuspositionen einnehmen müssen. Dabei können sie entdecken, welche Haltungen und Statuspositionen ihnen vertrauter sind und mit welchen sie größere Schwierigkeiten haben.

▶ Statusbedingte Sitzhaltungen erproben

Sucht nach Sitzhaltungen, die eurer Meinung nach dominant und stark wirken. Sucht anschließend nach Sitzhaltungen, die unterwürfig wirken. Der Spielleiter erläutert und demonstriert dominante und anschließend unterwürfige Sitzhaltungen. Erprobt für euch die beiden Haltungen und sprecht über eure Gefühle dabei. Setzt euch paarweise gegenüber, eine in dominanter Haltung, die andere unterwürfig. Unterhaltet euch aus diesen Haltungen heraus über ein beliebiges Thema. Haltet dabei die Position und achtet auf die damit verbundenen Wahrnehmungen, Empfindungen und Gedanken. Tauscht die Rollen. Sprecht anschließend über eure Wahrnehmungen und Assoziationen während der Übung.

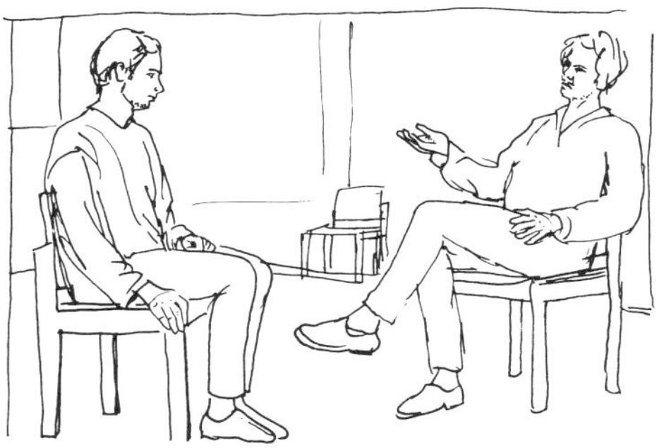

Statusbedingte Sitzhaltungen

Kommentar: Bei der Übung können die Spieler Sitzhaltungen erproben, die unterschiedliche Statuspositionen signalisieren. *Dominante Haltung:* Zurückgelehnt sitzend, die Beine auseinander, einen Arm zur Seite, Kopf erhoben, unbeweglich, den Blick konstant auf den Partner gerichtet. *Unterwürfige Haltung:* Beine zusammen, Fußspitzen nach innen, Hände im Schoß und/oder im Gesicht, Kopf in Bewegung, Blick wird nicht gehalten, Blickkontakte werden kurz hergestellt, dann unterbrochen, unsicher erneuert (vgl. hierzu auch S. 187 f). Sie können die Wirkungen der jeweiligen Haltungen auf sich selbst und andere am eigenen Leib erfahren und überprüfen, welche Haltungen ihnen vertrauter und welche ihnen fremder sind.

▶ Statusbedingte Stehhaltungen erproben

Bildet Paare. Erprobt dominante und unterwürfige Stehhaltungen und ihre Wechselwirkung aufeinander. Achtet dabei vor allem auf die Kopfhaltung, die Blickrichtung, die Körperhaltung und die Haltung von Armen und Beinen. Sprecht auch über die Gefühle und Gedanken, die die Haltungen in euch auslösen. Demonstriert anschließend das Ergebnis eurer Arbeit im Plenum.

Kommentar: Die Arbeit an dominanten und unterwürfigen Sitzhaltungen sensibilisiert die Spieler in der Regel so stark, dass es ihnen leicht fällt, entsprechende Stehhaltungen zu entwickeln. Dabei können sie auf eigene Erfahrungen zurückgreifen.

Statusbedingte Stehhaltungen: z.B. Frauen- und Männerhaltungen

▶ Statusbedingte Sprechhaltungen erproben

Bildet Paare. Eine dirigiert die andere verbal: Bei „Geh weg“ geht jene weg, bei „Komm her“ kommt sie zurück. Erprobe unterschiedliche Variationen, beobachte dein Verhalten. Wechselt nach einiger Zeit die Rollen. Sprecht am Schluss über eure Wahrnehmungen.

Variation: Eine sagt immer nur „ja“, die andere immer „nein“. Erprobt dominante und unterwürfige Sprechhaltungen und achtet darauf, wo ihr wirksam und wo ihr unwirksam seid. Wechselt anschließend die Positionen. Sprecht danach über eure Erfahrungen und die Wirkungen eurer Haltungen.

Kommentar: Bei den Übungen können die Spielerinnen Tonfälle und Sprechhaltungen entdecken, die sie sonst unbewusst nutzen oder die sie sich gar nicht zugetraut haben.

▶ Statuskämpfe körperlich und sprachlich erproben

Stellt euch in zwei Reihen in einem größeren Abstand gegenüber. Die Spieler der einen Reihe rücken jetzt bis zur Mitte vor. Eure Partner wollen an euch vorbei auf die andere Seite. Verhindert das allein mit körperlichen Mitteln. Tauscht anschließend die Positionen. Sprecht danach mit dem Partner über Strategien und Verhaltensmuster, mit denen ihr agiert und reagiert habt. Wiederholt die Übung, wobei ihr diesmal nicht körperlich, sondern sprachlich, also mit Argumenten miteinander kämpft: Einer will nach drüben, der andere will das verhindern. Sprecht anschließend über Strategien und Unterschiede bei den körperlichen und sprachlichen Auseinandersetzungen.

Kommentar: Der Unterschied zwischen körperlichen und sprachlichen Auseinandersetzungen wird erfahrbar. Während sich bei der körperlichen Auseinandersetzung Kraft und/oder Geschicklichkeit durchsetzen, bleiben sprachliche Argumentationsstrategien in der Regel wirkungslos, wenn sie nicht durch reale Machtpositionen oder Unterwerfungswünsche gestützt werden.

▶ Statusbeziehungen erproben

Bildet Paare. Entscheidet ohne Absprache, ob ihr einen Status ein wenig über oder ein wenig unterhalb der Partnerin spielen wollt. Wählt gemeinsam eine Situation aus und improvisiert sie. Ihr könnt mit Text oder in Zahlen reden. Versucht dabei euren Status zu halten und durchzusetzen. Sprecht anschließend über eure Erfahrungen beim Spiel, über den eigenen und den wahrgenommenen Status der anderen.

Variation: Spielt die Szene mehrmals mit jeweils unterschiedlichen Statuspositionen: Spielt den der Szene innewohnenden Status, senkt bzw. hebt beide euren Status, wechselt gegenläufig zwischen unterschiedlichen Statusebenen.

Variation: Es werden drei Buchstaben vorgegeben, denen je ein Status zugeordnet ist: A = dominant, B = devot, C = dazwischen. Wählt einen Buchstaben aus. Der Spielleiter gibt Situationen vor, in denen ihr dem Status entsprechend handelt.

Variation: Wechsel zwischen den Buchstaben bzw. dem gespielten Status.

Kommentar: Die Übungen zwingen dazu, unterschiedliche Statuspositionen einzunehmen und durchzuhalten. Dabei können die Spielenden nicht nur die Wirksamkeit solcher Positionen wahrnehmen, sie können auch entdecken, welche ihnen vertrauter sind, welche Schwierigkeiten bereiten und welche, obwohl fremd, Spaß machen.

▶ Statusverhalten gegenüber Räumen untersuchen

Baut Räume auf, die Dominanz repräsentieren: Lehrerzimmer, Behandlungsraum, Behörde. Zeigt, wie ihr sie betretet. Erprobt, wie man sie unterwürfig oder dominant betritt.

Kommentar: Räume repräsentieren einen bestimmten Status. Häufig werden sie extra zu diesem Zweck hergerichtet. Die Übung erinnert und demonstriert Status-Haltungen, die man in bestimmten Räumen einnimmt.

Habitus erkunden

Die Erlebnisse und Erfahrungen, die Menschen in bestimmten Kulturen, sozialen Schichten, Berufen und Lebensaltern als Mann oder Frau machen können, finden ihren Niederschlag in gemeinsamen Vorstellungen, Verhaltens-, Denk- und Wahrnehmungsweisen. Bourdieu nennt diese kollektiven Dispositionen und Handlungsschemata, in denen die gesellschaftliche Arbeitsteilung und die damit verbundenen Abhängigkeitsverhältnisse einverleibt wurden, *Habitus* (vgl. Bourdieu 1993, S. 97-146). Dabei ist vor allem der Körper Träger von Symbolen, die die Zugehörigkeit zu bestimmten sozialen Schichten oder Gruppen und zum Geschlecht sichtbar machen. In Selbstinszenierungen des Körpers und in den Körperpraktiken – in Kleidung, Bewegung, Verhaltensetikette, Ernährung, in der Kultivierung des Körpers durch Übungen, Sport und Tanz, in Ritualen und Kunstformen –, grenzt man sich gegeneinander ab. Bei der Nachahmung von Kleidungsstilen, Haltungskonventionen und Interaktionsmustern können die Teilnehmer am eigenen Leib erfahren, welches Körperverständnis und welche Bewegungsspielräume, welchen Geschmack und welche Selbstinszenierungen soziale Gruppen und die Geschlechter entwickelt haben und welchen Einfluss diese haben. Bei der Auseinandersetzung mit fremden Habitusformen werden die Spieler auch mit ihrem eigenen Habitus konfrontiert.

▶ Gruppenspezifischen Körperhabitus erproben

Die Bilder zeigen Menschen in charakteristischer Kleidung, Körperhaltung, Gestik und Interaktion. Betrachtet vor allem Kleidung und Körperhaltung und sprecht über eure Wahrnehmungen. Bildet einen Kreis. Der Spielleiter beschreibt noch einmal detailliert Aussehen und Sitz der Kleidung und die durch sie bedingten Bewegungsspielräume und Körperhaltungen. Stellt euch vor, ihr seid genauso gekleidet und bewegt euch in der Öffentlichkeit, d.h. ihr werdet von anderen gesehen und seht andere. Geht entsprechend durch den Raum und konzentriert euch dabei auf euer Körpergefühl und die Wahrnehmung durch die Umgebung. Entspannt euch jetzt und stellt euch wieder im Kreis auf. Sucht nach einer Stehhaltung zur eben entwickelten Kleidervorstellung. Erstarrt einen Moment in dieser Haltung und sagt nacheinander einen Satz, den die Person in diesem Moment denken könnte. Entspannt euch wieder. Nehmt einen Stuhl und sucht darauf an einem beliebigen Ort nach einer entspannten Sitzhaltung. Kehrt in „eure" Kleidung zurück und sucht nach einer angemessenen, öffentlichen Sitzhaltung. Steht jetzt aus dieser Haltung heraus auf, bewegt euch entsprechend durch den Raum und nehmt schließlich auf einem anderen Stuhl Platz. Entspannt euch erst, wenn alle wieder sitzen. Setzt euch jetzt in einen großen Kreis und bildet zwei Gruppen. Die erste Gruppe führt die folgende Übung durch, während die zweite beobachtet: Nehmt die bereits erprobte Sitzhaltung ein. Behaltet die Haltung bei, steht auf, bewegt euch aufeinander zu, nehmt Kontakt auf und beginnt ein Gespräch. Ist die spezifische Interaktions- und Kommunikationsweise sichtbar geworden, bricht der Spielleiter die Übung ab. Dann wechseln die Gruppen. Setzt euch in den Kreis und sagt nacheinander, wie ihr die Körperhaltungen und Interaktionsweisen erlebt habt, woran sie euch erinnert haben und welche inneren Haltungen mit ihnen verbunden sein können.

Gruppenspezifischer Habitus

Kommentar: Bei der Nachahmung von Kleidungsvorstellungen und damit verbundenen Körperhaltungen aktivieren die Teilnehmer das eigene Körpergedächtnis und spüren den mit den Haltungen und Bewegungsformen verbundenen Sinneswahrnehmungen, Empfindungen und Erlebnissen nach. Auch wenn es natürlich nicht möglich ist die mit äußeren Habitusformen verbundenen Mentalitäten nachzuempfinden, so werden doch Möglichkeiten und Grenzen von Wahrnehmung und Interaktion am eigenen Leibe nachvollziehbar. Dabei werden vor dem Hintergrund eigener Körpererfahrungen Gemeinsamkeiten und Fremdheiten deutlicher.

▶ Gruppenspezifischen Sprechhabitus erproben

Die Menschen, um die es geht, haben einen gemeinsamen Sprachstil, gemeinsame Redekonventionen und Sprechhaltungen. Erarbeitet an einer charakteristischen Redepassage den Sprechhabitus. Fühlt euch in den Körperhabitus ein, nehmt entsprechende Haltungen ein und sucht nach einer Sprechweise, die mit der Haltung korrespondiert. Erprobt diese stehend und sitzend und präsentiert sie anschließend im Plenum. Ergänzt die sprachliche Äußerung um das, was die Person dabei denken könnte. Sucht nach den Gemeinsamkeiten bei den erarbeiteten Sprechhaltungen und erprobt diese an der gewählten Textpassage.

Kommentar: Den Sprechhabitus einer Gruppe zu erarbeiten ist schwierig. Sind Ton- oder Filmaufnahmen verfügbar, sollten sie als Vorbild herangezogen werden. Aber auch ohne akustische Vorgaben sind Annäherungen möglich, wenn darauf geachtet wird, dass der Zusammenhang zwischen Körperhabitus, Interaktionsweise und Sprechhaltung nicht aufgegeben wird.

▶ Gruppenspezifische Lebenszusammenhänge untersuchen

Lest die Texte, in denen Situationen und Tätigkeiten beschrieben werden, die im Alltagsleben der Menschen eine Rolle spielen: Arbeit, Essen, Hygiene, Mode, Sport, Tanz, Musik, Familie, Geselligkeit usw. Bildet Gruppen und baut Standbilder, die solche Situationen sichtbar machen. Präsentiert und erläutert eure Bilder im Plenum.

Kommentar: Bei der Aneignung von Wissen über das (historische) Leben von Menschen werden häufig die alltäglichen Aktivitäten ausgespart. Indem die Teilnehmer den Alltags in konkrete Szenen umsetzen, können sie sich charakteristische kulturelle Inszenierungen vergegenwärtigen und mit der eigenen Praxis vergleichen.

Die Bilder zeigen Alltagssituationen. Bildet Gruppen und betrachtet ein Bild genauer, beschreibt Ort und Zeit, die Personen, ihre Kleidung, ihre Haltungen, Handlungen und Beziehungen. Entscheidet euch jeweils für eine der dargestellten Personen und legt für diese Alter, Beruf, Rolle, Handlungen und Gedanken in der abgebildeten Situation fest. Nehmt die abgebildete Haltung (Körper- und Kopfhaltung, Gestik und Mimik) ein und erstarrt darin. Stehen alle im Bild, beginnt eine aus der Rolle heraus zu monologisieren: Was geht der gezeigten Person gerade durch den Kopf? Ist sie fertig, beginnt die Nächste mit dem Monolog usw. Sind alle Monologe abgeschlossen, könnt ihr eure Haltung auflösen und den Fortgang szenisch improvisieren. Präsentiert dann eure Szenen im Plenum: Nehmt zunächst noch einmal die Haltung im Standbild ein, sodass die Beobachter Bild und Standbild vergleichen können, sprecht die Gedanken eurer Person in der Situation aus und geht zum Spiel über. Wurden alle Szenen vorgestellt, begegnet euch in euren Rollen auf einem Fest, einer politischen Versammlung oder in einem Lokal. Überlegt, was ihr dort wollt und agiert demgemäß aus der Rolle heraus. Der Spielleiter bricht die Improvisation nach einiger Zeit ab. Setzt euch in einen Kreis und erzählt nacheinander aus der Rolle heraus, was ihr erlebt habt.

Kommentar: Bei der Beschreibung der Situation, der Nachahmung der Haltungen im Bild, der Einfühlung in die Person und beim situationsspezifischen Improvisieren aus der Rolle heraus entwickeln die Teilnehmer zunehmend komplexere Vorstellungen über die möglichen inneren und äußeren Haltungen, Interaktions- und Beziehungsformen der auf den Bildern abgebildeten Personen. Da sie bei dieser Aneignung sowohl die eigene Phantasie wie auch eigene Verhaltensmuster einsetzen, können sie Gemeinsamkeiten und Differenzen zwischen ihrem und dem Verhalten der dargestellten Personen am eigenen Leibe erfahren.

▶ Gruppenspezifische Arbeitstätigkeiten erproben

Führt Arbeitstätigkeiten aus, die für das Leben der Menschen bestimmend sind. Wenn ihr sie mit anderen zusammen durchführen müsst, sucht euch Partner. Sprecht anschließend über die Erfahrungen, die ihr bei den Arbeitstätigkeiten gemacht habt, und überlegt, welchen Einfluss diese Tätigkeit auf das Leben und das Denken der Menschen haben könnte.

Kommentar: Arbeitstätigkeiten und die Beziehungen, die sich darüber herstellen, spielen für den Menschen und seinen Lebenszusammenhang eine zentrale Rolle. Indem sie sie im Spiel erproben, kann den Spielern bewusst werden, welche Körpererfahrungen, welche Wahrnehmungen und Kooperationsformen im Alltag bestimmend sind. Dabei kann auch die eigene (möglicherweise privilegierte) Lebensweise verfremdet wahrgenommen werden.

▶ Gruppenspezifische Rituale erproben

Bildet Gruppen und erstellt zu dem im Bild (oder Text) gezeigten Ritual Standbilder, die wichtige Momente des Rituals sichtbar machen. Versucht in Zeitlupe Übergänge zwischen den Standbildern zu gestalten. Präsentiert das Ritual im Plenum und erläutert, welche Bedeutung es jeweils für eure Gruppe hat. Führt andere in das Ritual ein.

Kommentar: Rituale werden hier im weitesten Sinne als Handlungsabläufe verstanden, die feste Regeln haben und die die sozialen und kulturellen Beziehungen innerhalb einer Gruppe bestimmen und reproduzieren. Durch die Nachahmung und Darstellung solcher Rituale können sich die Spieler einen Zugang zu Gruppenerlebnissen, Rollenverteilungen und Beziehungsformen der Menschen verschaffen.

▶ Gruppenspezifische Mentalitäten erarbeiten

Die Texte geben Einblick in Denken, Wahrnehmung und Empfindungsweise einiger Gruppen. Wer glaubt, die Positionen einer Gruppe vertreten zu können, setzt sich nach vorne und reagiert auf Fragen, Argumente, Kritik und Provokationen so, wie deren Mitglieder dies vermutlich tun würden. Sagt zum Schluss, was ihr in der Rolle über die Menschen erfahren habt und wie ihr euch dabei gefühlt habt.

Kommentar: Der Zwang sich mit fremden Gedanken, Wahrnehmungen und Empfindungen nicht nur auseinander zu setzen, sondern sich mit ihnen probeweise zu identifizieren und sie im Rollengespräch gegen Einwürfe von außen zu verteidigen, regt die Phantasie an und löst Assoziationen aus, die helfen können tiefer in die Gedanken- und Gefühlswelt anderer Menschen einzudringen.

▶ Gruppenspezifische Vorurteile sichtbar machen

Die Texte geben Aufschluss über das Leben von Gruppen, die in einem Abhängigkeits- bzw. Herrschaftsverhältnis zueinander stehen (Herrschaft/Bedienstete, Fabrikant/Arbeiter, Eltern/Kinder usw). Bildet Gruppen und wählt eine Position. Überlegt, wie ihr als Gruppe die andere Gruppe wahrnehmt und bewertet. Übernehmt Rollen und erzählt, wie ihr das Leben der anderen Gruppe – im Unterschied zu eurem – wahrnehmt und bewertet.

Kommentar: Der Habitus von Menschen wird auch durch die Art bestimmt, wie sie sich von Gruppen abgrenzen. Indem die Teilnehmer versuchen sich in unterschiedliche Positionen einzufühlen, können sie Herrschaft und Abhängigkeit in ihren wechselseitigen Beziehungen und in ihrer Wirkung auf den Habitus von Menschen nachvollziehen.

▶ Interaktionen zwischen Menschen mit unterschiedlichem Habitus erproben

Bildet Gruppen von Menschen aus jeweils unterschiedlichen Ständen, Schichten, Klassen, Kulturen, Berufen, unterschiedlichen Alters oder Geschlechts. Erarbeitet den Körperhabitus eurer Gruppe und interagiert miteinander. Stellt euch jetzt der anderen Gruppe gegenüber. Geht zunächst in euren Haltungen aufeinander zu und aneinander vorbei. Geht aneinander vorbei und begrüßt einander. Geht in Gruppen aneinander vorbei und begrüßt euch. Ihr seid gezwungen euch gemeinsam an einem Ort zu begegnen. Geht dort aktiv aufeinander zu. Sagt anschließend nacheinander aus der Rolle heraus, was ihr bei der Begegnung erlebt habt.

Kommentar: Bei der Konfrontation von Menschen mit unterschiedlichem Habitus wird erfahrbar, dass Fremdheit und Abwehr häufig nicht zuletzt dadurch entstehen, dass man mit Verhaltensweisen konfrontiert wird, die man bei sich im Dienste der Selbstdarstellung und Abgrenzung verdrängen, kontrollieren oder ignorieren musste.

3.2 Szenisches Einfühlen

Wer eine Rolle in einer bestimmten Szene spielen will, muss sich zunächst eine genaue Vorstellung von der Person und der Situation machen. Er montiert eigene Erlebnisse, Einstellungen, Wünsche und Verhaltensmuster in die Rolle, sodass er in der fremden Person eigene Anteile entdecken kann. Die folgenden szenischen Handlungen können helfen sich Schritt für Schritt einen Zugang zur inneren und äußeren Welt einer zu spielenden Person und zu den Handlungen und Haltungen zu erarbeiten, die sie in bestimmten Situationen zeigt und einnimmt.

In die Rolle einfühlen

▶ Innere Haltungen von Personen entwerfen (Rollenbiographie)

Entscheidet euch für eine Rolle und schreibt eine Selbstdarstellung bzw. eine Rollenbiographie (oder ein Tagebuch) für die Person. Lest die Rollenvorgaben (Rollentext, Szenen) und schreibt die Biographie (bzw. das Tagebuch), als sei es eure eigene – in der Ich-Form und in ganzen Sätzen. Nehmt dazu die Fragen zur Einfühlung als Anregung.

Kommentar: Ausgehend von Rollentexten, in denen Informationen über die historische Situation, den Lebenszusammenhang und die Lebenssituation der Personen zusammengestellt wurden, und von Szenen, in denen die Personen agieren, entwickeln die Teilnehmer die konkrete Lebensgeschichte und eine innere Haltung für die übernommene Rolle. Weiter gehende Erläuterungen zur Rollenbiographie s. S. 48, zum Tagebuch s. S. 49.

▶ Aussehen von Personen bestimmen

Sucht euch (aus Requisiten oder zu Hause) Kleidungsstücke zusammen, die zu der Person passen, die ihr spielen wollt, und zieht sie an. Verändert euer Aussehen so lange, bis es eurer Vorstellung von der Person ähnelt. Dabei könnt ihr auch euer Haar anders kämmen und euch schminken.

Kommentar: Zur inneren Haltung der Person wird die Außenseite gesucht: Kleidung und Frisur zeigen, wie sich die Personen nach außen hin darstellen und sehen wollen. Dabei werden anfängliche Widerstände schnell aufgegeben: Die Lust am Fremden, Abweichenden kann ausagiert werden, die Verkleidung bietet dabei Schutz.

▶ Körperhaltungen von Personen erarbeiten

Sucht für die Person, die ihr spielen wollt, Körperhaltungen. Die Kleidung kann euch dabei Anstöße geben: Wie geht die Person in der Kleidung? Wie stellt sie sich dar? Wie steht sie, wenn sie gesehen wird? Wie sitzt sie? Welche körperlichen Macken hat sie? Zeigt sie diese offen oder versucht sie sie zu verbergen? Wie führt sie bestimmte Tätigkeiten aus? Wie fühlt sich dabei der Körper an? Da Körperhaltungen je nach Situation unterschiedlich sind, müsst ihr diese sowie die Befindlichkeit berücksichtigen. Stellt euch also beim Gehen, Stehen und Sitzen immer wieder vor, wo und in welcher Lage ihr euch gerade befindet und was ihr dabei denkt. Beginnt mit dem Sitzen: Setzt euch so hin, wie die Person sitzt. Macht euch dann klar, wo und in welcher Situation sie sich gerade befindet und was ihr dabei durch den Kopf geht. Steht dann aus dieser Haltung heraus auf, geht durch den Raum und sucht nach anderen Körperhaltungen. Habt ihr unterschiedliche Körperhaltungen erprobt, präsentiert eine, die ihr für besonders charakteristisch haltet, im Plenum: Begebt euch in der Rolle vor die Gruppe, agiert in der Körperhaltung und sprecht öffentlich aus, was der Person gerade durch den Kopf geht.

Kommentar: Die Spielerinnen müssen sich die innere Haltung der Person mit ihrem eigenen körperlichen Ausdrucksrepertoire aneignen. Kleidung kann helfen, Körperhaltungen und Bewegungsmuster zu finden. Die Lust an der ungewöhnlichen, fremden Ausdrucksweise, der andere Umgang mit dem eigenen Körper, das Ausagieren körperlicher Schwächen bzw. Stärken erinnert an verdrängte bzw. vergessene Bewegungsmuster, die häufig nur noch in der Phantasie und in „legitimierten" gesellschaftlichen Räumen (Medien, Feste, Cliquen, Sport) gezeigt werden. Die Nachahmung ersehnter oder verpönter Körperhaltungen aktiviert Wünsche und Bedürfnisse, die hinter der Maske der Normalität zurückgehalten werden: Liebe, Zärtlichkeit, Aggressionen, Gewalt, Anpassung, Unterwürfigkeit, Disziplin usw. Diese Bedürfnisse werden nicht richtungslos ausagiert, sondern an soziale Situationen zurückgebunden und von dorther motiviert: In welcher Situation bewegt sich die Person so? Was geht ihr dabei durch den Kopf?

▶ Sprechhaltungen von Personen entwickeln

Sucht nach einer sprachlichen Äußerung, die für eure Person charakteristisch ist. Die Äußerung könnt ihr selbst erfinden (oder dem Text entnehmen). Geht in der entwickelten Körperhaltung durch den Raum, experimentiert mit unterschiedlichen Sprechhaltungen (laut-leise, hart-melodisch, wütend, liebevoll, aggressiv usw.) und entscheidet euch dann für die, die nach eurer Vorstellung am besten zu eurer Rolle passt. Begegnet ihr dabei Mitspielern, könnt ihr sie entsprechend ansprechen. Sie dürfen nur mit ihrer Äußerung antworten. Präsentiert nacheinander eure Sprechhaltung im Plenum. Tretet dabei in der entsprechenden Körperhaltung vor die Gruppe, sprecht sie in der erarbeiteten Weise an und sagt dann – euch abwendend – vor euch hin, was die Person dabei tatsächlich denkt.

Kommentar: Das Experimentieren mit Sprechhaltungen aus der Körperhaltung heraus aktiviert emotionale Haltungen. Die Sätze gewinnen – vor dem Hintergrund der Lebensgeschichte und der Lebenssituation der Personen und der Spieler – gestische Energie, die bei der Präsentation an die innere Haltung zurückgebunden wird. Ambivalenzen zwischen Außen und Innen werden sichtbar: hinter der Aggression bzw. Freundlichkeit verbirgt sich Angst, hinter der Kälte Verletzlichkeit, hinter der Abwehr Bewunderung.

▶ Haltungen in unterschiedlichen Situationen erarbeiten

Überlegt euch fünf Situationen, in denen sich die Person, die ihr spielt, unterschiedlich verhält. Baut dazu die Räume auf, in denen die Situationen stattfinden, sucht euch für die Personen, auf die eure Person trifft, passende Spieler aus und sagt ihnen, wer sie sind und wie sie sich verhalten sollen. Spielt die Szenen nacheinander durch und zeigt dabei in eurer Rolle das entsprechende Verhalten. Spielt danach die Szenen noch einmal im Schnellverfahren durch, für jede Szene stehen euch zwanzig Sekunden zur Verfügung. Entscheidet euch dann für eine Haltung, die ihr als Grundhaltung der Person bezeichnen würdet, und spielt alle fünf Szenen mit dieser Grundhaltung durch.

Kommentar: Wenn wir von der Haltung eines Menschen sprechen, dann ist damit nicht ein ganz bestimmtes Verhalten gegenüber Menschen und Gruppen gemeint, sondern ein Komplex von Orientierungen und Verhaltensweisen, in der sich eine bestimmte Tendenz zeigt. Auch wenn Personen eine bestimmte Grundhaltung zeigen, so ist damit nicht gesagt, dass sie sich in unterschiedlichen Situationen gegenüber unterschiedlichen Personen gleich verhalten. Es geht um Verhaltenstendenzen, nicht um situatives Verhalten. Diese Tendenz kann ein Bündel von Verhaltensweisen enthalten, die im Widerspruch zueinander stehen. Die Übung, die auf Boal zurückgeht (vgl. Ruping 1991, S. 72 ff), kann den Spielern helfen diese Grundhaltung aus einer Reihe von Verhaltensweisen herauszuarbeiten. Dabei fließen die Haltungen der Spieler mit ein.

▶ Wiederkehrende Gedanken und Gefühle von Personen suchen

Überlegt euch einen Gedanken bzw. Satz, der der Person, die ihr spielen wollt, immer wieder durch den Kopf geht. Geht durch den Raum und sucht nach dem Tonfall, mit dem sie den Gedanken zu sich sagt. Überlegt dabei, in welchen Situationen ihr der Gedanke in den Kopf kommt. Präsentiert nacheinander diesen Gedanken, indem ihr eine Situation demonstriert, in der ihr der Gedanke durch den Kopf geht. Sprecht den Gedanken in entsprechender Weise aus.

Kommentar: Innere Haltungen manifestieren sich in bestimmten Gedanken, die uns – in der Regel durch bestimmte Situationen ausgelöst – durch den Kopf gehen. Sie sprechen fast beiläufig Themen an, die uns immer wieder beschäftigen, häufig, weil wir sie nicht richtig bewältigen. Indem die Teilnehmerinnen nach solchen Gedanken ihrer Person suchen und sie mit Situationen in Verbindung bringen, definieren sie eine Eigenart. Gleichzeitig werden sie an eigene Gedanken und Phantasien erinnert und können sich deren Bedeutungen bewusst machen.

▶ Haltungen von Personen bei bestimmten Tätigkeiten zeigen

Überlegt euch, welche (Arbeits-)Tätigkeiten für eure Person charakteristisch sind, was sie am liebsten tut, welche kritischen Situationen sie geprägt haben, nach welch einer Situation sie sich sehnt usw. Sucht euch einen Ort im Raum, baut ihn euch nach eurer Vorstellung auf und agiert in dieser Situation. Versucht dabei, euch in die Person einzufühlen und deren Gedanken und Empfindungen nachzuvollziehen. Ihr könnt dabei laut vor euch hin sprechen. Zeigt und erläutert anschließend die Situation nacheinander aus der Rolle heraus, indem ihr euch zunächst kurz vorstellt, den Ort und die Tätigkeit benennt und euch dann in die Situation begebt und entsprechend agiert. Sprecht dabei aus, was der Person gerade durch den Kopf geht. Der Spielleiter kann euch dabei als innerer Dialogpartner anregen.

Kommentar: In Texten, Bildern und Problemsituationen erleben wir Menschen häufig nur in exponierten Situationen. Ausgespart oder nur angedeutet bleiben Situationen, die ihr Leben und ihre Haltungen möglicherweise mehr bestimmen bzw. bestimmt haben als die dargestellten. So erfahren wir häufig nicht, was und wie die Personen arbeiten, was sie am liebsten tun, welche kritischen und positiven Erlebnisse sie geprägt haben, nach welchen Situationen sie sich sehnen. Die Integration solcher Szenen und der Haltungen, die sie in ihnen einnehmen bzw. eingenommen haben, in das Bild und das Selbstbild der Personen erweitert die Verstehensmöglichkeiten, lenkt den Blick auf das soziale Umfeld, deckt soziale Grenzen und Handlungspotentiale auf, macht die Personen widersprüchlicher und komplexer. Entwickeln die Spielerinnen für ihre Personen entsprechende Situationen, müssen sie auf eigene Erfahrungen und Vorstellungen zurückgreifen. Dabei können sie Zusammenhänge zwischen dem sozialen Umfeld, der Lebenssituation, der Lebensgeschichte und den Haltungen und Handlungsmöglichkeiten bei anderen Menschen und bei sich selbst entdecken.

▶ Zentrale Lebensprobleme von Personen ansprechen

Überlegt euch, welches Problem im Mittelpunkt des Lebens der von euch gespielten Person steht und wie sie darüber sprechen würde. Geht durch den Raum, nehmt dabei ihre Körperhaltung ein und spielt eine öffentliche Darstellung des Problems in der Vorstellung durch, indem ihr aus der Rolle heraus laut denkt, d.h. Gedanken vor euch hin sprecht. Geht dann nacheinander nach vorne, stellt euch kurz in der Rolle vor und sprecht über das, was der Person besonders wichtig ist.

Kommentar: Die Suche nach dem zentralen Lebensproblem und die Art der Präsentation dieses Problems zwingt zur Konzentration auf ein Thema, das für das Selbstbewusstsein, das Erleben und die Identität der Person besonders wichtig ist. Dabei zeigt die Art der Präsentation, wie sich die Person sieht und darstellen möchte, ob sie das Problem anderen zuschreibt oder sich selbst als ein Teil davon sieht und akzeptiert.

▶ Spieler in Rollen einfühlen

Suche dir Teilnehmer aus, die deinen Rollenvorstellungen entsprechen, und platziere sie auf Stühlen so im Raum, dass dadurch deutlich wird, wie sie zueinander stehen. Stell dich nacheinander hinter sie, lege ihnen die Hand auf die Schulter und fühle sie in ihre Rolle ein, indem du – durch die Fragen des Spielleiters angeregt – die innere Haltung der Person nach dem Muster entwickelst: „Du bist Peter, bist 14 Jahre alt und wohnst bei deinen Eltern im Dorf. Dein Vater ist Bauer ...“ Dabei wirst du vom Spielleiter durch Fragen unterstützt, die deine Aufmerksamkeit auf Aspekte lenken, die in der zu spielenden Szene wichtig werden können. Beispielsweise kann der Spielleiter fragen: „Was hält er von Jana? Was tut er am liebsten? Wie geht es ihm?“ Zum Schluss kann der Spieler noch Fragen an dich stellen. Kennst du die Personen, die gespielt werden sollen, und übernimmst du im Spiel selbst deine eigene Rolle, so kannst du die Einfühlung in der Ich-Form vornehmen – nach dem Muster: „Ich bin Peter, 14 Jahre alt und wohne bei meinen Eltern hier im Dorf ...“

Spieler in Rollen einfühlen

Kommentar: Bei Situationen, die die Teilnehmer schon häufiger erlebt haben, können die Rollen von einer Teilnehmerin entwickelt werden. Sie gibt bestimmten Spielern die zu ihnen passenden Rollen. Liegt der Schwerpunkt weniger auf der Personenkonstellation als auf der Hauptrolle, sollte sie in der ersten Person in die Rolle einfühlen. Dabei kann der Spielleiter Fragen stellen, die die Einstellung der Personen zur Hauptfigur thematisieren. Dadurch wird der Spieler der Hauptfigur gezwungen, sich selbst von außen zu sehen und sich auch in Personen einzufühlen, mit denen er Schwierigkeiten hat.

▶ Momentane Lebenssituation von Personen präsentieren

Überlegt euch, welches Problem die Person, die ihr spielen wollt, zur Zeit am meisten beschäftigt und bei welcher Tätigkeit sie darüber nachdenken könnte. Geht nacheinander nach vorne, führt die Tätigkeit aus und sprecht aus der Rolle heraus über die Probleme, die euch zur Zeit beschäftigen und euer Verhalten bestimmen.

Kommentar: Die Konzentration auf ein akutes Problem lenkt die Aufmerksamkeit auf die aktuelle Lebenssituation der zu spielenden Person und auf die Deutung der Situation: Wie sieht der Alltag aus, wie wird er gesehen, verarbeitet, wo liegen die ungelösten Probleme? Damit werden äußere Haltungen, die bei der Einfühlung in Körper- und Sprechhaltungen entwickelt wurden, situativ verankert, d.h. an Situationen zurückgebunden, die nicht bzw. noch nicht bewältigt sind und deshalb möglicherweise nur „asozial“ oder regressiv zu kompensieren sind. Die Spieler werden gezwungen, Zusammenhänge zwischen dem äußeren Verhalten und den Lebensproblemen der Personen herzustellen, wobei sie auf eigene Erfahrungen zurückgreifen müssen. Um das Problem gestisch an die Lebenssituation und die Perspektive der Person zu binden, wird es als Gedanke während einer Tätigkeit ausgesprochen, die in ihrem Lebenszusammenhang eine Rolle spielt. Diese Tätigkeit erinnert die Spieler an eigene Szenen und Tätigkeiten und erweitert das Wissen über die Personen über das hinaus, was in der Szene angedeutet wird.

▶ Interviews geben

Überlegt euch, wo ihr in eurer Rolle von einer anderen Person interviewt werden wollt. Bildet Paare. Ein Partner legt den Ort fest (und baut ihn auf), an dem er befragt werden will und nimmt seinen Platz ein. Deine Partnerin interviewt dich: Sie fragt nach Alter, Beruf, Familie, Lebensgefühl, Selbst- und Fremdbild usw. Bemühe dich die Fragen so genau wie möglich aus der Rolle heraus zu beantworten. Die Interviewerin fasst anschließend ihre Vorstellung von deiner Rolle zusammen. Sie kann sie auch im Plenum demonstrieren. Wechselt anschließend die Rollen.

Kommentar: Beim Interview können sich die Spieler nach und nach in die innere Welt der Person hinein erzählen. Da Antworten aus der Rolle heraus gegeben werden, kann der Übergang von der Außenperspektive zur Ich-Perspektive bewusst vollzogen werden. Dabei werden das Wissen und die Vorstellung von der Person zunehmend mit eigenen Erlebnissen, Phantasien und Gedanken angereichert, sodass Person und Spieler zumindest in Teilen verschmelzen.

In Situationen einfühlen

▶ Dialog-Texte szenisch lesen

Ihr sitzt im Kreis. Lest den Text, indem ihr reihum jeweils einen Satz vortragt. Erprobt dabei unterschiedliche Intonationen. Stellt dann Stühle in den Raum, die unterschiedliche Rollen aus dem Text repräsentieren. Nehmt auf den Stühlen Platz und lest den Text mehrmals mit verteilten Rollen. Wechselt dabei die Rollen und erprobt unterschiedliche Haltungen. Sucht danach für die Rolle, die ihr gelesen habt, einen Ort, der ihre Beziehung zu den anderen Rollen zum Ausdruck bringt, und setzt euch dort auf einen Stuhl. Begründet eure Entscheidung aus der Rolle heraus. Lest den Text nochmals mit verteilten Rollen und überprüft eure Entscheidung, wobei ihr die Beziehung zu den anderen Personen jetzt auch über Intonation, Blickkontakte und Gesten sichtbar machen könnt.

Kommentar: Beim szenischen Lesen können Intonationen ausprobiert werden, die unterschiedliche Haltungen und Bedeutungen sichtbar machen. Daraus entstehen Rollenvorstellungen, die die Beziehungen zwischen Personen bzw. Positionen definieren. Diese Beziehungen können als Beziehungen im Raum sichtbar gemacht und gestisch überprüft werden: als Zuordnung und Abgrenzung, als Nähe und Distanz.

▶ Szenen detailliert konkretisieren

Bildet Gruppen. Lest die Situationsbeschreibung, den Text oder seht euch das Bild an, aus dem ihr eine Szene entwickeln wollt. Beantwortet die W-Fragen: Wo spielt die Szene? Wie sieht der Ort aus? Wann spielt die Szene? Zu welcher Tageszeit? Zu welcher Jahreszeit? Wie ist das Wetter? Wie ist die Beziehung zwischen den Menschen, die hier zusammentreffen? Was führt sie zusammen? Was beschäftigt sie zur Zeit am meisten? Verteilt dann die Rollen.

Kommentar: Die Teilnehmenden machen sich zunächst gemeinsam ein grobes Bild von der vorgegebenen Szene. Diese Absprache ist notwendig, damit die folgende Einfühlung in die Rollen sich nicht auf unterschiedliche Szenen bezieht.

▶ Szenen in der Vorstellung durchspielen

Setzt euch auf einen Stuhl, entspannt euch und schließt die Augen. Stellt euch vor, ihr sitzt an einem festlich gedeckten Tisch: Was seht ihr? Was hört ihr? Ihr seid hungrig, endlich wird das Essen aufgetragen: Was seht ihr? Was hört ihr? Was riecht ihr? Was fühlt ihr? Was sagt ihr? Ihr esst: Was schmeckt ihr? Was riecht ihr? Was seht ihr? Wie fühlt ihr euch? Worüber redet ihr? Öffnet jetzt eure Augen. Sprecht über das, was ihr erlebt habt.

Kommentar: Die Phantasiereise (s. auch S. 39 f) führt die Spielerinnen in eine ganz konkrete Situation – hier ein Festessen. Die Impulse des Spielleiters stoßen die Phantasie an, lassen den Spielerinnen aber Raum, die Situation in ihrer Weise auszugestalten, wobei auch Geruchs- und Geschmackserinnerungen, die in der Regel einen hohen emotionalen Wert haben, angestoßen werden. Die Phantasiereise erschließt sinnliches Material für die spielerische Gestaltung einer Szene.

▶ Sich in Situationen einsprechen

Setz dich vor die Gruppe. Du sollst dich in eine Person einfühlen, die sich in einer bestimmten Situation befindet. Die Daten gibt dir der Spielleiter (oder die Gruppe) vor: Alter, Geschlecht, Beruf, Ort. Schließe die Augen und versetze dich in die vorgegebene Situation. Hast du eine ungefähre Vorstellung von deiner Rolle, öffne die Augen und gib ein Zeichen. Antworte jetzt aus der Rolle heraus auf Fragen, die dir die Beobachter zur Situation stellen: Was tust du gerade? Was siehst du? Was hörst du? Worüber redet ihr gerade? usw.

Kommentar: Werden die Fragen präzise auf die Situation zugespitzt gestellt und beziehen sie sinnliche Aspekte mit ein, gelingt es den Spielern schnell sich in die Situation auch sehr fremder Personen einzufühlen, ohne dabei in Aktion übergehen zu müssen. Die Fragenden erfahren dabei nicht nur etwas über (ungewöhnliche) Menschen und Situationen, sie lernen auch Fragen so konkret wie möglich zu stellen.

▶ Intentionen und Motive von Personen festlegen

Schreibt auf, mit welchen Motiven und Intentionen die Personen, die ihr spielen wollt, in der vorgegebenen Situation sprachlich und körperlich agieren.

Kommentar: Die Suche nach dem Subtext, d.h. nach dem, was in den Personen in einer Szene stattfindet, erleichtert Spielern den Zugang zu ihren Rollen und zum Spiel. Dabei vermischen sich Rolle und Spielerin, sodass das anschließende Spiel die Vorstellungen der Spielenden interpretiert.

▶ Gedanken und Gefühle festlegen

Geht die Szene durch und schreibt auf, was die Person, die ihr spielt, in bestimmten Momenten denkt und empfindet. Überlegt dabei, in welchen äußeren Handlungen und Haltungen sich diese Gedanken und Gefühle ausdrücken. Erprobt für euch solche Haltungen.

Kommentar: Die Suche nach und die Festlegung von Gedanken und Gefühlen in der Szene zwingt die Spielerinnen sich in die Wahrnehmungs- und Erlebniswelt der Personen hineinzudenken. Indem sie diese auch gestisch festlegen, verankern sie Gedanken und Gefühle im Handlungsrepertoire der Person, die sie spielen.

▶ Körperliche Handlungen begründen

Schreibt auf, was die Person (Personen), die ihr spielen wollt, an welcher Stelle während der Szene tut (tun), und begründet die Handlungen, z.B. so: Peter „raucht heimlich“, *weil* ... er sich dabei groß fühlt, zumal Hitlerjungen nicht rauchen dürfen. / Peter fordert Hans auf, ihm schnell Feuer zu geben, *weil* ... er gesehen hat, dass sie unbeobachtet sind. / Peter „tritt die Zigarette aus“, *weil* ... er die Hände frei haben will, um das jüdische Mädchen aufzuhalten und zu verprügeln, das auf sie zu kommt.

Kommentar: Das Verfahren kann auch als Interpretationsverfahren verwendet werden. Die Teilnehmer begründen dann die physischen Handlungen einzelner oder aller Personen, vergleichen im Plenum die Begründungen und diskutieren die unterschiedlichen Haltungen, die den Personen unterstellt werden. Die Begründung der physischen Handlungen zwingt dazu, sich die konkreten Haltungen und Handlungen der Personen in der Szene bewusst zu machen, wobei sie nicht nur den Handlungsanweisungen, sondern auch den sprachlichen Äußerungen gestische Hinweise entnehmen müssen. Dabei werden die physischen Handlungen als materielle Basis von Interaktionen und Beziehungen innerlich motiviert und in ihrer sozialen Wirkung wahrnehmbar. Indem sie den Sprechakten

Handlungen unterlegen, entdecken sie die Sprache als „Werkzeug des Handelns" (Brecht), die ihre gestische Energie aus den zu Grunde liegenden Handlungen und Beziehungen gewinnt. Darüber hinaus kann den Spielern bewusst werden, wie „bewusstlos" sie im Alltag und in Konfliktsituationen mit ihrem Körper und ihren Körpergefühlen umgehen.

▶ Körperliche Handlungen von Personen erproben

Spielt die Szenen von den körperlichen Handlungen her durch. Benutzt dabei eigene Worte. Überlegt nach jedem Spiel, ob eure Darstellung der geplanten Szene entspricht.

Kommentar: Das Erspielen der körperlichen Handlungen begründet die Szene körperlich und legt ihr Handlungsmuster fest. Haltungen, Handlungen und Interaktionsmuster erinnern an analoge eigene Szenen und Konstellationen und machen erfahrbar, dass die situativen Bedingungen das innere und äußere Verhaltensrepertoire der Personen (und der Spieler) nur teilweise abrufen und zulassen. Sind die physischen Handlungen klar, wird auch der Gestus der Sprache getroffen, sodass vorgegebene Äußerungen ihren spezifischen Sinn erhalten.

▶ Sprachliche Handlungen begründen

Macht euch klar, was die Person, deren Rolle ihr übernommen habt, in der Szene sagt. Legt fest, wie (mit welchen Gefühlen und Intentionen) sie sich sprachlich äußert. Schreibt den Gestus, mit dem sie jeweils spricht, vor die Äußerung und begründet die Sprechhandlung wie im folgenden Beispiel: Der Kuli sagt *verzweifelt:* Herr, ich weiß den Weg nicht weiter ..., *weil er den Weg wirklich nicht kennt.* Der Kaufmann antwortet *empört, weil er sich auf den Kuli verlassen hat.*

Kommentar: Indem die Teilnehmer die Sprechhandlungen begründen, suchen sie nach den Motiven der Personen in der Situation: Sprache wird damit Werkzeug des Handelns, wobei deutlich wird, dass sehr unterschiedliche innere Haltungen denkbar sind.

▶ Sprachliche Handlungen erproben

Lest oder erspielt die Szene rein sprachlich. Achtet dabei vor allem auf den Gestus, mit dem ihr sprecht und argumentiert. Versucht dabei Gesten und Handlungen zu finden, die zu eurer Sprache passen. Sagt nach dem szenischen Lesen bzw. dem Spiel, ob ihr euren Intentionen entsprechend agiert habt.

Kommentar: Auch wenn die Gefahr besteht, dass sich die sprachlichen Handlungen von den körperlichen ablösen und damit an gestischer Qualität und Ausdruckskraft verlieren, hilft die Übung den Spielern sich das sprachliche Handeln ihrer Personen bewusster zu machen, es innerlich zu motivieren und einzuprägen, sodass es im Handlungskontext nicht verloren geht. Das ist besonders dort wichtig, wo die Sprache und die Ausdrucksweise den Spielern fremd ist.

▶ Handlungsort aufbauen und beschreiben, Positionen suchen

Baut gemeinsam mit Hilfsobjekten (Tischen, Stühlen) den Handlungsort auf und beachtet dabei die Größe und Gestaltung des Raumes. Die letzte Entscheidung darüber fällt dabei der Spielerin derjenigen Person, der der Raum gehört. Diese beschreibt im Anschluss daran – vom Spielleiter durch Fragen angeregt – den Raum genau. Sucht dann den Ort, an dem sich die Person, die ihr spielt, während der Szene überwiegend aufhält, und sagt aus der Rolle heraus, warum ihr diesen Platz gewählt habt und wie eure Beziehung zu den anderen Personen ist.

Kommentar: Bei Aufbau und Beschreibung des Raumes durch die Protagonistin (s. S. 41 ff) werden differenzierte Raum- und Situationsvorstellungen angeregt und entwickelt, die das zu Grunde liegende Milieu umreißen. Der Platz, den die Personen in diesem Raum wählen, sagt nicht nur etwas über ihre Gewohnheiten, sondern auch über ihre Beziehungen zu den anderen Personen aus. Es werden Konstellationen sichtbar, die die Teilnehmerinnen aus eigenen Erfahrungen kennen.

▶ Szenen aus der Rolle heraus improvisieren

Versetzt euch in die Lage der Person, in die ihr euch eingefühlt habt, und handelt aus der Rolle heraus in den vom Spielleiter vorgegebenen Situationen. Unterbrecht eure Handlung, wenn der Spielleiter „Stopp" ruft, und sagt, was eure Person gerade denkt. Gibt der Spielleiter eine neue Situation vor, die im Anschluss an die erste an einem anderen Ort stattfindet, baut den Ort auf und improvisiert auch diese aus eurer Rolle heraus. Spielt nacheinander verschiedene Szenen. Erzählt dann aus der Rolle heraus, was ihr erlebt habt.

Kommentar: Bei der vom Spielleiter geführten Improvisation müssen sich die Teilnehmer in ihren Rollen immer wieder mit neuen Situationen und Personen konfrontieren, wobei sie durch die Gedanken-Stopps gezwungen werden, die Situation immer wieder zu reflektieren. Die Improvisation erweitert die Vorstellung und das Wissen um die Haltungen und Beziehungen der Person. Die abschließende Verarbeitung der Erlebnisse integriert das Geschehen in eine Perspektive und gibt der Person eine Identität.

▶ Situation der Personen vor Beginn der Szene erkunden

Überlegt euch, was die Person, die ihr spielen wollt, vor der Szene an welchem Ort tut. Begebt euch an diesen Ort und agiert dort eurer Rolle entsprechend. Sagt im Gespräch mit dem Spielleiter, was ihr gerade tut, was euch dabei beschäftigt und was ihr gleich vorhabt.

Kommentar: Die Szene entwickelt sich aus den Haltungen und Handlungen von Personen, die schon vor Beginn der entworfenen Situation existieren. Über die Aktionen vor der Szene bauen die Spieler die inneren Haltungen ihrer Personen auf, aus denen sich die nachfolgenden Aktionen logisch ergeben. Um die Haltungen zu präzisieren und zu vertiefen, greift der Spielleiter in die Handlungen ein und animiert die Spieler im Rollengespräch sich aus der Rolle heraus über die momentane Situation, das eigene Tun und das eigene Befinden zu äußern (s. S. 51 ff) Dabei kann er dort, wo sich die Spieler ihrer (historisch bzw. sozial möglichen) Rolle nicht bewusst sind oder sich ihr entziehen wollen, die Rolle einer Konfrontationsperson übernehmen, die versucht ein anderes Verhalten zu provozieren.

▶ In der Szene handeln

Spielt die Szene. Misslingt das Spiel, weil bestimmte Handlungen und Äußerungen vergessen wurden oder Spieler Handlungsblockaden haben, könnt ihr das Spiel wiederholen. Der Spielleiter und die Beobachter werden euch immer wieder an Rollensegmente und Intentionen erinnern. Sie können euch – wenn ihr wollt – auch als Hilfs-Ich begleiten und euch zur Handlung animieren.

Kommentar: Auch wenn sich die Spieler intensiv in die Rollen eingefühlt haben, entstehen beim ersten Spiel, häufig noch bei weiteren Spielversuchen, immer wieder Irritationen, Brüche und Handlungsschwierigkeiten – vor allem dort, wo körperliches und sprachliches Handeln zusammenkommen müssen. Diese Brüche haben etwas mit Brüchen in der Haltung der Spieler zu tun und müssen als Teil der Rolle akzeptiert oder in wiederholten Spielversuchen gemildert werden. Dabei kann die Hilfe durch Spielleiter oder Beobachter von entscheidender Bedeutung sein: Sie erinnern durch Fragen, Rollengespräche oder als Hilfs-Ich an die Intentionen und Verhaltensmöglichkeiten und helfen Widerstände aufzugeben und zu überwinden.

▶ Bewusste Gedanken und Gefühle während der Szene aussprechen (Gedanken-Stopps)

Lest (oder spielt) die Szene. Wenn der Spielleiter oder die Beobachter „Stopp" rufen, erstarrt in euren Haltungen und sprecht aus der Haltung heraus Gedanken und Gefühle eurer Personen aus, indem ihr vor euch hin monologisiert, was die Person gerade denkt.

Kommentar: In Momenten, in denen das Spiel durch Stops unterbrochen wird, werden die Spielenden gezwungen, sich die momentanen Wahrnehmungen, Gedanken und Befindlichkeiten ihrer Person bewusst zu machen und sie auszusprechen. Damit wird eine rein äußerliche Darstellung verhindert, äußeres Verhalten wird subjektiviert, das artikulierte Befinden motiviert wiederum das Verhalten.

▶ **Personen mit unterdrückten Gefühlen und Wünschen konfrontieren**

Der Spielleiter (oder eine Teilnehmerin, die glaubt, die heimlichen Wünsche und Gefühle einer Person zu kennen) übernimmt die Rolle des Hilfs-Ichs: Setze bzw. stelle dich hinter die Person und spreche während des Spiels immer wieder in der Ich-Form aus, welche geheimen Wünsche und Gefühle die Person im Moment bestimmen. Dabei kannst du das Verhalten der Person verstärken und sie zur Handlung drängen.

Kommentar: Gerade in kritischen Situationen zeigt man nach außen hin häufig ein anderes Verhalten, als man sich innerlich wünscht. Wut, Hass, Ärger, Gewaltphantasien, aber auch Wünsche nach Liebe, Nähe, Sexualität, Zärtlichkeit usw. werden zurückgehalten. Indem das Hilfs-Ich solche Gefühle ausspricht, macht es nicht nur Ambivalenzen, Widersprüche und Unkontrolliertes öffentlich, es hilft den Spielern auch die Rollen zu differenzieren, Gefühle zu klären und neue Verhaltensmuster zu erproben.

3.3 Szenisches Reflektieren

Soziale Situationen und die Handlungen, Haltungen und Beziehungen, die Personen in ihnen aufbauen und zeigen, können in Entstehung, Verlauf und Wirkung untersucht werden, wenn die Handlung unterbrochen, ausgestellt und kommentiert wird. Sowohl Spieler, die in der Situation agiert haben, als auch die Beobachterinnen können zeigen, wie sie bestimmte Momente, Handlungen und Interaktionen wahrgenommen haben und deuten. Bei der szenischen Reflexion spielen vor allem die Beobachterinnen eine gewichtige Rolle: Sie sehen das Geschehen von außen, können Zustände, Handlungen und Haltungen im Wechselspiel beobachten und Beziehungsstrukturen entdecken. Und sie können mit szenischen Mitteln das Beobachtete zeigen, spiegeln und diskutieren. Die szenischen Reflexionshandlungen, die im Folgenden zusammengestellt werden, richten sich auf unterschiedliche Aspekte des sozialen Geschehens. Dabei wird zwischen der Rollenreflexion, bei der Spieler sich aus der Rolle heraus mit Ereignissen, Personen und dem eigenen Verhalten auseinander setzen können, Beobachterreflexionen, in denen die Beobachtenden ihre Wahrnehmungen und Interpretationen darstellen können, und Spielerreflexionen unterschieden, mit denen die Spielenden ihre Erlebnisse während des Spiels zeigen können.

Rollenreflexion

▶ **Über Erlebnisse sprechen**

Bleibt in eurer Rolle am Ort des Geschehens und sprecht mit dem Spielleiter über das, was ihr gerade erlebt habt, über euer momentanes Befinden und euer weiteres Vorhaben. Der Spielleiter steht euch als innerer Dialogpartner zur Verfügung.

Kommentar: Die Personen (und damit auch die Spieler) haben während der Szene etwas erlebt. Indem sie nach dem Spiel im Rollengespräch mit dem Spielleiter darüber sprechen, können sie wachgerufene Gefühle im Schutze der Rolle benennen und verarbeiten, das Geschehene perspektivisch deuten und aus einer Szene eine subjektiv erlebte Geschichte entwickeln, die sich von den Geschichten der anderen unterscheidet.

▶ Erlebnisse in Gesprächen mit anderen Personen verarbeiten

Bleibt in euren Rollen. Ihr könnt gleich mit euch vertrauten bzw. bekannten Personen über das, was ihr in der Szene erlebt habt, sprechen. Dabei könnt ihr eigene Gefühle benennen, ein Problem klären, das eigene Verhalten rechtfertigen, euch selbst darstellen, euch Hilfe holen usw. Ihr könnt euch selbst entscheiden, wo ihr mit wem sprechen wollt, der Spielleiter kann euch aber auch, wenn das vom Verlauf des Geschehens her geboten ist, Situationen und Personen vorgeben. Zu Beginn der Rollengespräche, während dieser und danach hilft euch der Spielleiter immer wieder eure Gedanken, Empfindungen und Motive bewusst zu machen. Versteht ihr in eurer Rolle ein Problem nicht oder wisst ihr keine Lösungsmöglichkeit, könnt ihr auch die Beobachter um Rat fragen.

Kommentar: In Rollengesprächen können die Personen ihre Erlebnisse verarbeiten. Wie sie das tun, hängt nicht nur vom Gesprächspartner, sondern auch von den Situationen ab. Häufig verhindert das Fehlen von Kommunikationspartnern ein differenziertes Verstehen: Der Blick wird verkürzt, Abwehrprozesse und Vorurteile werden verstärkt. In anderen Fällen können Gespräche mit wichtigen Menschen emotionale Nähe und Sicherheit herstellen, die selbstreflexive Prozesse in Gang bringen können. Rollengespräche können helfen emotional bewegende Erlebnisse zu Erfahrungen werden zu lassen oder auch abzuwehren. Das gilt sowohl für die Personen als auch – im Schutze der Rollen – für die Spieler.

▶ Über Gefühle in und nach einer Szene sprechen

Bleibt in eurer Rolle. Denkt nacheinander im Rollenmonolog öffentlich über das nach, was soeben abgelaufen ist, welche Gefühle das bei euch ausgelöst hat und wie ihr weiter mit der Situation umgehen wollt. Dabei könnt ihr eure Gefühle körperlich, sprachlich sowie durch Intonation zum Ausdruck bringen. Der Spielleiter kann als Hilfs-Ich hinter euch sitzen und die Gefühle aussprechen, die ihr abwehrt, nicht wahrhaben wollt bzw. verdrängen wollt.

Kommentar: Im Monolog (s. S. 51) deuten sich die Personen (bzw. die Spieler) ambivalente und schwierige Situationen zurecht. Bedrohliche Gefühle werden abgewehrt, einfache Lösungen und identitätsstützende Erklärungsmodelle werden favorisiert. Indem der Spielleiter als Hilfs-Ich vergessene, verdrängte, ungeliebte, aber auch ersehnte Empfindungen, Phantasien und Gedanken anspricht, werden die Spielerinnen angehalten, die Person zu differenzieren, widersprüchlicher zu erleben und andere Reaktionen und Lösungen zu denken und zu empfinden. Dabei lassen sie sich auf Ambivalenzen ein, die sie möglicherweise kennen, ohne produktiv mit ihnen umgehen zu können.

▶ Kränkungen, Verletzungen und Hochgefühle aussprechen

Bleibt in eurer Rolle. Geht spazieren, fahrt im Auto, sitzt zu Hause auf dem Sofa oder geht eurer Arbeit nach und denkt dabei an die Szene, die ihr gerade erlebt habt. Sprecht laut aus, was euch in der Szene besonders berührt (gekränkt, geärgert, gefreut) hat, was ihr nicht gesagt bzw. getan habt, aber hättet sagen oder tun sollen, was ihr einer Person unbedingt noch sagen wollt.

Kommentar: In vielen kritischen Situationen handeln wir spontan anders, als wir das im Nachhinein am liebsten getan hätten. Durch den Verlauf des Geschehens und unser eigenes Verhalten gekränkt spielen wir immer wieder durch, was wir hätten tun sollen. Die Übung gibt den Spielern in ihren Rollen die Möglichkeit Alternativen zu phantasieren, auch wenn es schwer fällt, sie umzusetzen

▶ Zurückgehaltene Gefühle ausagieren

Bleibt in euren Rollen. Ihr könnt jetzt Gefühle, die das Verhalten bestimmter Personen bei euch ausgelöst haben, ausagieren. Dieser Stuhl in der Mitte repräsentiert die Person, der ihr euer Gefühl zeigen wollt. Wenn sie will, kann die Person selbst darauf Platz nehmen. Äußert euer Gefühl, drückt es körperlich und sprachlich aus. Ihr müsst keine Sanktionen befürchten.

Kommentar: Gefühle der Wut und Verzweiflung, die eine Szene bzw. das Verhalten einer anderen Person wachruft, können ausagiert und so bewusst gemacht werden. Hat die angesprochene Person die Möglichkeit auf diese Wut zu reagieren, können die Spielenden erfahren, dass es vielleicht das eigene Verhalten (und nicht das Verhalten der Person) ist, das diese Wut hervorruft.

▶ Bilder von den anderen Personen zeigen

Bleibt in euren Rollen. Zeigt mit Standbildern das Bild, das ihr durch die Szene von bestimmten Personen entwickelt habt. Drückt eure Position gegenüber dem Bild durch eine Haltung aus und begründet diese im Gespräch mit dem Spielleiter.

Kommentar: Die Interaktion mit Menschen bestätigt bzw. verändert unsere Wahrnehmung und Einschätzung ihrer Person. Gerade in kritischen Situationen, in denen wir in unserem Verhalten in Frage gestellt werden, neigen wir dazu, anderen zuzuschreiben, was wir an uns nicht wahrnehmen wollen. Indem die Spieler aus ihren Rollen heraus zeigen, welches Bild sich ihre Person in der Situation von anderen Personen gemacht hat, geben sie nicht nur Auskunft über handlungsleitende und -rechtfertigende Bilder, sondern können auch erfahren, in welchem Ausmaß die Konstruktion von Fremdbildern das Selbst stabilisiert.

▶ Eigenes Verhalten rechtfertigen

Bleibt in euren Rollen. Setzt euch nacheinander auf einen Stuhl vor die Gruppe und rechtfertigt euer Verhalten in der Situation folgendermaßen: *„Ich gebe zu,* was ich da gemacht habe, das war nicht gerade fair ..., *aber* auf der anderen Seite ..."

Kommentar: Gegen die Tendenz, ein widersprüchliches Verhalten im Nachhinein als eindeutig und logisch auszugeben und zu rechtfertigen, werden die Personen (und die Spielerinnen) durch die Vorgabe des Musters angehalten, ihr Verhalten als widersprüchlich wahrzunehmen, darzustellen und zu rechtfertigen. Dabei greifen die Spieler auf Rechtfertigungsmuster zurück, die sie von sich und anderen kennen und deren Funktion für die Aufrechterhaltung der eigenen Identität ihnen deutlicher werden kann.

▶ Eigenes Verhalten in der Szene verteidigen

Bleib in deiner Rolle. Nimm Platz und setze dich einer Befragung bzw. einem Verhör durch die Gruppe aus. Die Gruppe kann alle Fragen stellen, kann mit ihren Fragen auf Widersprüche hinlenken, kann provozieren und in die Enge treiben, aber sie darf keine Stellung beziehen. Du musst alle Fragen aus deiner Rolle heraus beantworten.

Befragung der Person durch Beobachter

Kommentar: Durch die Befragung wird die Person (und die Spielerin) gezwungen, sich kritischen Fragen zu stellen, über die sie noch nicht nachgedacht hat, die sie abgewehrt hat, weil sie sie in Frage stellen. Indem sie ihr Verhalten verteidigen und rechtfertigen, differenzieren und stabilisieren sie ihre Haltung gegenüber den anderen Personen. Dabei wird den Spielerinnen deutlich, welche Stabilisierungs- und Schutzfunktion das Bestehen auf bestimmten Rollen und Ideologien haben kann.

▶ Eigenes Verhalten aus fremder Perspektive wahrnehmen

Tauscht die Rolle mit einer Person, mit der ihr in der Szene nicht zurechtgekommen seid. Spielt die andere Rolle so, wie ihr sie vorher wahrgenommen habt. Sagt im Anschluss, wie ihr aus dieser Perspektive eurer eigenes Verhalten in der betreffenden Situation wahrgenommen habt.

Kommentar: Eigene Projektionen und die Wirkungen des eigenen Verhaltens können häufig nur durch einen Rollentausch bewusst werden: Nicht nur, dass man sich dann von außen wahrnehmen kann, man fühlt sich auch in die Perspektive des Gegenübers ein und lernt dessen Position besser kennen.

▶ Eigenes Verhalten aus fremder Perspektive bewerten

Bleibt in euren Rollen. Sagt, mit welcher Person ihr in der Szene Schwierigkeiten hattet. Schließt die Augen und versetzt euch in die Person: Wie sieht sie euch? Setzt euch dann zu zweit gegenüber. Einer beginnt: Sag dem Partner, der deine Rolle übernimmt, aus der Perspektive der anderen Person die Meinung. Der Angesprochene schweigt und sagt anschließend, was für ein Problem die Person mit dir hat. Wechselt dann die Rollen.

Kommentar: In Menschen, mit denen wir Probleme haben, fühlen wir uns selten ein. Weil wir nicht wahrhaben wollen, wie sie uns sehen, weil wir Angst vor Kritik bzw. Liebesverlust haben, unterstellen wir ihnen Verhaltensweisen, die uns erlauben sie abzulehnen. Indem die Spieler der Person, die sie gespielt haben, aus der Perspektive einer anderen ungeliebten Person die Meinung sagen, bekommen sie nicht nur einen Außenblick auf die Rolle, die sie gespielt haben, sondern auch auf das Verhalten, das sie im Spiel der Rolle gezeigt haben.

▶ Beziehungen in der Szene zeigen

Bleibt in euren Rollen. Zeigt mit einer Statue, wie ihr die Beziehung zwischen den Personen in der Situation seht (bzw. wie ihr euch die Beziehung wünscht). Baut die anderen Personen in Körperhaltung, Gestik, Mimik und Distanz auf und baut euch dann in die Beziehungsstatue ein. Beschreibt aus dieser Position heraus im Gespräch mit dem Spielleiter die tatsächlichen bzw. die Wunschbeziehungen zwischen den Personen und wie ihr euch in der Beziehungskonstellation seht.

Kommentar: Durch Beziehungsstatuen aus der Perspektive einzelner Personen können Selbst- und Fremdwahrnehmung in Bezug auf die beteiligten Personen, aber auch die im Spiel festgestellten Sympathien und Antipathien herausgearbeitet werden. In der Darstellung der Beziehungswünsche werden Kränkungen, Konflikte, Unterwürfigkeit, Widerstände und Abwehrprozesse in ihrer inneren Dynamik verständlich.

▶ Eigene Position in der Gruppe bestimmen

Bleibt in euren Rollen. Sucht den Ort und die Haltung im Raum, die eure Position in der Gruppe und gegenüber den anderen Personen zum Ausdruck bringt. Verändert Ort und Haltung so lange, bis Nähe bzw. Distanz, Körperhaltung und Blickrichtung einigermaßen stimmen. Sagt dann nacheinander im Gespräch mit dem Spielleiter, warum ihr diesen Platz gewählt habt und welche Beziehung zu den anderen Personen ihr ausdrücken wollt. Wollt ihr eure Stellung in der Gruppe genauer wahrnehmen, könnt ihr euren Platz verlassen, Abstand nehmen und von außen sehen und beschreiben, welchen Ort im sozialen Gefüge ihr einnehmt. Der Spielleiter übernimmt eure Position. Im Anschluss daran könnt ihr in gleicher Weise ein Soziogramm entwickeln, das sichtbar macht, wie ihr euch die Beziehung zueinander wünscht.

Beziehungsstrukturen (Soziogramm)

Kommentar: Indem die Spieler in ihren Rollen ihre aktuelle bzw. gewünschte Position in der Gruppe und in Bezug auf die anderen Personen suchen, machen sie sich mögliche Sympathien und Antipathien, Nähe- und Fremdheitsgefühle, Selbst- und Fremdbilder ihrer Personen genau so bewusst, wie sie die der anderen Personen und deren Wahrnehmung erfahren. Die in den Rollen ausgedrückten Beziehungen weichen von den realen Beziehungen der Spielenden untereinander ab. In den realen bzw. gewünschten Beziehungskonstellationen können sie darüber hinaus Beziehungsmuster wahrnehmen und in ihrer Wirkung begreifen, die sie aus Alltagssituationen kennen.

▶ Stellung nehmen

Bleibt in eurer Rolle. Zeigt mit Hilfe von Standbildern zugespitzte Situationen, Beziehungskonstellationen oder Haltungen, zu denen ihr Stellung nehmen wollt. Sucht dann einen Ort und eine Haltung, die euren Standpunkt deutlich sichtbar machen. Begründet diese Haltung im Gespräch mit dem Spielleiter.

Kommentar: Durch das zugespitzte Standbild und das Entwickeln einer eigenen Haltung muss die Spielerin in der Rolle Position beziehen und ihre Kritik konkretisieren.

Beobachterreflexion

▶ Zentrale Momente der Szene zeigen

Zeigt mit Standbildern, wie ihr die Szene in einem bestimmten Moment wahrgenommen habt. Eine baut die Spieler so auf, wie sie sie gesehen hat, deutet das Geschehen und das Verhalten der Personen in dem Moment von außen, stellt sich dann nacheinander hinter die Personen und sagt, was sie in diesem Moment sagen und denken. Ihr anderen könnt dann, wenn ihr die Situation anders gesehen habt, das Standbild verändern und den Personen andere Gedanken zuschreiben.

Kommentar: Durch die Fixierung einzelner Momente des Geschehens und die Deutung der zugehörigen Gedanken durch die Beobachtenden können nicht nur unterschiedliche Wahrnehmungsweisen und Deutungen des Geschehens an konkreten Haltungen sichtbar gemacht und diskutiert werden. Die Spieler erfahren gleichzeitig, wie das im Spiel gezeigte Verhalten von anderen wahrgenommen und eingeschätzt wird.

▶ Haltungen und Beziehungen der Personen in der Szene beschreiben

Schreibt nach dem Spiel alles auf, was ihr bei den Personen beobachtet habt. Sagt dann nacheinander, wie ihr die Person/Personen, ihr Verhalten und ihre Beziehungen wahrgenommen habt.

Variation (bei Zeitmangel): Tragt eure Beobachtungen im offenen Gespräch zusammen.

Kommentar: Jede Wahrnehmung ist Gestaltwahrnehmung und kann nicht unmittelbar in die kausal-logische Sprache übersetzt werden. Beim assoziativen Aufschreiben bildet sich schnell die Gestalt einer Haltung heraus, in der Beobachtungen und Deutungen zusammenfließen, eine Gestalt, die nicht nur mit der beobachteten Person, sondern auch mit der Haltung der Beobachtenden zu tun hat.

Immer wieder geben einzelne Beobachterinnen an, keine neuen Haltungsaspekte mehr zu finden. Der Spielleiter sollte darauf achten, dass jede über ihre Wahrnehmungen spricht. Jede bringt neue Variationen und sei es nur durch eine andere Formulierung. Nach und nach entsteht aus den Wahrnehmungsvariationen die Gestalt einer Haltung, die als kollektiv gefundene Gestalt sehr genau sein kann.

Das offene Feedback setzt eine Beobachtergruppe voraus, die Erfahrungen mit Haltungsbeobachtung und -beschreibung gesammelt hat. Bei Anfängern bleibt ein solches Feedback oberflächlich und wird von den wenigen Geübten bzw. von Vielrednern dominiert, woraus Spannungen in der Gruppe entstehen können.

▶ Haltungen und Beziehungen der Personen demonstrieren

Beobachtet arbeitsteilig das Verhalten der verschiedenen Personen in der Szene. Konzentriert euch auf die einzelnen Personen, ohne dabei die anderen aus dem Blick zu verlieren. Beschreibt dann nacheinander, wie ihr das Verhalten der einzelnen Personen wahrgenommen habt, welche Wirkung es auf andere gehabt hat und wie ihr es selbst erlebt habt. Bezieht zum Schluss die Haltungsbeschreibungen der verschiedenen Personen aufeinander und analysiert die Wechselwirkung.

Kommentar: Nach anfänglicher Hilflosigkeit entsteht bei diesem Vorgehen nach und nach ein sehr genaues Bild von den Haltungen der Personen in der Szene, zumal Beobachtungen Einzelner aufgegriffen und durch neue Assoziationen erweitert werden. Das arbeitsteilige Vorgehen hat sich vor allem bei Anfängern bewährt. Die Konzentration auf einzelne Personen lenkt den Blick, gibt Verantwortung und reduziert die Komplexität der Szene. Allerdings kann das auf Kosten der Wahrnehmung der Beziehungskonstellation und der Gesamtsituation gehen. Der Spielleiter sollte deshalb darauf achten, dass die Haltungen der Personen zum Schluss tatsächlich aufeinander bezogen werden.

▶ Gedanken bei bestimmten Körper- und Sprechhaltungen spiegeln

Ihr habt das Verhalten einer Person in der Szene beobachtet. Geht nacheinander nach vorne, zeigt eine Körperhaltung, die ihr bei ihr beobachtet habt, und sagt aus dieser Haltung heraus, was die Person in diesem Moment gerade gedacht haben könnte.

Variation: Demonstriert, mit welcher Sprechhaltung die Person eine bestimmte sprachliche Äußerung gemacht hat, und sagt danach, welche Gedanken ihr dabei durch den Kopf gegangen sein könnten.

Kommentar: Die Deutung der inneren und äußeren Haltung einzelner Personen gibt den Spielern ein Feedback. Die Beobachter zeigen, wie sie die Körper- und Sprechhaltung wahrgenommen haben und welche innere Haltung sie unterstellen. Das Spektrum der Zuschreibungen differenziert in der Regel die Haltungen der Personen. Die Spieler erfahren, wie sie in dieser Situation gesehen wurden, wieweit die Zuschreibungen den eigenen Vorstellungen entsprechen, welche Zuschreibungen möglich sind und von ihnen bisher noch nicht gesehen wurden.

▶ Befinden von Personen spiegeln

Geht nacheinander nach vorne, stellt euch hinter die Person und drückt ihren inneren Zustand in einer Haltung aus. Geht anschließend alle vor die Person, nehmt eure Haltung ein und sagt einen Satz, der dieser Haltung entspricht.

Kommentar: Die Beobachter werden bei dieser Übung gezwungen, ihre Wahrnehmung der Person gestisch auf den Punkt zu bringen. Die Spieler erfahren, wie die von ihnen gezeigte Haltung wahrgenommen wurde und in welchem Verhältnis das zu ihrer Selbstwahrnehmung steht.

▶ Ambivalente innere Haltungen analysieren (Stimmenskulptur)

Baut die Person so auf, wie ihr sie generell oder in einem entscheidenden Moment der Szene erlebt habt. Überlegt euch jetzt, welche unterschiedlichen inneren Stimmen in diesem Augenblick auf sie eingesprochen und ihr Verhalten beeinflusst haben könnten. Geht dann nacheinander hinter die Person, übernehmt eine Stimme und sagt einen Satz, der ihr durch den Kopf gegangen sein kann. Gebt dem Satz durch Lautstärke und Intonation einen bestimmten Gestus. Bleibt hinter der Person stehen.

Sind genügend Stimmen zusammengekommen, werden sie vom Spielleiter abgerufen, koordiniert und kontrastiert: Er dirigiert die Stimmen, indem er auf die entsprechenden Repräsentanten zeigt, die dann ihren Satz sagen. Dabei kann er Akzente setzen und Deutungsangebote machen: Er kann die Reihenfolge der Stimmen variieren, einzelne Stimmen immer wieder und mehrmals hintereinander abrufen, widersprüchliche Stimmen bewusst kontrastieren usw. Die Spielerin, die die Person repräsentiert, konzentriert sich auf die Stimmen und prüft, inwieweit sie ihren eigenen Vorstellungen von der inneren Haltung der Person entsprechen. Anschließend sagt sie, welche Stimmen unpassend sind (sie werden herausgenommen), welche fehlen (sie werden von anderen Beobachtern übernommen und nach den Anweisungen der Spielenden eingebaut und gesprochen), welche wegen ihrer Bedeutung näher herangeholt bzw. anders gesprochen werden sollen, welche nach hinten gestellt werden sollen, weil sie nur am Rande eine Rolle spielen usw. Auch die Art, wie die Stimmen abgerufen werden, wird überprüft und den Vorstellungen der Spielerin angepasst. Dabei wird der Stimmenchor immer wieder geprobt, bis er den Vorstellungen der Spielerin entspricht.

Stimmenskulptur

Variation: Sollen die inneren Stimmen mehrerer Personen miteinander konfrontiert werden, müssen zunächst – möglicherweise arbeitsteilig in Gruppen – Skulpturen für die einzelnen Personen entwickelt werden. Anschließend kann der Spielleiter die Stimmen der sich gegenübersitzenden Personen abrufen, koordinieren, kontrastieren und konfrontieren, sodass das Geflecht innerer Beziehungen zwischen den Personen in der Situation sichtbar wird.

Kommentar: Mit Hilfe von Stimmenskulpturen können die Beobachtenden die inneren Haltungen der Personen differenziert deuten. Sie helfen den Spielerinnen darüber hinaus hervorragend Ambivalenzen in ihrer Person zu entdecken. In der Regel werden der Person Stimmen zugeschrieben, die die Spielerin (noch) gar nicht kennt, die ihr aber neue Aspekte öffnen. Die Stimmen können Personen und Sozialisationsinstanzen zugeordnet und in ihrer Herkunft verfolgt werden. Indem die Spielerin aus den zugeschriebenen Stimmen auswählen und Schwerpunkte setzen kann, schafft sie sich selbst Klarheit über die eigene Rolleninterpretation. Geht es um die Veränderung der Situation, können Stimmen verstärkt und korrespondierende Stimmen verfolgt werden.

▶ Generelle Haltungen ausstellen

Überlegt, an welche generellen Haltungen und Beziehungskonstellationen euch das Verhalten der Personen in der Szene erinnert. Erläutert dann eure Wahrnehmungen nach dem Muster: „Die Haltungen und die Beziehung der beiden Personen erinnern mich an eine Mutter-Tochter-Beziehung ..." und erläutert dann, was euch an dieses Muster erinnert.

Kommentar: Die Suche nach Übertragungshaltungen und -beziehungen erleichtert nicht nur das Entdecken und Beschreiben von Gestalten, sie hilft den Spielern auch Verhaltens- und Beziehungsmuster (wieder)zuerkennen, in die sie sich im Spiel begeben haben.

▶ Beziehungsstrukturen sichtbar machen

Zeigt das Beziehungsgefüge zwischen zwei Personen, indem ihr euch in entsprechenden Haltungen gegenüberstellt und eure Haltung durch einen Satz zum Ausdruck bringt. Stellt dann diese Beziehungskonstellation aus, indem sie nacheinander immer zwei Beobachter in schneller Folge nachahmen.

Kommentar: Die Fixierung und Vervielfältigung bestimmter Haltungen und Beziehungsstrukturen in einer Serie intensiviert die Wahrnehmung für Beziehungsmuster und stellt sie gestisch aus.

▶ Durch die Szene Erinnertes mitteilen

Hat die Szene euch an Erlebnisse erinnert oder Empfindungen geweckt? Sprecht nacheinander darüber und beschreibt die Anknüpfungspunkte in der Szene. Ihr könnt eure Erlebnisse in Standbildern oder durch Spielszenen darstellen. Sprecht über Gemeinsames und die Unterschiede zwischen der Szene und euren Erinnerungen.

Kommentar: Die Frage regt die Beobachter an die Szene auf sich wirken zu lassen und das wahrgenommene Geschehen im Horizont eigener Erlebnisse und Erfahrungen zu reflektieren. Eigene Erlebnisse werden nicht nur erinnert, sondern auch in ihrer Eigenart und Differenz zur Ausgangsszene erfahren.

▶ Auf Haltungen reagieren

Sagt nacheinander, wie die Haltungen der Personen in der Szene auf euch gewirkt haben und wie ihr auf ein solches Verhalten reagieren würdet.

Variation: Reagiert direkt auf das Verhalten von Personen in der Szene, indem ihr euch in einer entsprechenden Haltung ihnen gegenüber aufbaut und sie mit einem Satz ansprecht, der eure Einstellung zum Ausdruck bringt. Die angesprochene Person kann darauf mit einer Äußerung reagieren.

Kommentar: Die Aufgabe veranlasst die Beobachter, über die Wirkungen der Haltungen der Personen nachzudenken. Drücken sie ihre Position in einer Haltung und in einer direkten Ansprache aus, müssen sie diese auch gegenüber der Person verantworten. Aus der Antwort erfahren sie dann, wie die angesprochene Person reagiert. Die Spieler ihrerseits erhalten ein Feedback.

▶ Übergreifende Beziehungsstrukturen sichtbar machen

Zeigt und deutet die Haltungen und Beziehungen der Personen während einer Sequenz (an zentralen Stellen – möglicherweise auch aus der Perspektive einzelner Personen) mit Hilfe von Statuen. Dabei fixiert ihr nicht eine konkrete Situation, sondern – wie bei einem Denkmal – eine Beziehungsstruktur, bei der Nähe und Abstand, oben und unten, Körperhaltungen, Gesten und Blickrichtungen die Beziehungen der Personen zueinander symbolisieren. Eine Teilnehmerin baut zunächst eine Statue und deutet sie sprachlich, die anderen verändern sie bzw. bauen neue Statuen, wobei jede Veränderung begründet wird. Beendet wird die szenische Diskussion, wenn alle mit einem Bild einverstanden sind.

Kommentar: Statuen, die Beziehungen sichtbar machen sollen, können als sinnliche Begriffe verstanden werden: Entfernungen, Körperhaltungen, Gesten und Mimik drücken Eigenschaften und Beziehungen aus, die jeweils auch sprachlich expliziert werden müssen. Die Beobachter abstrahieren vom szenischen Geschehen und bemühen sich um den genauen gestischen Ausdruck von übergreifenden Haltungen, Mustern, Aussagen. Die Suche nach der angemessenen Beziehungsstatue (s. S. 68 f) wird zur szenischen Diskussion.

▶ Sozialen Gestus von Personen in einer Szene ausstellen

Geht nacheinander nach vorne und demonstriert überspitzt mit einer Körperhaltung die Einstellung, die die Person den anderen Personen gegenüber in der Szene gezeigt hat. Kommentiert die Haltung, die ihr dargestellt habt.

Kommentar: Die Überspitzung zwingt die Beobachter, ihre Wahrnehmung der Person auf den Punkt zu bringen und Stellung zu beziehen. Den Spielern zeigt sie, welcher Gestus der Person bei den Beobachter angekommen ist.

▶ Verhalten kritisieren bzw. historisieren

Kritisiert das Verhalten der Personen, indem ihr mit einem Standbild zeigt, wie sie sich in der Situation nach eurer Meinung bzw. vom heutigen Standpunkt aus hätten verhalten sollen, können oder müssen, und stellt anschließend in einem Standbild aus, wie sie sich dagegen tatsächlich verhalten haben.

Kommentar: Das Fixieren des „Nicht-Sondern", eine von Brecht im Rahmen der epischen Spielweise verwendete Technik, hält die Beobachter an, in der Auseinandersetzung mit dem historisch und kulturell fremden Verhaltensweisen nicht nur bei der Kritik stehen zu bleiben, sondern diese durch positive Gegenentwürfe auszustellen. Dabei thematisiert die „Kritik vom heutigen Standpunkt aus", also das, was Brecht historisieren genannt hat (vgl. Brecht 1980, S. 65), immer auch die vorgeschlagenen Verhaltensmuster der Beobachter und stellt sie zur Diskussion.

▶ Verhaltensmomente einer Szene demonstrieren

Demonstriert und interpretiert das Verhalten einer oder mehrerer Personen an einer bestimmten Stelle der Szene, indem ihr wie diese agiert und sprecht, dabei aber euer Spiel immer wieder unterbrecht und das gezeigte Verhalten kommentiert. Dabei wechselt ihr ständig die Rollen und verlangsamt, fixiert oder überdehnt das Verhalten an Stellen, die euch besonders wichtig erscheinen.

Kommentar: Mit der zugespitzten Demonstration bestimmter Handlungssequenzen bzw. -auschnitte können die Beobachter ihre Deutung gestisch konkretisieren und zur Diskussion stellen. Andere können ihre Sichtweise dagegensetzen usw. Durch den Wechsel von szenischer Demonstration und Kommentar können die Beobachter genauer auf diejenigen Aspekte der Szene hinweisen, die sie zu ihrer Deutung veranlassen. Es wird deutlich, dass sich Interpretationen häufig deshalb unterscheiden, weil sie sich auf unterschiedliche Momente komplexer Szenen beziehen.

▶ Verhalten nachahmen und spiegeln

Ihr habt das Verhalten dieser Person in der Szene gesehen. Übernehmt die Rolle und spielt sie in der gleichen Weise bei der Wiederholung des Spiels, sodass die bisherige Spielerin ihr Verhalten von außen beobachten kann. Haltet euch so genau wie möglich an das Vorbild. Die erste Spielerin nimmt anschließend Stellung.

Kommentar: Auch eine noch so präzise Beschreibung kann einem Spieler nicht genau vermitteln, wie er sich in der Rolle verhalten hat und auf welches Verhalten die anderen Personen reagiert haben. Durch den Rollentausch, also mit Blick von außen, ist die Wirkung der Rolle leichter zu begreifen.

Spielerreflexion

▶ Über Erfahrungen beim Spiel der Rolle sprechen

Wie habt ihr euch beim Spiel der Rolle erlebt? Was habt ihr wahrgenommen? Welche Gefühle hat das Spiel hervorgerufen? Sprecht auch über das, was ihr durch die Beobachter über euch und die Rolle erfahren habt.

Kommentar: Haben sich Spieler intensiv in ihre Rollen eingefühlt, zeigen sie darin meist mehr, als sie sich vorgenommen haben. Vom Handlungsdruck im Alltag entlastet, lassen sie Gefühlen freien Lauf. Sie können das eigene und das Verhalten anderer intensiver wahrnehmen und erleben. Hinzu kommt, dass das Verhalten, das sie im Spiel zeigen, von anderen wahrgenommen, gespiegelt und bewertet wird. Das alles berührt die Spieler intensiv, wobei sie häufig das Bedürfnis haben, zwischen sich und der Rolle, die sie gespielt haben, zu unterscheiden. Deshalb ist es wichtig, den Spielern Raum zu geben, über die Wahrnehmungen, Gedanken und Empfindungen, zu denen sie sich äußern möchten, zu sprechen.

▶ Differenzen zur Rolle darstellen

Zeigt mit Standbildern, wie sich die Person, die ihr gespielt habt, in einer bestimmten Situation verhalten hat und wie ihr euch anders verhalten würdet. Orientiert euch dabei an dem Muster: „In der Situation würde ich mich nicht so verhalten, wie es die von mir gespielte Person getan hat, sondern so: ..."

Kommentar: Das Bedürfnis von Spielerinnen, nicht mit der übernommenen Rolle identifiziert zu werden, ist vor allem bei denjenigen Rollen groß, die an eigene abgewehrte Phantasien und Verhaltenswünsche erinnern. Die Spieler sollten die Möglichkeit erhalten sich von der Person, die sie gespielt haben, abzugrenzen, wobei sie aber auch ihre Alternative aufzeigen sollten. Die Abgrenzung bietet Schutz vor der Identifikation mit Haltungen, die man an sich auch kennt, die man aber nicht öffentlich zeigen will.

▶ Erlebnisse bzw. Verhalten beschreiben und demonstrieren

Erinnert euch an Augenblicke, die euch beim Spiel am meisten berührt haben. Zeigt diese Momente im Standbild. Baut euch selbst mit ins Bild und sagt aus der Haltung heraus, was euch berührt hat.

Variation: Überlegt, an welche Situationen, Haltungen und Personenkonstellationen euch das, was ihr im Spiel erlebt habt, erinnert. Sprecht über die Erinnerung bzw. zeigt in Standbildern den Moment, der die Erinnerung auslöst, und die Szene, an die ihr euch erinnert. Sprecht über die damit verbundenen Gefühle, Empfindungen und Phantasien.

Kommentar: Die Intensität des Erlebens und die Aktivierung des Körpergedächtnisses und des szenischen Gedächtnisses während des Spiels erleichtern es den Spielerinnen sich an Situationen zu erinnern, in denen sie in vergleichbarer Lage waren. Die Darstellung solcher Situationen im Standbild kann das Muster sichtbar werden lassen, das im Spiel wieder entdeckt bzw. wiederholt wird.

3.4 Szenisches Verändern

Beim szenischen Spiel können die Teilnehmer erlebte und vorgestellte Rollen und Szenen rekonstruieren, erkunden und interpretieren. Dabei können sie nicht nur reale und mögliche soziale Situationen in ihren Voraussetzungen, Verläufen und Wirkungen erfahren, sie können sich im Schutz der Rolle die eigenen inneren und äußeren Haltungen und Verhaltensweisen in solchen Situationen bewusst machen. Damit sind Voraussetzungen für die Veränderung solcher Haltungen geschaffen: Häufig genügt es sich im Spiel das eigene Verhaltensmuster bewusst gemacht zu haben, um in einer analogen Realsituation in der Lage zu sein Alternativen wahrzunehmen und möglicherweise zu erproben. Wenn im Folgenden unter dem Stichwort „verändern“ Spielverfahren beschrieben werden, mit denen neue und alternative Lösungen und Verhaltensweisen erprobt werden können, so muss vor zu großen Hoffnungen gewarnt werden: Im Spiel können Alternativen entdeckt und erprobt werden, das Handeln in Alltagssituationen hängt in der Regel von so vielen subjektiven und objektiven Bedingungsfaktoren ab, dass es sich erst nach und nach verändern kann.

▶ Konflikte lösen

Bildet Gruppen. Erarbeitet Konfliktsituationen, die zu keiner Lösung führen, spielt die Szene dann im Plenum vor und analysiert gemeinsam Entstehung und Auswirkung des Konflikts. Wiederholt dann das Spiel. Die Beobachter unterbrechen das Spiel an Stellen, an denen sie Eingriffsmöglichkeiten sehen, übernehmen die Rolle einer Person mit dem Ziel eine Lösung des Konflikts herbeizuführen, wobei die anderen Spieler ihre Rolle beibehalten. Sprecht nach dem Spiel über eure Gedanken und Ziele beim Spiel: Was wolltet ihr erreichen? Was waren die Handlungsbedingungen? Wie habt ihr die anderen Personen eingeschätzt? Wie erfolgreich war eure Strategie? Die Mitspieler sagen danach, wie sie das Verhalten des neuen Spielers wahrgenommen haben und welche Empfindungen das bei ihnen ausgelöst hat. Die Beobachter sagen schließlich, wie sie diese Verhaltensvariation wahrgenommen haben und beurteilen.

Kommentar: Die Analyse von sozialen Konfliktsituationen kann die Mechanismen aufdecken, die den Konflikt provozieren und aufrechterhalten. Lösungen können aber nur durch das praktische Eingreifen von Personen in die Situation herbeigeführt oder vorbereitet werden. Dabei spielt der Moment des Eingreifens und vor allem auch die Art und Weise, in der das geschieht, eine große Rolle. Beim oben beschriebenen Vorgehen können unterschiedliche Eingriffsmöglichkeiten erprobt und auf ihre Wirkung hin überdacht werden, wobei davon ausgegangen wird, dass wirkungsvolle Lösungen nicht generell, sondern nur im Verhaltensrepertoire einzelner Spieler entdeckt werden können.

▶ Verhaltensstrategien in Anforderungssituationen durchspielen

Bildet Gruppen und wählt eine Anforderungs- bzw. Konfliktsituation aus, für die ihr Verhaltensstrategien erproben wollt. Konkretisiert dann die Situation. Legt fest, wie sich der Hauptspieler so problematisch verhalten kann, dass die Beobachter zu einem anderen Verhalten angeregt werden, verteilt die Rollen und erarbeitet die Szene. Präsentiert diese danach im Plenum: Baut den Ort auf und schildert kurz die Situation. Findet euch in euren Rollen in die Situation vor Beginn der eigentlichen Szene ein und spielt dann die Szene. Nach dem Spiel analysieren die Beobachter die Situation: Worin liegen die Konfliktpotentiale? Welchen Anteil hat der Protagonist an der Entstehung des Konflikts usw. Sie überlegen – jeder für sich –, wie sie sich in dieser Rolle verhalten würden oder möchten, und schreiben das auf. Spielt die Szene mehrmals hintereinander durch. Wechselt dabei jeweils den Protagonisten aus. Schreibt nach jedem Spieldurchlauf auf, wie ihr das Verhalten des Protagonisten wahrgenommen habt und welche Wirkung es bei den anderen Personen gehabt hat.

Beschreibt nach mehreren Spielversuchen Haltungen und Wirkungen der Hauptspieler in den einzelnen Durchläufen, wobei zunächst die Beobachter, dann die Mitspieler und zum Schluss die Hauptspieler über ihre Wahrnehmungen sprechen. Überlegt anschließend gemeinsam, welche der gezeigten Haltungen euren gemeinsamen Vorstellungen am nächsten kommen. Erprobt diese Haltungen im Spiel analoger Konfliktssituationen und beschreibt und kritisiert dabei das Verhalten des Hauptspielers und seine Wirkung auf die anderen Personen.

Kommentar: Soziale Anforderungssituationen machen Angst, wenn die Erwartungen und Beziehungen der daran Beteiligten unklar sind: Alle Prüfungssituationen gehören dazu, aber auch Situationen, in denen wir vom Verhalten anderer Menschen abhängig sind oder in denen sich Menschen nicht so verhalten, wie wir es fordern und erwarten. Wie wir uns in solchen Situationen verhalten (wollen), welche Wirkungen unsere Verhaltensstrategien haben und welche Alternativen es gibt, kann – bezogen auf einzelne Situationen – im Spiel untersucht werden. Dabei ist es sinnvoll und nützlich, ein gemeinsames Handlungsmuster in Form einer Szene zu erarbeiten, in der das Verhalten der Identifikationspersonen zur Kritik herausfordert. Dieses Handlungsmuster kann Ergebnis der szenischen Interpretation einer Erlebnissituation, einer typischen Konfliktsituation, aber auch eines Textes sein.

▶ Alternative innere Haltungen in Anforderungssituationen entwickeln

Erarbeitet eine Stimmenskulptur, die die widersprüchliche innere Haltung einer Person in einer Anforderungssituation sichtbar macht, überlegt dann gemeinsam, welche Stimmen verstärkt, welche zurückgenommen und welche hinzukommen müssten, damit sich die Person besser verhalten kann. Ordnet die Stimmen hinter dem Hauptspieler so an, wie ihr das für sinnvoll haltet. Spielt dann die Anforderungssituation. Die „Stimmen", die besonders wichtig sind, unterstützen die Person in der Rolle von Hilfs-Ichs, indem sie – hinter dieser stehend – immer wieder sagen, was sie will und wie sie sich verhalten soll.

Kommentar: Schwierigkeiten in Anforderungssituationen entstehen nicht zuletzt durch Widersprüche in den Personen. Mit Hilfe einer Stimmenskulptur (s. S. 136) können solche inneren Widersprüche sichtbar gemacht und Prioritäten erarbeitet werden, die anschließend im Spiel erprobt werden können.

▶ Wunschhaltungen darstellen und ausprobieren

Ihr seid mit der Situation oder mit dem Verhalten einer Person nicht zurechtgekommen und habt euch anders verhalten, als ihr euch das gewünscht habt. Baue dein Gegenüber in der Situation in der Haltung auf, mit der du nicht zurechtgekommen bist. Zeige nacheinander Haltungen, die du in der Situation gerne eingenommen hättest: Erstarre in der entsprechenden Körperhaltung und sage einen Satz, den du gerne gesagt hättest. Jede Wunschhaltung wird von einem Beobachter übernommen, bis alle deine Wünsche in Haltungen nebeneinander sichtbar sind. Die Beobachter, die deine Wünsche repräsentieren, spielen dann nacheinander aus dieser Haltung heraus die Szene mit deinem Gegenspieler durch. Wähle anschließend die Haltung, die dir am wirkungsvollsten erscheint, und erprobe sie selbst noch einmal im Spiel. Der Repräsentant deiner Wunschhaltung unterstützt dich als Hilfs-Ich.

Kommentar: Verhaltenswünsche und tatsächliches Verhalten klaffen häufig auseinander und führen nicht selten zu Enttäuschung, Entmutigung und unrealistischen Wünschen. In der Übung, die auf Boal zurückgeht (vgl. Ruping 1991, S. 75), können sich die Teilnehmer mit ihren Wünschen auseinander setzen und realistische Verhaltensalternativen entwickeln und erproben.

▶ Sich zur Wehr setzen

In einer Konfliktsituation treffen Personen mit gegensätzlichen Haltungen aufeinander. Zeigt diese zugespitzt und typisiert. Stellt dann die gezeigten Haltungen so gegeneinander, dass zusammenpassende Gegensatzmuster entstehen, z.B. groß-klein, gerade-gewunden usw. Spielt danach den Anfang der Szene in Gegensatz-Haltungen. Der Spielleiter unterbricht immer wieder und fragt nach den Gedanken der Personen. Die Spieler, die die stärkere Haltung übernommen haben, stellen sich nun zu einer Gegenspieler-Gruppe zusammen und reden aus ihrer Haltung heraus auf den Hauptspieler ein. Dieser wehrt sich und wird von den Spielern (als Hilfs-Ichs) unterstützt, die im Spiel die schwächeren Positionen gezeigt haben.

Kommentar: Die Schwierigkeiten sich gegenüber dominanten Personen zur Wehr zu setzen, entstehen häufig daraus, dass diese durch ihr körperliches und sprachliches Auftreten und Verhalten unterschiedliche Erlebnisse und damit verbundene Gefühle und Verhaltensmuster ansprechen, die sich zum Teil im Weg stehen und gegenseitig blockieren. Die Übung (sie geht auf Boal zurück, vgl. Ruping 1991, S. 69 ff) kann helfen sich diese unterschiedlichen Ansprachen bewusst zu machen, zu sortieren und sich mit ihnen einzeln auseinander zu setzen, um so eine Linie für die Gegenwehr zu finden.

▶ Unterdrückte Gefühle ausagieren

Zeigt in Standbildern, wie ihr euch in bestimmten Situationen verhalten möchtet, es aber nicht tut. Sucht euch dann Teilnehmer aus, die am besten die Personen spielen können, gegenüber denen ihr euch nicht euren Wünschen entsprechend verhalten könnt, und fühlt sie in die Rolle ein. Sucht euch einen Teilnehmer aus, von dem ihr glaubt, dass er euch als Hilfs-Ich unterstützen kann. Beschreibt noch einmal genau die Situation und spielt sie durch, wobei ihr eure eigene Rolle übernehmt. Sprecht dabei öffentlich aus, was euch durch den Kopf geht. Spielt dann die Szene ein zweites Mal, diesmal aber mit Unterstützung des Hilfs-Ichs, das euch während des Spiel immer wieder an eure Intentionen und Gefühle erinnert. Spielt die Szene so lange, bis ihr eine befriedigende Lösung gefunden habt. Nach jedem Spiel sagen Beobachter, Mitspieler und der Hauptspieler, wie sie die Situation erlebt haben.

Kommentar: Das Vertreten und Durchsetzen eigener Vorstellungen und Interessen in Anforderungssituationen scheitert nicht selten daran, dass die Situationen und Personen, mit denen man konfrontiert wird, an frühere Erlebnisse erinnern, in denen man gezwungen war sich anzupassen und zurückzunehmen. Indem sie sich ein Hilfs-Ich suchen, das sie beim Durchsetzen eigener Wünsche und Interessen im Spiel unterstützt, können die Spieler erfahren, welche Wirkungen ein Verhalten hat, das sich nicht an den gelernten Phantasien und Verhaltensmustern orientiert.

▶ Veränderungsperspektiven und -schritte entwickeln

Überlegt euch, wie ihr euch eine bestimmte Situation wünscht und zeigt sie im Standbild (Wunschbild). Zeigt dann im Standbild, wie die Situation tatsächlich aussieht und verläuft (Realbild). Diskutiert in Gruppen, welche subjektiven und objektiven Bedingungen sich verändern müssen, damit das Wunschbild zum Realbild werden kann und erarbeitet dazu Übergangsbilder. Demonstriert anschließend im Plenum den Weg vom Realbild zum Wunschbild, indem ihr die Veränderung des Bildes zeigt und kommentiert.

Kommentar: Realität und Wünsche klaffen in unseren Wahrnehmungen häufig so weit auseinander, dass sie nicht produktiv aufeinander bezogen werden können. Um die Realität verändern zu können, müssen wir Vorstellungen von einer anderen Realität entwickeln. Dabei können Wunschbilder helfen, die die unbefriedigende Gegenwart durch eine Projektion zufrieden stellender Erfahrungen in die Zukunft überwindet. Um die Kluft zwischen Gegenwart und Zukunft aufzuheben, können Übergangsbilder entwickelt werden und nach den subjektiven und objektiven Bedingungen befragt werden, die es erlauben, die Kluft zu überwinden (vgl. Boal 1989, S. 71 ff).

▶ Veränderungen für unbefriedigende Alltagssituationen erproben

Überlegt euch, wie ihr euch eine bestimmte Alltagssituation (in Familie, Beruf, Schule) vorstellt und stellt diese Wunschsituation mit Hilfe von Standbildern dar. Beschreibt dann nacheinander Situationen, die euch zum Entwurf des Wunschbildes angeregt haben. Interpretiert die momentane Situation szenisch und sucht nach Verhaltensstrategien, mit denen ihr sie in Richtung auf euer Wunschbild hin verändern könnt.

Kommentar: Die Veränderung von institutionell definierten sozialen Situationen hängt von objektiven und subjektiven Bedingungen ab. Auch das noch so engagierte Verhalten einzelner Lehrer oder Schüler z.B. kann institutionelle Bedingungen der Schule nicht aufheben. Dennoch werden diese Bedingungen durch das Verhalten der in ihnen tätigen Menschen mitbestimmt und reproduziert. Erst die Veränderung des eigenen Verhaltens schafft die Voraussetzung die Situation neu zu sehen und zusammen mit anderen an der Veränderung der Strukturen zu arbeiten. Die Übung kann helfen die eigenen Anteile an Situationen, die als unbefriedigend erlebt werden, zu untersuchen und zielgerichtet Verhaltensalternativen zu erproben.

4. Szenische Interpretation sozialer Situationen und Ereignisse

Gegenstand szenischer Lernprozesse sind in der Regel erlebte oder vorgestellte soziale Situationen und Ereignisse, in denen einzelne Personen oder Gruppen auf Grund unterschiedlicher Bedürfnisse und Interessen in Konflikt mit ihrer sozialen Umgebung geraten. Diese Situationen und Ereignisse finden nicht im Hier und Jetzt statt, sondern werden über Rollen- und Situationsvorgaben, also über Erlebnisschilderungen, Situationsbeschreibungen, über Texte, Bilder und Filme, Opern, Theateraufführungen usw. vermittelt. Beim szenischen Spiel geht es deshalb immer um Ereignisse, die uns in gedeuteter Form zugänglich sind. In diese Deutungen sind Erfahrungen, Vorstellungen, Wünsche, Identifikations- und Abwehrprozesse eingegangen. Sie zeigen, wie Einzelne oder Gruppen bestimmte soziale Ereignisse sehen oder gesehen haben wollen. Diese gedeuteten Ereignisse dienen als Vorlage, als „Partitur", als Material für die Spieler, die im Spiel die Leerstellen mit ihren eigenen Haltungen und Handlungen ausfüllen und damit den entworfenen Personen und Szenen Gestalt geben (und sie deuten). Dabei greifen die Spieler bewusst und unbewusst auf Erlebnisse, Vorstellungen und Verhaltensweisen zurück, die sie in bestimmten Situationen gehabt und entwickelt haben und die nun im Kontext des Spiels neu gesehen und interpretiert werden.

In diesem komplexen Sinne sind szenische Spielprozesse Interpretationsprozesse. Interpretiert werden konfliktbehaftete soziale Beziehungen und Ereignisse und die Art, wie diese in der Spielvorlage und durch Spieler und Beobachter gedeutet werden. Interpretiert werden aber auch die Haltungen und Handlungen der Spielerinnen und Beobachterinnen und mittelbar die Erlebnisse und Situationen, in denen sie entstanden sind bzw. in denen sie wiederholt werden. Damit solche Interpretations- und Lernprozesse stattfinden können, müssen die Spieler sich Schritt für Schritt in Rollen und Situationen einfühlen und die Personen und Szenen so darstellen, dass sie durch Beobachter szenisch reflektiert werden können. Diesen Prozess, in dem vorgegebene Situationen und Ereignisse in einer Folge von szenischen Handlungen in einer Gruppe rekonstruiert und (neu) gedeutet werden, nenne ich szenische Interpretation. Die Interpretationen unterscheiden sich dabei nach Inhalt und Form der Rollen- und Situationsvorgaben: Erlebte Situationen müssen anders gedeutet werden als Bilder, Dramentexte anders als Filme. Im Folgenden wird skizziert, welche Vorgehensweisen und Handlungsschritte sich bei unterschiedlichen Situationsvorgaben bewährt haben. Dabei wird auf szenische Handlungen und Spielverfahren zurückgegriffen, die in den vorangegangenen Kapiteln detailliert beschrieben wurden. Bei der Spielarbeit sollte auf diese Darstellungen Bezug genommen werden.

4.1 Szenische Interpretation eigener Haltungen und Erlebnisse

Problematische Erlebnisse mit Personen

Begegnungen mit Menschen prägen sich als Erlebnisse ein, wenn wir dabei mit Verhaltensweisen konfrontiert werden, die uns an eigene erwünschte bzw. ungeliebte Anteile erinnern. Diese Erinnerungen berühren unser Selbstbild, bestätigen es oder stellen es in Frage, führen zur Identifikation oder zur Abwehr. Bei der szenischen Rekonstruktion und Interpretation von Erlebnissituationen mit Hilfe von Standbildern (s. S. 59 ff) können die Teilnehmer herausarbeiten und entdekken, auf welches Verhalten sie reagieren, was sie in dieses Verhalten hineinprojizieren und in welcher Weise sie auf diese Projektion antworten. Dabei wird die Situation – auf einen bestimmten Moment zugespitzt – gestisch dargestellt und fixiert und anschließend aus der Perspektive der Hauptspielerin szenisch gedeutet. Die Beobachter, die die szenische Interpretation von außen wahrgenommen haben, und die Spieler, die als Teil der Szene bestimmte Personen repräsentiert haben, beschreiben und deuten die Haltung, die Übertragungen und Verhaltensschwierigkeiten der Hauptspielerin vor dem Hintergrund eigener Erfahrungen.

Bei dieser Interpretation kann die Hauptspielerin begreifen, welche Gefühle, Phantasien, Wünsche und Verhaltensweisen sie an die Person heranträgt, auf sie projiziert, an ihr abwehrt oder bestätigt und in welche Verhaltensschwierigkeiten sie durch die Vermischung des Eigenen mit dem Fremden geraten kann. Die Einfühlung in die Situation sowie das Feedback von Beobachtenden oder Spielern helfen die eigenen – ersehnten bzw. ungeliebten – Gefühle und Wünsche besser zu erkennen, anzunehmen und ihnen dort Raum zu verschaffen, wo sie nützlich sind. So kann verhindert werden, dass Verunsicherung und Enttäuschung destruktiv gegen andere oder gegen sich selbst gewendet werden.

Erinnere dich an eine Situation, in der du dich mit einer Person identifizieren konntest bzw. in der du mit dem Verhalten einer Person Schwierigkeiten hattest. Bau die Situation – auf einen Moment zugespitzt – als Standbild auf. Überprüfe die Genauigkeit des Bildes aus deiner Perspektive. Schaut euch als Beobachter die Situation aus dieser Perspektive an. Erläutere jetzt die Situation am Standbild. Stell dich hinter die Person, die deine Rolle eingenommen hat, lege ihr die Hand auf die Schulter und sage in der Ich-Form, was du gerade wahrnimmst, wie es dir dabei geht, welche Empfindungen dich beschäftigen, was deine Körperhaltung ausdrückt. Stell dich jetzt nacheinander hinter die anderen Personen, lege ihnen die Hand auf die Schulter und sage, was sie deiner Meinung nach gerade denken. Geh noch einmal auf deinen Platz zurück und sage, wie es dir gerade geht und was du gleich machen willst. Löst das Standbild auf.

Schreibt als Beobachter kurz auf, was ihr beobachtet habt und wo die Identifikationen bzw. Schwierigkeiten der Hauptspielerin in der Situation gelegen haben. Sagt als Beobachter nacheinander, worin die Identifikationen bzw. Schwierigkeiten der Hauptspielerin gelegen haben könnten. Sagt als Mitspieler, wie ihr euch und eure Haltung und die Hauptspielerin im Standbild wahrgenommen habt. Sage als Hauptspielerin, was dir durch das Feedback klarer geworden ist.

Material mit Kommentaren: Müller/Scheller 1993, S. 41-55

Problematische Erlebnisse in Gruppen

Problematische Erlebnisse in Gruppen deuten darauf hin, dass eine Beziehungskonstellation entstanden ist, in der ein abweichendes Verhalten den Bedürfnissen einzelner Gruppenmitglieder mehr entspricht als ein angepasstes. In welcher Beziehungskonstellation dieses Verhalten funktioniert und welche Anteile Einzelne an seiner Entstehung und Erhaltung haben, kann bei der szenischen Rekonstruktion einer Konfliktsituation herausgearbeitet werden. Dabei reinszeniert eine Hauptspielerin – vom Spielleiter unterstützt – die Konfliktsituation, fühlt andere in die Rolle der Mitspieler ein, klärt die eigene Position gegenüber den beteiligten Personen und übernimmt im Spiel der Konfliktsituation den eigenen Part.

Bei der Einfühlung (s. S. 53 f) der Mitspieler in ihre Rollen und in die Situation, aber auch beim anschließenden Spiel bekommen Beobachter und Mitspieler einen so differenzierten Eindruck von der Beziehungskonstellation, dass sie im anschließenden Feedback beschreiben und erklären können, welchen Beitrag die Haltung der Hauptspielerin bei der Entstehung des Konflikts leistet. Gemeinsam kann dann in der Gruppe überlegt werden und möglicherweise im Spiel erprobt werden, welche anderen Verhaltensweisen zu einer neuen Beziehungskonstellation und damit zur Auflösung des problematischen Verhaltens und der Konfliktsituation führen könn(t)en.

Erinnert euch an eine Gruppensituation, in der ihr Schwierigkeiten hattet euch gegenüber einer oder mehreren Personen zu verhalten. Schildert nacheinander kurz die Situationen, die euch eingefallen sind. Plädiert und entscheidet euch für eine Situation, die möglichst viele so oder ähnlich kennen oder erlebt haben. Diejenige, die die Situation eingebracht hat, übernimmt die Rolle der Hauptspielerin, die mit Hilfe des Spielleiters die Erlebnissituation rekonstruiert.

Setz dich als Hauptspielerin neben den Spielleiter und schildere noch einmal genau die Situation, die du erlebt hast: Wo fand sie statt, wer war daran beteiligt? Wie verlief sie? Bau mit Tischen und Stühlen so genau wie möglich den Ort auf, an dem die Situation stattgefunden hat. Beschreibe den Raum im Gespräch mit dem Spielleiter detailliert. Suche dir Teilnehmer aus, die schon von ihrem Aussehen her zu den Personen passen, die in der Situation eine Rolle gespielt haben, und platziere sie so im Raum, wie du das in Erinnerung hast. Stell dich dann nach und nach hinter die Spieler und fühle sie in ihre Rollen ein. Begebe dich jetzt an den Platz, den du in der Situation gehabt hast, und sage, wie du die einzelnen Personen einschätzt. Beschreibe noch einmal detailliert den Ablauf der Situation. Schildere vor allem das Verhalten der einzelnen Personen.

Begebt euch als Spielerinnen jetzt an den Ort, an dem sich die Person, deren Rolle ihr übernommen habt, vor Beginn der Situation aufhält, und agiert aus euren Rollen heraus. Geht dabei zum Spiel der Szene über. Der Spielleiter unterbricht nach kurzer Zeit das Spiel und fragt die Hauptspielerin, ob das Spiel der Situation gleicht, die sie erlebt hat.

Der Spielleiter bricht das Spiel ab, wenn die Struktur der Situation deutlich geworden ist. Schreibt auf, wie ihr die Situation und die Haltungen und Beziehungen der beteiligten Personen wahrgenommen habt. Beschreibt als Beobachterinnen nacheinander, was ihr beobachtet habt. Schildert als Mitspielerinnen aus den Rollen heraus, wie ihr die Situation und das Verhalten der Hauptspielerin erlebt habt. Nimm als Hauptspielerin zum Spiel und zum Feedback der Beobachterinnen und Spielerinnen Stellung.

Material mit Kommentaren: Scheller 1982a, 1986a.

Konfliktsituationen in Gruppen und Institutionen

Geht es um den Umgang mit Konflikten, die in einer Gruppe bzw. Institution immer wieder auftreten, können die Teilnehmer arbeitsteilig in Gruppen typische Konfliktsituationen szenisch erarbeiten, die dann anschließend im Plenum interpretiert werden. Dabei sollte eine Person ins Zentrum der Aufmerksamkeit gerückt werden, deren Rolle den meisten aus eigener Erfahrung vertraut ist. Diese Person soll sich in der Musterszene so verhalten, dass sie den Widerspruch der Beobachter provoziert. Im Plenum werden dann alternative Verhaltensvorschläge nicht diskutiert, sondern im Spiel erprobt, indem nacheinander Beobachterinnen die Rolle der Person übernehmen und spielen. Die Mitspieler bleiben dabei in ihren Rollen und versuchen ihre Haltungen beizubehalten.

Bei dieser Arbeit an Konfliktsituation und den Haltungen einzelner Personen wird nicht nur die innere Dynamik solcher Situationen deutlicher, die Hauptspieler können auch erfahren, wie sie darin handeln bzw. zu handeln in der Lage sind und wie andere darauf reagieren. Schließlich kann herausgearbeitet werden, welche Verhaltensweisen Wirkungen zeigen, die den eigenen Vorstellungen entsprechen.

Benennt Konfliktsituationen, mit denen ihr in Institutionen immer wieder konfrontiert werdet. Entscheidet euch für die Situationen, die ihr genauer untersuchen wollt. Bildet Gruppen, die die Situationen im Spiel untersuchen wollen.

Konkretisiert die Situation in der Gruppe, indem ihr die W-Fragen (wo, wann, was, wer, warum) beantwortet.

Entscheidet euch für die Person, deren Verhalten bzw. Verhaltensmöglichkeiten ihr vor allem untersuchen wollt, und legt fest, wie sie sich in eurer Musterszene (falsch) verhalten soll. Verteilt die Rollen und schreibt für die Person, die ihr spielen wollt, eine kurze Rollenbiographie, die auf die Szene zugespitzt ist. Verkleidet euch und erarbeitet für eure Figuren Körperhaltungen. Baut euch den Ort auf und spielt die Szene mehrmals durch, bis der Konflikt deutlich sichtbar ist.

Spielt eure Szene im Plenum vor: Beschreibt kurz den Ort. Begebt euch an den Ort, an dem sich eure Personen vor Beginn der Situation aufhalten. Stellt euch kurz in den Rollen vor und spielt dann die Szene.

Beschreibt und bewertet als Beobachter das Verhalten der Hauptspielerin. Überlegt euch, wie ihr euch an deren Stelle verhalten würdet bzw. möchtet, und erprobt euer Verhalten im Spiel.

Widersprüchliche Haltungen und Handlungsmuster

Widersprüchliche, auch asoziale Phantasien, Haltungen und Handlungsmuster (Gewaltphantasien und Gewalthaltungen, Aggressionen, Macht- und Unterwerfungsgelüste usw.), die wir an uns nicht wahrhaben wollen bzw. deren Existenz wir verleugnen, können bewusst gemacht und möglicherweise ins eigene Selbstbild aufgenommen werden, wenn die Teilnehmer Rollen in Szenen übernehmen, in denen sie gesellschaftlich widersprüchliches Verhalten auch körperlich ausagieren müssen. Brecht hat in seinen Lehrstücken solche Szenen und Handlungsmuster entworfen. Bei der spielerischen Erarbeitung dieser auf Konflikte zugespitzen Texte können sich die Spieler eigene „asoziale" Haltungsanteile bewusst machen, die häufig und kaum bewusst das Handeln blockieren und eigene Intentionen unterlaufen: Gewalt-, Größen- oder Ohnmachtsphantasien, die Lust und die Fähigkeit, andere physisch und psychisch zu unterdrücken; Vorurteile, Klammer- und Anpassungsverhalten. Solche Haltungsanteile an sich zu entdecken, in ihren Voraussetzungen und Wirkungen zu untersuchen kann verhindern, dass sie hinter unserem Rücken und in Situationen, die uns die Verantwortung dafür abnehmen, zum Ausbruch kommen (Scheller 1984a, Steinweg 1995).

Geht durch den Raum und lest den Text laut vor euch hin. Erprobt dabei unterschiedliche Intonationen. Bildet einen Kreis und lest den Text reihum: Jede liest einen Satz. Experimentiert mit unterschiedlichen Intonationen. Stellt für die Personen, die in der Szene eine Rolle spielen, Stühle in den Raum. Lest den Text reihum. Nehmt dabei auf den entsprechenden Stühlen Platz.

Bildet Paare und lest den Text mehrmals mit verteilten Rollen. Wechselt dabei jedes Mal die Rollen und den Sprechgestus. Entscheidet euch für eine Rolle.

Überlegt euch, wie ihr euch die Person in dieser Beziehungskonstellation vorstellt und mit welchen Intentionen und Empfindungen ihr sie spielen möchtet. Setzt euch Rücken an Rücken und sprecht den Part eurer Person so, wie ihr es euch vorgenommen habt.

Die Beobachter sagen anschließend, welche Haltungen sie wahrgenommen und welche Wirkungen sie gehabt haben. Danach sagen die Spieler, was sie sich vorgenommen hatten und wieweit ihnen das gelungen ist.

Wählt denjenigen Satz eurer Person, der ihre Haltung am besten zum Ausdruck bringt. Geht durch den Raum, sucht eine angemessene Sprechhaltung und präsentiert diese vor der Gruppe. Wählt dann eine Äußerung der Person, die ihr am unangenehmsten findet. Sucht auch dafür eine entsprechende Sprechhaltung. Sprecht dann nacheinander eine Teilnehmerin, die mit geschlossenen Augen in der Mitte steht, mit jeweils beiden Äußerungen an. Die Angesprochene sagt, welche Äußerung sie am stärksten getroffen hat. Überlegt euch, was die Person, die ihr spielen wollt, in der Szene mit welchen Intentionen und Gefühlen tut und sagt.

Spielt die Szene nacheinander in unterschiedlichen Rollenbesetzungen durch. Notiert nach jedem Spiel, was euch an den Haltungen der Personen aufgefallen ist und an welche Beziehungskonstellationen (oder politische Situationen) sie euch erinnern.

Beschreibt als Beobachter die Haltungen und Beziehungen der Personen in den einzelnen Szenen. Benennt dabei Übertragungssituationen und Konstellationen und demonstriert diese möglicherweise mit Standbildern.

Erinnert euch an erlebte Situationen, die etwas mit den gespielten Szenen und Konstellationen zu tun haben.

Setzt euch in Kleingruppen zusammen, erzählt euch die Situationen, die euch eingefallen sind, und entscheidet euch für eine, die ihr im Spiel untersuchen wollt. Konkretisiert die Szene, verteilt die Rollen, fühlt euch in die Rollen und die Szene ein und spielt die Szene, wobei ihr den vorgegebenen Text sprecht.

Material mit Kommentaren: Brecht, Die Ausnahme und die Regel (Scheller 1982); Ders., Der böse Baal der asoziale und die zwei Mäntel (Scheller 1984a).

Beziehungskonstellationen als Konfliktpotential

Vor allem in hierarchisch strukturierten Gruppen (Schulklassen, Kollegien, Cliquen) entsteht häufig schon nach kurzer Zeit auf Grund wechselseitiger Erwartungen und Abhängigkeiten, Beziehungswünsche, Bestätigungen und Verletzungen eine Beziehungskonstellation, in der und durch die die Beteiligten ihre Rollen definieren und reproduzieren. In den Erhalt dieser Konstellation wird in der Regel viel Energie investiert, da sie Verhaltenssicherheit garantiert. Will man Veränderungen ermöglichen, muss man dies wahrnehmen und in seinen Voraussetzungen und Wirkungen verstehen. Die szenische Interpretation von Situationen, in denen diese Konstellation sichtbar wird und sich ausdrückt, kann helfen die Beziehungs- und Wunschdynamik von außen und aus der Perspektive der Beteiligten so aufzudecken, dass sie zum Ausgangspunkt für Veränderung gemacht werden kann.

Der Spielleiter schildert die Szene, beschreibt kurz die beteiligten Personen, verteilt Rollentexte und baut den Handlungsort auf.

Lest euch den Rollentext durch und macht euch eine Vorstellung von der Person, die ihr spielen wollt. Geht nacheinander in den Handlungsraum, sucht euch euren Platz, erstarrt in einer Haltung, die das Befinden der Person in der Situation zum Ausdruck bringt, und sagt, was sie dabei denkt. Der Spielleiter schildert noch einmal den Verlauf der Szene. Begebt euch jetzt an den Ort, an dem sich die Person zu Beginn aufhält, und agiert aus der Rolle heraus. Unterbricht der Spielleiter durch „Stopp"-Rufe, sagt, was die Person gerade denkt.

Zeigt als Beobachter in einer Statue, wie ihr die Beziehung zwischen den Personen seht. Zeigt als Spieler nacheinander mit Beziehungsstatuen, wie ihr eure Beziehung in der Gruppe seht. Sucht euch den Ort und die Körperhaltung, die eure Beziehung zu den anderen Personen zum Ausdruck bringen, und begründet eure Position. Sucht Ort und Körperhaltung, die zeigen, wie ihr euch eure Beziehung in der Gruppe wünscht (vgl. Beispiel S. 198 ff).

4.2 Szenische Interpretation von Lebenszusammenhängen und Haltungen

Biographien von Personen

Die in Biographien oder literarischen Texten entworfenen Lebensgeschichten erzählen das Leben einzelner Menschen aus einer Perspektive, in die die unausgesprochenen Bedürfnisse, Wünsche und Interessen der Erzählenden eingehen. Eine Biographie ist immer nur eine Möglichkeit eine Geschichte zu erzählen; Unbestimmtheiten und Leerstellen in der Biographie können auch je anders ausgefüllt werden. Bei der szenischen Interpretation können nicht nur Stationen der Lebensgeschichte in Szenen umgesetzt und damit mit eigenen Lebenssituationen in Verbindung gebracht werden, es können auch für das Leben der Person bestimmende oder beeinträchtigende Haltungen und Perspektiven gesucht, nachvollzogen und herausgearbeitet werden. Werden Geschichten in Szenen umgesetzt, wird die Komplexität von Situationen nachvollziehbar, die sich in der Biographie als Geschichte niedergeschlagen hat. Die Phantasien, Empfindungen und Handlungsweisen, die die Spieler dabei aktivieren und zeigen, macht es ihnen möglich einen Zusammenhang zu ihrem eigenen Leben herzustellen und der Person das Außergewöhnliche, Einmalige zu nehmen.

Lest die Biographie bzw. die Erzählung, in der Stationen aus dem Leben eines Menschen erzählt werden. Bildet Gruppen und zeigt mit Hilfe von Standbildern Situationen, die euch besonders beeindruckt haben. Stellt die Situationen zu einem Bilderbogen zusammen und präsentiert ihn im Plenum. Die Beobachter sagen jeweils, welche Situation dargestellt wurde.

Überlegt, welche Situationen nach eurer Meinung das Leben der Person besonders geprägt haben, und entscheidet euch für die, die ihr genauer untersuchen wollt. Bildet Gruppen und erarbeitet arbeitsteilig Szenen: Klärt die Situation, verteilt die Rollen, fühlt euch in die Personen ein und erspielt die Szene. Präsentiert eure Szenen nacheinander im Plenum, wobei die Spielerin der Hauptperson die Situation jeweils kommentiert.

Wählt die für die Person wichtigste Geschichte aus. Überlegt, welchen Einfluss sie gehabt hat und demonstriert das an einer Standbildserie, die entsprechende Szenen montiert.

Material mit Kommentaren: Harry K. (Fries/Häußler 1976); Harry wird arbeitslos (Scheller, Schumacher 1984, S. 42-46).

Biographien von Gegenständen

Nicht nur Menschen haben eine Geschichte, sondern auch Dinge. Sie werden hergestellt, verbreitet, benutzt und verbraucht. Wird nun die Geschichte von Gegenständen rekonstruiert und untersucht, geraten die Menschen in den Blick, deren Leben direkt und mittelbar mit ihnen verbunden war und ist. Bei der szenischen Interpretation dieser Geschichten kann gezeigt und nacherlebt werden, welchen Einfluss Dinge auf die Haltungen und Beziehungen der Menschen haben können, die sie herstellen, verkaufen, kaufen und benutzen bzw. verbrauchen. Dabei können die SpielerInnen erfahren, dass Gegenstände in unterschiedlichen Kontexten verschiedene Bedeutungen für Menschen haben und wie Produktions- und Konsumprozesse das Leben von Menschen beeinflussen können.

Erinnert euch an Situationen, die ihr mit dem Gegenstand verbindet, und demonstriert diese mit Standbildern.

Verteilt euch im Raum und experimentiert mit dem Gegenstand. Probiert aus, was man alles mit ihm machen kann. Präsentiert und kommentiert anschließend nacheinander eure Entdeckungen im Plenum.

Bildet Gruppen und entwickelt Standbildserien, die soziale Situationen zeigen, in denen der Gegenstand hergestellt, vertrieben, benutzt und verbraucht wird. Jede Gruppe bekommt eine Phase in der Biographie des Gegenstandes. Sucht Informationen darüber, welche Rolle der Gegenstand in dieser Phase für Menschen, die mit ihm umgehen, spielt. Lest dazu Texte, schaut euch Bilder und Filme an, führt Erkundungen durch und befragt Menschen.

Erarbeitet in der Gruppe Szenen, die sichtbar machen, wie der Gegenstand in dieser Phase das Verhalten und die Beziehungen der Menschen beeinflusst: Legt die Situationen fest, klärt, wo und wann die Szene spielt, wer daran beteiligt ist, was die Personen mit welchen Intentionen und Gefühlen tun und sagen usw.

Präsentiert eure Szenen im Plenum. Der Spielleiter unterbricht immer wieder und fragt die Personen nach ihren momentanen Gedanken. Sagt im Anschluss an das Spiel nacheinander aus eurer Rolle heraus, welche Bedeutung der Gegenstand in eurem Leben spielt.

Erarbeitet als Beobachter eine Statue, die zum Ausdruck bringt, welche Bedeutung der Gegenstand in dieser Phase für die mit ihm befassten Menschen hat.

Ereignisse im Lebenszusammenhang der Teilnehmer

Ereignisse, die im Lebenszusammenhang der Teilnehmerinnen stattfinden bzw. stattfinden könnten, können gemeinsam in der Gruppe in Entstehung und Wirkung entwickelt und improvisiert werden. Dabei sollte darauf geachteten werden, dass im Mittelpunkt eine oder mehrere Personen stehen, mit denen sich die Teilnehmer auf Grund ihrer eigenen Erfahrungen so identifizieren können, dass Rollen, Szenen und Handlungsabläufe spontan erarbeitet und gespielt werden können. Der Spielleiter provoziert durch Fragen die Phantasie aller Beteiligten, regt Rollen und Szenen an und sorgt durch Szenenaufbau, Rollengespräche (s. S. 51 ff) und Spielsituationen dafür, dass Entstehung, Verlauf und Folgen des Ereignisses als Teil eines Lebenszusammenhangs gemeinsam erarbeitet und szenisch dargestellt werden.

Wählt ein Ereignis, das euch beschäftigt, weil ihr davon betroffen seid bzw. sein könntet, z.B.: Ein Mädchen läuft von zu Hause weg. Der Spielleiter erfragt die Rahmenbedingungen: Wer steht im Mittelpunkt des Ereignisses? Wie heißt das Mädchen? Wie alt ist sie? Warum ist sie weggelaufen? Was macht der Vater? Wie ist das Verhältnis zur Mutter? Wer übernimmt die Rolle des Mädchens? Wer die des Vaters? Wer die der Mutter? Wie kommt es zum Krach?

Spielleiter zum Mädchen: Anja, was war zuhause los? Wo fand das statt? Bau mal den Raum auf. Also das ist euer Wohnzimmer. Beschreibst du es bitte kurz? Wo saß der Vater? Wo die Mutter? Wo warst du? Wie lief das Ganze ab?

Spielleiter zum Vater: Vater, was ist gerade los?
Vater: Ich habe Streit mit meiner Tochter, die hat was mit 'nem Türken.
Spielleiter: Worüber regst du dich auf?
Vater: Na – also, meine Tochter mit einem türkischen Jungen, in dem Alter!
Spielleiter: Hast du ihn denn schon einmal gesehen?
Vater: Na klar, auf der Straße hab ich sie gesehen, geküsst haben sie sich. Was sollen denn die Kollegen sagen?

Spielleiter zur Mutter: Mutter, wie geht es dir?
Mutter: Schlecht, Vater hat mir mal wieder Vorwürfe gemacht, wegen Anja. Hat einen Freund. Musste ja mal kommen.
Spielleiter: Kennst du den Freund?
Mutter: Ach, na ja, ist ganz nett, sagt Anja. Vater regt sich auf, weil er ein Türke ist. Ist mir egal, Hauptsache, sie macht noch ihre Schularbeiten.

Spielt den Konflikt. Der Spielleiter unterbricht immer wieder und fragt nach Gedanken und Gefühlen der Beteiligten.

Anja ist abgehauen. Spielleiter: Anja, was machst du jetzt?
Anja: Ich haue ab.
Spielleiter: Wohin?
Anja: Weiß ich noch nicht, auf jeden Fall weg ...

Spielleiter zu den Teilnehmern: Wo ist Anja hingegangen?
Teilnehmer: Zum Bahnhof.
Spielleiter: Was macht sie da?
Teilnehmer: Sie sitzt dort, friert und weiß nicht, was sie machen soll.

Spielleiter baut den Bahnhof auf: Anja, hier ist der Bahnhof. Du sitzt hier und frierst. Wie geht es dir gerade?
Anja: Ich fühle mich ein bisschen allein, außerdem ist es kalt, ich hab nur eine dünne Jacke an.
Spielleiter: Was willst du weiter machen?
Anja: Weiß nicht.

Spielleiter zu den Teilnehmern: Wie geht es weiter?
Teilnehmer: Zwei Typen kommen und machen sie an.
Spielleiter: Was sind das für Leute?
Teilnehmer: Ach, eigentlich ganz nett, haben nur ein bisschen getrunken und gehen jetzt nach Hause.
Spielleiter: Wer spielt die Typen? ... Wie heißt ihr? Wo wart ihr gerade? Was habt ihr vor? Guckt mal, da sitzt ein Mädchen ...

Lebenszusammenhänge von Gruppen

Der Lebenszusammenhang Einzelner wie auch von Gruppen wird durch spezifische Ereignisse, Tätigkeiten, Alltagsrituale, Begegnungen und soziale Beziehungen strukturiert, die das Leben, Denken und Handeln der Menschen beeinflussen und organisieren. Bei der szenischen Interpretation kann an einzelnen Szenen herausgearbeitet und gezeigt werden, welche Erlebnisse im Lebenszusammenhang einer Gruppe stattfinden können, in welcher Weise sie zu Erfahrungen verarbeitet werden und wie sich diese in den Haltungen und Beziehungen der Menschen untereinander niederschlagen. Die Spieler können dabei erfahren, dass Menschen (und sie selbst) nicht nur Individuen, sondern immer auch ein Produkt ihrer gesellschaftlichen Beziehungen sind, dass und wie diese Beziehungen ihren Handlungsspielraum definieren und einschränken und dass die Problematisierung dieser Beziehungen und der damit verbundenen Normen konfliktreich sein kann.

Tragt Probleme, Konflikte und Handlungssituationen aus dem Leben der Gruppe zusammen. Ordnet die Situationen nach Erfahrungsbereichen (Arbeit, Freizeit, Elternhaus usw.), Räumen (Wohnung, Schule, Disko usw.), Zeiten (Woche, Tageszeit) sowie Beziehungsformen (Aggression, Liebe, Konkurrenz, Unterdrükkung). Zeigt und interpretiert einzelne Situationen mit Hilfe von Standbildern oder Improvisationen.

Lest euch Texte durch, seht euch Bilder und Filme an und entscheidet euch für Situationen, an denen ihr szenisch untersuchen wollt, welche Rolle sie im Lebenszusammenhang der Gruppe spielen. Bildet kleine Gruppen und entwerft eine Handlung, an der sichtbar gemacht werden kann, was eine Situation für einzelne Personen oder eine Gruppe bedeutet. Diskutiert alle Geschichten im Plenum. Wählt die überzeugendste aus. Setzt die bereits erspielten Szenen in Bezug zu dieser Geschichte. Legt die Szenenfolge und die Rollen fest. Erarbeitet in Gruppen einzelne Szenen. Präsentiert diese im Plenum und überarbeitet sie gemeinsam so, dass sie zusammenpassen.

Material mit Kommentaren: Jugendcliquen (Scheller/Schumacher 1984, S. 47-64).

Kulturell fremde Lebenszusammenhänge

Kulturell und sozial fremde Menschen und Lebenszusammenhänge eignen sich besonders gut als Projektionsfläche für eigene ungeliebte bzw. ungelebte Wünsche, Gefühle und Verhaltensweisen. Sie schlagen sich in positiven und negativen Vorurteilen nieder, in Idealisierungen oder Abwertungen. Erst über die nachahmende Einfühlung in den Lebenszusammenhang, den Habitus, die äußeren und inneren Haltungen und in Alltagssituationen und -handlungen ist es möglich, die konkreten Wahrnehmungen, Bedürfnisse, Interaktionsformen und Beziehungen dieser Menschen „am eigenen Leibe“ nachzuvollziehen und z.T. lustvoll zu erleben. Schritt für Schritt können sich die Teilnehmer mit den Mitteln des szenischen Spiels fremde Lebenszusammenhänge, fremdes Handeln und Denken erschließen. Dabei können eigene, teilweise verdrängte bzw. vergessene körperbezogene Bedürfnisse aktiviert und so ausagiert werden, dass das Fremde als abgewehrtes Eigenes nachvollziehbar wird. Voraussetzung für eine solche szenische Interpretation ist die Erarbeitung und Vorgabe von *Rollentexten*, in denen die Lebenssituation, die Lebensgeschichte und die Haltungen einzelner Personen dargestellt werden, einer *Fabel*, in der sich die Haltungen und Beziehungen von Menschen entwickeln können, und von *Szenen*, in denen sich der Lebenszusammenhang materialisiert (Müller/Scheller 1993a).

Bildet Gruppen und erstellt jeweils drei Bilder, die euch zu den Menschen, mit deren Lebenssituation wir uns auseinander setzen wollen, einfallen. Zeigt die Bilder im Plenum. Erstellt gemeinsam eine Statue aus den Bildern und entwickelt eine Haltung dazu. Sammelt Vorurteile gegenüber der Menschengruppe, zeigt sie in Standbildern und kontrastiert sie mit Gegenbildern, die die Haltungen derjenigen zeigen, die die Vorurteile haben. Erinnert euch an Situationen, in denen ihr direkt oder mittelbar mit solchen Menschen konfrontiert wurdet und demonstriert sie in Standbildern.

Erprobt spezifische kulturelle Äußerungsformen der Menschen (z.B. Musik, Tanz). Führt Tätigkeiten aus, die für die Menschen im Mittelpunkt ihres Lebens stehen. Erprobt spezifische Geh-, Steh-, Sitzhaltungen und Interaktionsweisen. Verteilt die Rollen, lest Rollentexte, Szenen und Hintergrundmaterialien und schreibt Rollenbiographien für eure Figuren. Verkleidet euch. Erarbeitet Geh-, Steh- und Sitzhaltungen.

Kulturell fremde Sitzhaltungen erarbeiten

Die Spieler der Personen, deren Beziehungen enger sind (Familie, Freundschaften usw.), tun sich zusammen. Stellt euch aus der Rolle heraus gegenseitig vor und baut dann eine Statue, die die Beziehung zwischen euch sichtbar macht.

Entscheidet euch für eine Szene, die ihr interpretieren wollt. Lest euch die Szenenbeschreibung und die Hintergrundinformationen durch und konkretisiert die Szene in der Gruppe anhand von W-Fragen. Klärt für die Person, die ihr spielen wollt, was sie gerade mit welchen Intentionen und Gefühlen tut und was sie vorher getan hat.

Baut den Handlungsort auf, begebt euch an die Stelle, an der sich eure Figur vor Beginn der Szene aufhält, sagt aus der Rolle heraus, was ihr gerade macht und was euch innerlich beschäftigt und improvisiert die Szene. Eine Beobachterin betrachtet das Geschehen von außen, unterbricht immer wieder mit Stopp-Rufen, fragt nach den Gedanken bzw. erinnert an den Ablauf der Szene.

Sprecht in der Gruppe über die Szene und überprüft eure Darstellung anhand der Vorlage. Spielt die Szene mehrmals durch und lasst euch immer wieder von der Beobachterin korrigieren. Präsentiert eure Szene im Plenum: Baut den Ort auf und beschreibt ihn. Begebt euch an den Ort, an dem ihr euch zu Beginn der Szene aufhaltet. Stellt euch im Rollengespräch mit dem Spielleiter vor. Spielt die Szene, sprecht eure Gedanken aus und äußert euch anschließend in euren Rollen über das Erlebte.

Material mit Kommentaren: Lebens- und Arbeitsbedingungen von Indios in Lateinamerika (Scheller/Schuhmacher 1984/Bartels u.a. 1987); Menschen in Schwarzafrika (Müller/Scheller 1993a); Leben im Mittelalter (Bartels u.a. 1993b).

4.3 Szenische Interpretaion von Texten, Bildern und Filmen

Literarische Texte (Dramen, Erzählungen, Romane)

Literarische Texte benennen und entwerfen mit sprachlichen Mitteln Räume, Gegenstände, Menschen, Situationen, Vorgänge, Beziehungen und Bilder, die in der Vorstellung in sinnlich konkrete Szenen umgesetzt werden müssen, um verstanden zu werden. Bei der szenischen Interpretation werden diese Vorstellungen szenisch dargestellt und gedeutet. Der Text ist Spielmaterial für Inszenierungen in der Vorstellung und in der Gruppe (vgl. Scheller 1989 u. 1996).

Lest den Text und zeigt mit Standbildern Szenen bzw. Beziehungskonstellationen, die euch beim Lesen beeindruckt haben. Interpretiert die Standbilder. Sagt als Beobachter, was die Standbild-Bauer an der Szene beeindruckt hat.

Seht euch Bilder an, die Menschen aus der Zeit und der sozialen Schicht zeigen, um die es im Text geht. Achtet auf die Kleidung, die Körperhaltungen und die Interaktionsformen der Menschen. Stellt euch vor, ihr seid so gekleidet wie die Menschen auf den Bildern. Erprobt Geh-, Steh-, Sitzhaltungen und Interaktionen. Schaut euch Bilder an, in denen Menschen in unterschiedlichen Situationen abgebildet sind. Lasst euch in einer Phantasiereise in den Lebenszusammenhang führen und zeigt anschließend mit Standbildern Situationen, die sich euch besonders eingeprägt haben. Schaut euch noch einmal die bildlichen Darstellungen an, beschreibt die Situationen, stellt sie nach und interpretiert sie szenisch. Lest Texte, die Aufschlüsse über den Alltag und den Lebenszusammenhang der Menschen geben, und baut dazu Standbilder.

Entscheidet euch für eine Person im Text und schreibt eine Rollenbiographie. Verändert euer Aussehen so, dass ihr dem der Person näher kommt. Erarbeitet für die Person charakteristische Körperhaltungen und eine Sprechhaltung für eine Äußerung und präsentiert sie im Plenum. Sprecht aus der Rolle heraus über zentrale Probleme der Person. Stellt die Person bei Tätigkeiten vor, die in ihrem Lebenszusammenhang besondere Bedeutung haben bzw. hatten. Begründet die physischen Handlungen.

Bereitet in Gruppen Szenen aus dem Text für das Spiel vor: Lest den Text mit verteilten Rollen. Erprobt dabei unterschiedliche Sprechweisen. Klärt die sinnlich konkreten Details der Szene. Baut den Handlungsort mit Hilfe von Hilfsobjekten auf. Spielt die Szene mehrmals durch und macht euch das Interaktionsmuster klar.

Präsentiert eure Szenen in der vom Text vorgegebenen Reihenfolge: Eine beschreibt aus der Rolle heraus detailliert den Ort der Handlung. Begebt euch in eurer Rolle an den Ort, an dem ihr euch vor Beginn der Szene aufhaltet, und äußert euch im Rollengespräch mit dem Spielleiter über euer akutes Befinden. Spielt die Szene. Wenn die Beobachter „Stopp“ rufen, sagt aus der Rolle heraus, was ihr gerade denkt.

Variationen der Rollen-Reflexion:

- Reflektiert die Szene aus der Perspektive der Personen.
- Äußert euch im Rollengespräch mit dem Spielleiter über eure Erlebnisse.
- Macht euch im Rollenmonolog die Gefühle eurer Figur bewusst.
- Rechtfertigt euer Verhalten in der Szene.
- Stellt euch einer Befragung durch andere Personen.
- Sprecht in Rollengespächen mit anderen Figuren über eure Erlebnisse.
- Zeigt in Standbildern, welches Bild ihr von anderen Figuren habt.
- Zeigt mit einer Statue, wie ihr die Beziehung zwischen den Figuren in dieser Szene seht.
- Sucht und begründet eure eigene Position in der Beziehungskonstellation.

Variationen der Beobachter-Reflexion:

- Beschreibt eure Wahrnehmung der Haltungen, Interaktionen oder Situation.
- Zeigt mit Standbildern, wie ihr zentrale Momente der Szene wahrgenommen habt.
- Demonstriert das Verhalten von Figuren in bestimmten Momenten.
- Zeigt in einer Statue, wie ihr die Beziehung zwischen den Personen wahrgenommen habt.
- Erarbeitet ambivalente innere Haltungen der Figuren mit Hilfe von Stimmenskulpturen.
- Kritisiert das Verhalten der Personen, indem ihr zeigt, wie sie sich in bestimmten Situationen hätten verhalten sollen.
- Beschreibt oder demonstriert als Spieler, was ihr im Spiel erlebt habt und wie ihr zur gespielten Person steht.

Geeignete Texte, zu denen Materialien vorliegen: Lessing, Emilia Galotti (Scheller 1996); Lessing, Nathan der Weise (Scheller 2004); Lenz, Soldaten (Scheller 1989a)*; Schiller, Maria Stuart (Scheller 1989a)*; Schiller, Wilhelm Tell (Scheller 1992); Goethe, Faust (Scheller 1989a)*; Kleist, Der zerbrochene Krug (Scheller 1995)*; Büchner, Woyzeck (Scheller 1987a)*; Büchner, Leonce und Lena (Scheller 1996)*; Büchner, Dantons Tod (Scheller 1997); Wedekind, Frühlings Erwachen (Scheller 1987b)*; Ibsen, Nora (Scheller 1986); Brecht, Der gute Mensch von Sezuan (Scheller 1989a)*; Horváth, Jugend ohne Gott (Wickert 1996); Dürrenmatt, Die Physiker (Scheller 1989a)*; Frisch, Andorra (Scheller 1989a)*; Schlink, Der Vorleser (Scheller 2004); Müller, Das Eiserne Kreuz (Scheller 2004); Härtling, Ben liebt Anna (Auts/Grenz/Josten 1996); Pausewang, Der ‚Lassmich' (Siems 1996); GRIPS-Theater Berlin, Kloß im Hals (Reiterer 1996); Dramenszenen zum Thema *Gewalt* von Fassbinder und Bayer (Scheller/Wickert 1993)* und Ludwig/Michel (Scheller 1995). Interpretationsvorschläge zu weiteren Dramen, Romanen und Kurzgeschichten vgl. Scheller 2004.

Triviale Geschichten

Schriftliche und mündliche Erzählungen, Filme und Fotoromane, die bewusst so aufgebaut und konstruiert werden, dass sie die im Alltag versagten oder erst produzierten Bedürfnisse nach Liebe, Sexualität, Harmonie, Action und Gewalt zumindest in der Phantasie befriedigen, nenne ich triviale Geschichten. Dazu gehören z.B. Groschen- und Fotoromane, Heimatfilme, Werbefilme u.a. Nach einem einfachen Schema konstruiert entführen sie ihre Rezipienten in eine soziale Realität, in der der ermüdende Alltag aufgehoben ist und Phantasien ungehindert ausgelebt werden können. Bei der szenischen Interpretation können die Teilnehmer die in den Geschichten ausgesparte widersprüchliche Realität und die Erfahrungen, Phantasien und Empfindungen der beteiligten Personen erarbeiten und

* Die mit einem * versehenen Texte sind vergriffen. Überarbeitete Materialien (Rollentexte, Bilder, Ortsbeschreibungen) zu diesen und anderen Dramentexten erscheinen demnächst im Schneider Verlag. Die Interpretationsverläufe können unter ingo.scheller@web.de angefordert werden.

darstellen. So vollziehen sie den trivialen Abstraktions- und Reduktionsprozess nach. Darüber hinaus können sie sich die Bedürfnisse und Wünsche bewusst machen, die durch diese Geschichten angesprochen werden.

Zeigt mit Standbildern Situationen, die euch besonders berührt haben.

Bildet Gruppen und bereitet Szenen vor (Alternative: alle die gleiche Szene), die für die Geschichte charakteristisch sind. Konkretisiert die Szene: Wo findet sie statt? Wem gehört der Ort? Warum findet sie hier statt? Zu welcher Tageszeit? Weshalb treffen die Personen hier aufeinander und was machen sie? Was wisst ihr über die Personen? Was nicht? Verteilt die Rollen und interviewt die Spieler in ihren Rollen. Fragt dabei nach allem, was ihr nicht wisst: nach der Arbeit, der Familie, dem Selbstbild, nach dem, was sie gerade beschäftigt, nach Problemen, Sehnsüchten, Lieblingstätigkeiten, nach dem, was sie hierher geführt hat, nach ihren Einstellungen und Wünschen gegenüber den anderen Personen, nach Sympathien und Antipathien usw. Baut dann gemeinsam den Ort auf und begebt euch dorthin, wo sich eure Figur vor Beginn der Szene aufhält. Sagt, wo ihr gerade seid und was ihr gleich vorhabt. Spielt die Szene durch. Die Beobachter unterbrechen immer wieder und fragen nach den Gedanken der Personen.

Präsentiert nacheinander eure Szenen im Plenum: Baut den Raum auf und beschreibt ihn, stellt euch in euren Rollen vor und spielt die Szene. Der Spielleiter unterbricht immer wieder und fragt die Personen nach momentanem Befinden, Gedanken und Gefühlen. Nach Abschluss der Szenen spricht er noch einmal mit den Personen über ihre Erlebnisse und das weitere Vorgehen.

Sprecht abschließend über alle Unterschiede im Verhalten der Personen in den unterschiedlichen Szenen: Wo sind Verhaltensweisen vereinbar, wo entstehen Brüche? Wie können die Brüche aufgehoben werden? Konfrontiert eure Darstellung mit der Vorlage, indem ihr sie in Standbildern kontrastiert. Geht dabei nach dem Muster vor: „In der Situation verhalten sich die Personen nicht so ... (Bild nach der trivialen Vorlage), sondern so ... (Bild der eigenen Interpretation)". Überlegt, warum die Geschichte so angelegt wurde, wen und welche Bedürfnisse sie anspricht.

Reportagen

Reportagen arbeiten Ereignisse auf, indem berichtende und szenische Passagen montiert werden. Auch wenn sie den Anspruch hoher Authentizität vermitteln – etwa durch wörtliche Aussagen von Zeugen –, dominiert doch die journalistische Perspektive. Bei der szenischen Interpretation von Reportagen kann das Geschehen rekonstruiert und aus unterschiedlichen Perspektiven anders gedeutet werden. Indem sich die Teilnehmerinnen in die Rollen von direkt und mittelbar Betroffenen einfühlen und aus diesen heraus das Geschehene zeigen und bewerten, entsteht eine multiperspektivische Darstellung, die nicht nur die Komplexität sozialer Ereignisse und die Standortgebundenheit von Reportagen erfahrbar macht, sondern den Teilnehmern auch die Möglichkeit gibt Perspektiven wahrzunehmen und zu verstehen, die ihnen fremd sind.

Lest die Reportage und zeigt in Standbildern die Situationen, die ihr persönlich am spannendsten findet.

Stellt Personen zusammen, die direkt und indirekt mit dem in der Reportage genannten Geschehen zu tun haben. Bildet Paare (oder Gruppen), entscheidet euch für eine dieser Personen und überlegt, welche Szenen für sie am wichtigsten sein könnten. Berichtet im Plenum, wie die Person das Ereignis erlebt hat und bewertet. Illustriert die Erzählung mit Standbildern. Die Beobachter können euch dabei Fragen stellen.

Zeigt in einer Standbildserie, was die Reporterin in den Mittelpunkt ihrer Darstellung gestellt hat. Die Repräsentanten der anderen Personen nehmen jeweils Stellung dazu.

Material mit Kommentaren: „Und dann hängten sie den Viktor auf" (Dieterle/Iaconis 1996).

Nachrichten

Durch Presse, Radio oder Fernsehen vermittelte Nachrichten reduzieren in der Regel komplexe soziale Ereignisse auf Informationen. Diese regen uns zu Projektionen an, die vom eigentlichen Geschehen ablenken. Bedrohliche Ereignisse, die unser Leben berühren und Fragen an uns selbst provozieren, können so inszeniert werden, dass sie uns fremd bleiben oder abgewehrt werden. Die szenische Interpretation kann helfen Nachrichten aus diesem reduzierenden Zusammenhang zu lösen und komplexe Hintergründe so zu rekonstruieren, dass die eigene Betroffenheit und eigene Fragen möglich werden. Dabei ist nicht wichtig, dass die im Spiel erarbeiteten sozialen Zusammenhänge sich tatsächlich so zugetragen haben. Wichtig ist, dass das soziale Geschehen für die Spieler und Beobachter eine Bedeutung bekommt und dass die Tendenz, mit der es in der Nachricht verkürzt inszeniert wird, erfahrbar wird.

Lest die Nachricht durch. Zeigt in Standbildern, welche Bilder sie in euch entstehen lässt und welche Haltung ihr zu den Bildern einnehmt.

Bildet Gruppen und überlegt, wie die in der Nachricht genannten Ereignisse entstanden sein, wie sie abgelaufen sein und welche Folgen sie gehabt haben könnten. Entwickelt jeweils eine Standbildserie, die einzelne Stationen dieses Prozesses darstellt. Präsentiert eure Bilderserien im Plenum. Sucht anschließend nach Gemeinsamkeiten bei der Deutung der Nachricht.

Entscheidet euch für die Version, die euch am meisten überzeugt hat (oder verbindet mehrere Versionen) und entwickelt Rollen und Situationen, die nach eurer Meinung zum Verstehen des Ereignisses wichtig sind. Verteilt die Rollen. Besetzt dabei alle Rollen mehrmals. Fühlt euch in die Rollen ein, schreibt kurze Rollenbiographien, entwickelt Körper- und Sprechhaltungen, stellt euch in der Rolle vor und sprecht über die momentanen Probleme der Personen.

Bereitet in parallelen Gruppen das Spiel von Situationen vor. Spielt Situationen im Plenum in wechselnden Besetzungen: Baut dabei jeweils den Ort auf (und beschreibt ihn), führt Einfühlungsgespräche mit dem Spielleiter, agiert in den Rollen und sprecht nach den Szenen in der Rolle über eure Erlebnisse. Demonstriert, vergleicht und bewertet die Haltungen der Personen in den verschiedenen Versionen.

Zeigt in einem Standbild, was die Nachricht aus dem Ereignis gemacht hat.

Material mit Kommentaren: Ruck-Pauquet, Das dritte Opfer im Kriminalfall X (Scheller 1997b); „Enttäuschter Vater erschoß sich vor den Augen seines Sohnes" (Scheller 1985).

Theoretische Texte

Texte, die Sachzusammenhänge darstellen und theoretisch analysieren, abstrahieren in der Regel von den sozialen Situationen, auf die sie sich beziehen bzw. denen sie ihre Entstehung verdanken. Die szenische Rekonstruktion solcher Situationen gibt nicht nur einen erfahrungsbezogenen Einblick in die Entstehungsbedingungen sachlicher und theoretischer Analysen, sondern sie ermöglicht es auch Theorie- und Abstraktionsprozesse zu überprüfen und zu exemplifizieren. Bei der szenischen Interpretation solcher Bezugsszenen und der in ihnen agierenden Personen kann erfahrbar gemacht werden, welche Aspekte bei der Analyse herausgestellt, welche ignoriert wurden. Sie bietet den Teilnehmern die Möglichkeit, vor dem Hintergrund eigener Erfahrungen die Einseitigkeit theoretischer Analysen zu kritisieren und eigene Fragen und Überlegungen zu entwickeln.

Lest den Text. Zeigt in Statuen, worum es der Verfasserin euer Meinung nach geht. Stellt die Themenbereiche zusammen, die im Text angesprochen werden.

Bildet Gruppen. Jede Gruppe übernimmt einen Themenbereich. Sammelt Situationen, an denen man demonstrieren kann, was zum Thema gesagt wird. Erarbeitet eine Szene, an der ihr die Position der Autorin erläutern könnt bzw. stellt Standbilder zusammen, die unterschiedliche Positionen zum Thema sichtbar machen. Stellt eure eigene Position dar, indem ihr mit Standbildern zeigt, wie ihr die Sache möglicherweise im Gegensatz zur Autorin seht.

Bilder

Bilder bringen in erstarrter Form und in einer bestimmten Perspektive Momente einer Geschichte zur Erscheinung. Als Ausschnitte, Reduktionen und Interpretationen geben sie visuelle Einblicke in Lebensräume, natürliche und soziale Zusammenhänge, in Gegenstände, Haltungen und Handlungen von Menschen unterschiedlicher Epochen, Kulturen und Schichten. Bilder werden gemacht: Die Wahl des Motivs, die Inszenierung des Ausschnitts, die Festlegung der Perspektive, die Darstellungsweise und das Material ermöglichen eine Vielzahl von Realitätstäuschungen und Inszenierungen ökonomisch und ideologisch verwertbarer Vor-Bilder der Selbstdarstellung, Identitätsbildung und Wunschbefriedigung. Bei der szenischen Interpretation werden Bilder als Momentaufnahmen von Szenen aufgefasst, die sich die Teilnehmer vorstellen, in die sie sich einfühlen, in denen sie handeln, die sie perspektivisch erleben, verfremden und historisieren. Dabei kann ihnen nicht nur bewusst werden, dass Bilder perspektivische und interessengeleitete Entwürfe und Konstruktionen sozialer Wirklichkeit sind, sie können auch erfahren, welche Wünsche, Bedürfnisse und Lebensentwürfe durch Bilder bei ihnen angestoßen und in bestimmter Weise interpretiert werden.

Sucht euch das Bild aus, das euch am meisten anspricht. Baut es als Standbild auf und sucht den Ort im Bild oder außerhalb des Bildes, der euch am meisten interessiert. Erläutert im Gespräch mit dem Spielleiter eure Sichtweise.

Schaut euch die Bilder genau an. Achtet dabei vor allem auf die Kleidung, die Körperhaltungen und die Interaktionen der abgebildeten Personen. Stellt euch vor, ihr seid genauso gekleidet. Erprobt entsprechende Geh-, Steh- und Sitzhaltungen sowie Interaktionsweisen.

Sucht euch ein Bild aus, das ihr genauer interpretieren wollt – zusammen mit Partnerinnen. Schaut euch das Bild genau an und klärt die abgebildete Situation so genau wie möglich. Baut mit Hilfs-Objekten den Raum auf, beschreibt ihn detailliert und sucht den Ort und die Haltung, die ihr im Raum einnehmen würdet. Begründet eure Position. Verteilt die Rollen der Personen, die auf dem Bild sichtbar sind. Eine übernimmt die Rolle der Malerin bzw. Fotografin.

Schaut euch die Person, in die ihr euch einfühlen wollt, noch einmal genau an, ahmt die Körperhaltung, Gestik und Mimik nach und sucht nach Bewegungsformen. Schreibt eine kurze Rollenbiographie für die Person. Entwickelt Körper- und Sprechhaltungen und stellt die Person bei einer Alltagsbeschäftigung vor.

Schreibt auf, was die Person, die ihr übernommen habt, in der Situation mit welchen Intentionen und Gefühlen tut und was sie vorher getan hat. Stellt in der Gruppe das Bild nach. Jede nimmt die auf dem Bild sichtbare Haltung ein und erstarrt darin. Eine beginnt aus der Rolle heraus zu monologisieren: Sprich alles aus, was der Person gerade durch den Kopf geht. Wenn dir nichts mehr einfällt, beginnt die Nächste mit dem Monolog.

Wenn ihr alle aus der Rolle heraus die Gedanken ausgesprochen habt, geht zum Spiel über. Die Spielerin der Bildproduzentin unterbricht immer wieder durch Stopp-Rufe, fragt nach den Gedanken und Gefühlen der Personen und teilt ihre eigenen mit. Brecht das Spiel ab und sagt aus den Rollen heraus, was ihr gerade erlebt habt.

Zeigt eure Szenen im Plenum: Zunächst baut die Produzentin das Bild auf und interpretiert es. Dann korrigieren die Spieler das Bild nach ihrer Vorstellung. Sagt dann kurz aus der Rolle heraus, was die Personen gerade denken, und geht zum Spiel über. Wenn der Spielleiter das Spiel unterbricht, sagt aus der Rolle heraus, was ihr gerade denkt. Zeigt als Beobachter in einer Statue bzw. mit einer Stimmenskulptur, wie ihr die Haltungen und Beziehungen der Personen gesehen habt. Zeige als Produzentin in einer Statue, was du mit deinem Bild deutlich machen wolltest.

Material mit Kommentaren: Mann/Schröter/Wangerin 1995; Scheller 1987b, 1995c, 1996a.

Filme

Filme erzählen Geschichten in beweglichen Bildern, wobei Bilder, Dialoge, Kommentare und Musik so integriert sind, dass die Illusion einer Realität entsteht, die die Zuschauer zum Teil des Geschehens macht. Die beweglichen Bilder wurden fotografiert und montiert. Die Aufnahmetechnik bewirkt aber, dass die Zuschauer das dargestellte Geschehen weniger als Realitätsdeutung denn als Teil der Realität wahrnehmen. Die sinnliche Nähe und die Möglichkeit in Identifikation mit Personen sonst kaum realisierte bzw. realisierbare Bedürfnisse auszuleben, machen die Faszination, aber auch die Problematik von Filmen aus. Als quasi eigene Wahrnehmung besetzen Filme die Phantasie, bieten virtuelle Handlungsmuster, ohne dass sie auf ihren Realitätsgehalt überprüft werden müssen. Bei der szenischen Interpretation können einzelne Sequenzen, Szenen, Haltungen, Handlungs- und Beziehungsmuster untersucht, Identifikationen sichtbar gemacht und überprüft werden. Die Teilnehmerinnen können sich in Personen einfühlen und – vor dem Hintergrund eigener Erfahrungen – Haltungen und Perspektiven entwickeln, die die im Film entworfenen relativieren oder in Frage stellen.

Überlegt euch, welche Situationen im Film euch am meisten beeindruckt haben, und demonstriert und interpretiert sie mit Standbildern.

Bildet Gruppen. Erarbeitet eine Inhaltsangabe des Films und illustriert sie mit fünf Standbildern. Demonstriert diese anschließend im Plenum. Erläutert, warum ihr gerade diese Szenen darstellt. Vergleicht die unterschiedlichen Versionen der Gruppen.

Entscheidet euch für Situationen aus dem Film, die ihr nachspielen wollt. Bildet Gruppen und überlegt, wer spielen und wer zum Aufnahmeteam gehören will. Konkretisiert die Situation und legt den Ablauf fest. Verteilt die Rollen. Schreibt Rollenbiographien, erarbeitet Körper- und Sprechhaltungen und präsentiert eine Situation, die der Person, deren Rolle ihr übernommen habt, besonders wichtig ist. Baut euch den Raum auf und beschreibt ihn detailliert. Überlegt euch, mit welchen Intentionen und Gefühlen die Person, die ihr spielen wollt, in der Szene handelt, begebt euch dann an den Ort, an dem ihr euch vor Beginn der Szene befindet, führt dort innere Dialoge mit dem Spielleiter und geht dann zum Spiel über. Sprecht nach dem Spiel in euren Rollen mit dem Spielleiter über eure Erlebnisse. Spielt die Szene mehrmals. Das „Aufnahmeteam" unterbricht das Spiel immer wieder durch „Stopp"-Rufe. Die Regisseurin und die Kamerafrau legen die Perspektive und die Einstellungen fest.

Präsentiert eure Szenen im Plenum. Die Regisseurin unterbricht an Stellen, an denen ein Schnitt mit einer neuen Einstellung vorgenommen wird. Die Spieler erstarren dann in ihren Rollen. Die Beobachter nehmen die Perspektive ein, die ihnen die Regisseurin vorgibt. Diskutiert die Interpretationen der Szenen und vergleicht sie – soweit das möglich ist – mit dem Original.

Erarbeitet und präsentiert mit Hilfe von Standbildern die Körperhaltungen der Personen in den Filmszenen. Die Beobachter deuten die Haltungen, indem sie hinter die Personen treten und sagen, was diese denken könnten.

Erarbeitet in Gruppen zur Textvorlage bzw. Transkription der Dialoge in den Szenen Sprechhaltungen für die Personen und präsentiert sie im Plenum. Die Beobachter deuten Haltungen und Beziehungen der Personen. Seht euch noch einmal die Filmszenen an und deutet die dort gewählten Sprechhaltungen.

Stellt in Gruppen Bilder kommerzieller oder politischer Werbung nach, in denen auf familiäre Beziehungskonstellationen angespielt wird: Vater-Kind, Mutter-Vater, Kind-Mutter, Bruder-Bruder, Sohn-Tante usw. Präsentiert eure Standbilder ohne Kommentar im Plenum. Die Beobachter interpretieren die Bilder, indem sie die Beziehungskonstellation benennen und den Personen Gedanken einsprechen. Schaut euch anschließend die Werbefotos an und sprecht über Sinn und Zweck der Anspielungen. Seht euch noch einmal die Filmszenen an, sucht in Gruppen nach entsprechenden Übertragungskonstellationen und stellt diese im Plenum dar. Sprecht über Sinn und Zweck der Anspielungen von Filmszenen auf Familienkonstellationen.

5. Inhalte des szenischen Spiels

5.1 Themenfelder – Einheiten – Situations- und Rollenvorgaben

Mit den Mitteln des szenischen Spiels können wir uns mit nahezu allen Themen auseinander setzen, die Menschen in unterschiedlichen Lebensaltern und Lebenszusammenhängen beschäftigen: Familie, Beruf, Freundschaft, Liebe, Schule, Fernsehen, Ausbildung, Geld, Gewalt, Urlaub, Krieg, Naturkatastrophen, Kindheit, Jugend, Geschlecht u.a.m. Wir können uns in Menschen aus anderen Epochen, Ländern und sozialen Schichten hineinversetzen und versuchen Gemeinsamkeiten und Differenzen in Erfahrungen und Lebensentwürfen zu entdecken. Wir können schließlich uns selbst, unseren eigenen bewussten, aber auch vergessenen Wahrnehmungs-, Denk- und Verhaltensmöglichkeiten auf die Spur kommen und sie erweitern.

Wie Themen zu Inhalten von Spielprozessen werden können, welche Fragen und Ziele dabei geklärt, welche Schritte geplant und wie Situations- und Rollenvorgaben beschaffen sein müssen, damit die Spielenden sie sich mit ihren Haltungen und Handlungsweisen aneignen können, das soll im Folgenden dargestellt und so weit wie möglich an Beispielen erläutert werden. Anschließend werden dann Spielideen, Lerneinheiten und Materialien exemplarisch auf vier Themen angewandt, die Jugendliche und Erwachsene immer wieder beschäftigen: *Jugend und Gewalt, Mann-Frau-Beziehungen, Alltag im Dritten Reich* und *Schule.*

Vom Thema zum Inhalt

Die Vefahren der szenischen Handlungen, die im vorherigen Kapitel ohne spezifischen Themenbezug dargestellt und begründet wurden, sind nicht beliebig austauschbar. Einzelne Verfahren und Handlungsschritte thematisieren jeweils nur bestimmte Aspekte sozialer Realität und eröffnen unterschiedliche Möglichkeiten sich mit Themen unter diesen Aspekten szenisch auseinander zu setzen. Grundsätzlich sind alle sozialen Situationen und Ereignisse geeignet, die sich auf das gewählte Thema beziehen bzw. in einem Zusammenhang damit stehen. Die skizzierten szenischen Handlungen zeigen die Spannbreite dessen auf, was mit Mitteln des szenischen Spiels untersucht und gelernt werden kann. Sie richten den Blick auch auf verdrängte bzw. vernachlässigte Aspekte, die unsere Vorstellungen und Handlungen häufig mehr beeinflussen und bestimmen, als uns bewusst ist, und die dazu beitragen, dass wir uns trotz erworbenen Wissens so wenig verändern.

All diese Aspekte sind zu berücksichtigen, wenn erlebte oder nur entworfene (und damit für möglich gehaltene) komplexe soziale Ereignisse Schritt für Schritt szenisch rekonstruiert und durch die konkreten Handlungen und Haltungen der Spieler dargestellt und damit (neu) interpretiert werden. Gegenstand der szenischen Interpretationen sind dabei immer auch die kulturellen Darstellungsformen, durch die uns Ereignisse vermittelt (und damit gedeutet) werden, also Erlebnis- und Situationsbeschreibungen, unterschiedliche Textsorten, Bilder und Filme.

Ziele

Die zeitlichen Rahmenbedingungen, aber auch inhaltliche Schwerpunkte und Zielsetzungen zwingen Pädagogen, aus der Vielzahl möglicher Themen und Verfahren eine Auswahl zu treffen. Das szenische Spiel lässt es zu, Themen unter verschiedenen Gesichtspunkten anzugehen und Akzente zu setzen, ohne etwas auszuschließen. Solche Akzente können sein:

▶ Bewusste und unbewusste Vorstellungen erschließen

Die zentrale Frage gilt den bewussten und unbewussten Vorstellungen, Bildern und Projektionen, die die Teilnehmer mit Ereignissen, Situationen und Menschen verbinden. Für die hier gewählten Themen geht es also um die Bilder, die sie sich z.B. von gewalttätigen Jugendlichen, von den Beziehungen zwischen Mann und Frau in unterschiedlichen Lebensbereichen, vom Alltag im Nationalsozialismus und von der Schule gemacht haben. Szenisch untersucht wird dann, wie diese Vorstellungsbilder aussehen, wie sie entstanden sind und welches Verhalten sie hervorbringen oder rechtfertigen. Die Arbeit gilt also weniger der Auseinandersetzung mit Sachzusammenhängen als der Darstellung, Analyse und Veränderung von Vorstellungen und Verhaltensmustern.

▶ Ereignisse verstehen

Um Ereignisse zu verstehen, gilt es sich in die gegebenen Situationen und die beteiligten Menschen einzufühlen: So beispielsweise in die Lebensbedingungen und Haltungen von Jugendlichen, die in bestimmten Situationen gewalttätig werden. Die szenische Arbeit tastet sich Schritt für Schritt an Lebenszusammenhang, Habitus und Haltungen fremder Menschen heran. Die Spielenden handeln in Rollen und bestimmten Situationen. Das erleichtert es ihnen soziale Ereignisse aus dem fremden Lebenszusammenhang heraus zu verstehen.

▶ Eigene Anteile (wieder)entdecken

Hier geht es darum, das Thema im Erleben und in den Haltungen der Teilnehmer selbst zu entdecken und zu untersuchen: Die Spielenden können sich im szenischen Spiel als Täter bzw. Opfer von Gewalt erleben, das eigene Verhalten in der Geschlechtsrolle untersuchen, Macht, Ohnmacht, Anpassung und Widerstand bei sich selbst entdecken oder eigene Haltungen in bestimmten Situationen, darstellen und reflektieren. Sie können eigene, im Interesse der Identitätssicherung ausgegrenzte Haltungsanteile aufspüren, in ihren Voraussetzungen und Wirkungen untersuchen, ins Selbstbild integrieren und möglicherweise verändern.

Die skizzierten Zielrichtungen schließen sich nicht aus, im Gegenteil: Sie kommen in allen Spielprozessen zusammen. Sie können aber helfen bei der Planung und Durchführung von Spieleinheiten Akzente zu setzen.

Lerneinheiten

Es ist sinnvoll, in den Mittelpunkt von Lerneinheiten die szenische Interpretation eines sozialen Ereignisses zu stellen. Diese kann inhaltlich durch szenische Erkundungen und die subjektive Aneignung des Themas vorbereitet werden. Dadurch entstehen Phasen mit Zielen mittlerer Reichweite:

▶ Erkundungsphase

Zu Beginn sollten die Teilnehmer in einer Arbeitseinheit an das Thema und wichtige Spielverfahren herangeführt werden. Bewährt hat sich dabei folgendes Vorgehen:

Einstieg Die Teilnehmer zeigen Haltungen, die ihnen zum Thema einfallen, und nennen ihren Namen. Diese Haltungen werden, mit Wiederholung des Namens, reihum nachgeahmt (s. S. 21).

Klischeebilder und Haltungen Die Teilnehmer bauen in Kleingruppen jeweils drei Standbilder, die ihnen zum Thema einfallen. Die Bilder werden im Plenum interpretiert und in einer Statue zusammengefasst, zu der alle eine Haltung einnehmen und begründen (s. S. 68).

Szenenimprovisation mit Zahlen Die Teilnehmer entwickeln in Gruppen Szenen zum Thema, wobei sie mit Zahlen sprechen (s. S. 95). Die Beobachter identifizieren die Szenen und die sprachlichen Äußerungen der Spieler.

Körperhaltungen Die Teilnehmer zeigen und erproben Körperhaltungen, die sie mit Menschen und Situationen verbinden, die beim Thema eine Rolle spielen.

▶ Aneignungsphase

Bevor sie sich mit einzelnen inhaltlichen Aspekten auseinander setzen, machen sich die Teilnehmer in einer zweiten Phase die Erlebnisse, Bilder und Bedeutungen bewusst, die sie selbst mit dem Thema verbinden und die ihren emotionalen Zugang beeinflussen. Dabei werden positive bzw. problematische Erlebnisse, Phantasien und Empfindungen so rekonstruiert, dass erfahrbar wird, welche eigenen Anteile sie in Erlebnissituationen eingebracht haben und welche Gemeinsamkeiten und Unterschiede bei der Wahrnehmung und Deutung in der Gruppe bestehen. Bewährt hat sich folgendes Verfahren:

Situation Die Teilnehmer erinnern sich an eine soziale Situation, in der sie direkt oder mittelbar mit dem Thema konfrontiert wurden. Die Situation kann erlebt oder aus Erzählungen, Texten, Bildern oder Filmen übernommen worden sein.

Interpretation Nacheinander bauen sie im Plenum oder in Kleingruppen die erinnerten Situationen als Standbild auf und interpretieren sie mit Hilfe des Spielleiters.

Reflexion Beobachterinnen und Spieler sagen, wie sie die Interpretation erlebt haben (s. S. 129).

▶ Interpretationsphase

Erlebte oder medial inszenierte soziale Ereignisse, in denen das Thema angesprochen wird, werden mit Mitteln des szenischen Spiels systematisch interpretiert. Dabei fühlen sich die Teilnehmer Schritt für Schritt in einzelne Rollen ein, handeln in diesen Rollen in sozialen Situationen und reflektieren die Spielerlebnisse und die Haltungen, die sie im Spiel gezeigt haben, mit Hilfe von Beobachtern.

Je nach Gruppe und Intention können dabei unterschiedliche Akzente gesetzt werden:

Vorstellungen Geht es um die Frage, wie Ereignisse vorgestellt, wahrgenommen und gedeutet werden, konzentriert sich die Interpretation auf erlebte oder vorgestellte Situationen und die Haltungen, die im szenischen Spiel gezeigt werden.

Verstehen Geht es um ein einfühlendes Verstehen sozialer Ereignisse und der davon betroffenen Menschen aus dem jeweiligen Lebenszusammenhang heraus, so liegt der Schwerpunkt der Interpretation auf Reportagen, literarischen Texten oder Filmen, die die Menschen in ihren spezifischen Situationen zeigen.

Eigene Haltungen Geht es schließlich um die Haltungen der Teilnehmer selbst, dann stehen im Mittelpunkt die Aneignung, die Untersuchung und Veränderung der Verhaltensmuster, die die Teilnehmer in bestimmten Situationen zeigen bzw. zu zeigen in der Lage sind.

Rollen- und Situationsvorgaben

Anhand der Rollen- und Situationsvorgaben entwickeln die Spielerinnen mit Hilfe von Einfühlungsverfahren (s. S. 118 ff) Vorstellungen von Personen und Szenen, die es ihnen möglich machen, in den vorgegebenen Situationen zu handeln. Je fremder ihnen dabei die zu spielenden Personen und Situationen sind, umso umfangreicher und konkreter müssen die Informationen sein: vor allem dort, wo es um die Auseinandersetzung mit Menschen aus historisch, kulturell oder sozial fremden Lebenszusammenhängen geht. Sie müssen auch sinnlich zu einer Auseinandersetzung mit den fremden Lebensentwürfen und Handlungsmustern anregen. Im Folgenden werden Vorschläge für die Gestaltung von Rollen- und Situationsvorgaben gemacht.

▶ Rollenvorgaben

Unter Rollenvorgaben verstehe ich alle Informationen, die eine Spielerin braucht, um sich so in eine Person hineinversetzen zu können, dass sie wie diese handeln und eine entsprechende Haltung entwickeln kann. Als Rollenvorgaben, mit deren Hilfe äußere und innere Haltungen von Personen entwickelt werden können, dienen Habitusbeschreibungen, Bilder, Rollentexte, Szenentexte, Fragen zur Einfühlung und Angaben zur Kleidung.

Habitusbeschreibungen Mit Hilfe von Übungen zum Körperhabitus (s. S. 113 ff) können sich die Spielerinnen einen ersten Zugang zu charakteristischen Haltungen und Praxisformen erarbeiten. Beim Thema *Jugend und Gewalt* könnte der Körperhabitus von jugendlichen Männercliquen, beim Thema *Mann-Frau-Beziehungen* der Habitus von Männern und Frauen in unterschiedlichen Epochen, sozialen Schichten und Kulturen, beim Thema *Alltag im Dritten Reich* könnten kollektive Handlungsweisen (Hitlergruß, Marschieren, Massenveranstaltungen), beim Thema *Schule* Körper- und Sprechhaltungen von Schülern und Lehrern erprobt werden. Die Habitusformen sollen über Kleidervorstellungen und Nachahmung bzw. Erprobung von Körperhaltungen und Interaktionsweisen erlebt werden.

Bilder Auch noch so detaillierte Beschreibungen von Kleidung und Körperhabitus können nicht verhindern, dass unhistorische bildliche Vorstellungen das Wissen unterlaufen. Deshalb ist es vor allem dort, wo es um Menschen aus kulturell und historisch fremden Lebenszusammenhängen geht, notwendig, sich aufgrund der Betrachtung und der szenischen Interpretation zeitgenössischer Bilder genaue Vorstellungen vom Aussehen und den Haltungen und Interaktionsweisen der Menschen zu machen. Dass die meisten Bilder Haltungen nicht realistisch abbilden, sondern idealisiert oder kritisch, ist in der Regel unproblematisch, da es um eine Annäherung an das Fremde, nicht um das gänzliche Verstehen geht. Geeignet als Rollenvorgaben sind vor allem Bilder (Stiche, Zeichnungen, Gemälde,

Fotografien), die die Menschen in charakteristischen Haltungen zeigen. Geeignete Bilder für das 18.Jahrhundert findet man bei D.N. Chodowiecki (vgl. Bauer 1982), für das 19. Jahrhundert bei C.W. Allers (Allers 1890).

Rollentexte nenne ich Rollenbeschreibungen. Diese können unterschiedlich detailliert sein:

Ist den Spielern der Lebenszusammenhang und das Verhalten auf Grund der eigenen Lebenserfahrungen vertraut, dann genügen wenige Angaben zur Person als Vorgabe: Name, Alter, Geschlecht, Beruf, Verhaltensweisen und Beziehung zu den anderen Personen. Ich erstelle dann *Rollenkarten* (auf denen die Informationen zusammengestellt sind), die sich die Spieler um den Hals hängen können.

Geht es um Personen, die aus einem den Spielern fremden Milieu oder aus einer anderen Zeit oder Kultur stammen, dann muss der Rollentext alle Informationen enthalten, die über den spezifischen Lebenszusammenhang, den Alltag, die Lebensgeschichte und die äußeren und inneren Haltungen in Erfahrung gebracht werden können. Dabei sollten Lebensbereiche, Handlungs-, Denk- und Empfindungsweisen angesprochen werden, die für die einzelne Person charakteristisch sind, ihr konkretes Verhalten beeinflussen und die in den Beziehungen zu den anderen Personen und den zu spielenden Szenen direkt und mittelbar eine Rolle spielen könnten. Geht es also um *Jugend und Gewalt,* dann ist die Einstellung zu Männlichkeit, Körper, körperlicher Gewalt wichtig, beim Thema *Mann-Frau-Beziehungen* spielen das Verhältnis zum eigenen und zum anderen Geschlecht, Männer- und Frauenbilder, Sexualität, Liebe, Nähe und Distanz usw. eine wichtige Rolle, beim Thema *Alltag im Dritten Reich* muss das Verhältnis zur Politik, zur Partei, zu Juden, beim Thema *Schule* die Beziehung und Einstellung zu Lehrern und Schülern und die Leistung in den einzelnen Fächern thematisiert werden.

In jedem Falle hat es sich bewährt, Informationen so konkret wie möglich auf einzelne Personen bzw. Personengruppen zu beziehen, ohne dabei den Vorstellungs- und Handlungsspielraum der Spieler zu sehr einzuschränken. Dabei müssen auch die Haltungen der Spieler berücksichtigt werden. Vor allem bei Haupt- und Sonderschülern (vgl. S. 214 ff) müssen Auftreten und Handlungsweisen der Personen konkret beschrieben werden, während sprachlich gewandtere Spieler auch über die Darstellung von Mentalitäten, Stimmungen und Motiven differenzierte Vorstellungen über die inneren Haltungen der Personen aufbauen können.

Rollentexte können schriftlich und mündlich vorgegeben werden. Schriftliche Vorgaben haben den Vorteil, dass die Spielenden sie immer wieder zur Hand nehmen und überprüfen können. Mündlich können Rollentexte eingebracht werden, indem sich der Spielleiter hinter die Spielerinnen stellt, ihnen die Hand auf die Schulter legt und den Text spricht, wobei sich die Spielerinnen durch Fragen rückversichern und weitere Informationen einholen können. Mündliche Rollenbeschreibungen sind vor allem dort wichtig, wo Personen dargestellt werden sollen, die der Spielleiter oder eine Spielerin bereits kennt. Da sie die Vorstellungskraft sehr in Anspruch nehmen, eignen sie sich vor allem bei der Entwicklung situationsbezogener Rollen (s. S. 51 ff). Nachfolgend ein Beispiel für einen Rollentext zu Ibsens „Nora".

Du bist Nora Helmer, 31 Jahre alt und lebst mit deinem Mann Torvald in den siebziger Jahren des 19. Jahrhunderts in einer Stadt in Norwegen. Du bist mit deinem Mann seit acht Jahren verheiratet, hast drei Kinder und wohnst in einer komfortablen Wohnung.

Die täglichen Hausarbeiten erledigt hauptsächlich Helene, das Dienstmädchen. Das Kindermädchen Anne-Marie kümmert sich um die Kinder. Um deinem Mann zu gefallen, singst oder tanzt du ihm etwas vor oder trägst schöne Kleider. Du gehst gerne in die Stadt, um dir Kleidung und Süßigkeiten zu kaufen. Zu Hause unterhältst du dich mit eurem gemeinsamen Freund Dr. Rank, den du sehr magst.

Als du deinen Mann kennen gelernt hast, war er Rechtsanwalt. Da dieser Beruf allgemein sehr unsicher ist und Torvald auch keine Aussicht auf eine Beförderung und somit mehr Einkommen hatte, hat er den Staatsdienst gekündigt, als ihr geheiratet habt. Er hat ein Jahr lang überall versucht Geld zu verdienen und von früh bis spät gearbeitet. Das hat seine Gesundheit so stark belastet, dass er todkrank wurde. Die Ärzte rieten zu einer einjährigen Erholungsreise in den Süden. Du hast in aller Eile versucht, irgendwo Geld aufzutreiben, was dir kaum gelingen wollte. In dieser Not hast du nur eine Möglichkeit gesehen Geld zu beschaffen: Du hast es dir von Rechtsanwalt Krogstad geliehen, der für solche Geschäfte bekannt ist, obwohl du gewusst hast, dass es dir als Frau ohne Einwilligung deines Mannes nicht erlaubt ist einen Kredit aufzunehmen. Da Torvald grundsätzlich gegen solche Geschäfte ist, konntest du ihn in diese Angelegenheit nicht mit einbeziehen. Krogstad wollte aber von dir einen Schuldschein mit der Unterschrift eines Bürgen. Du erzähltest Krogstad, dass dein Vater für dich bürge. Doch dein Vater lag damals im Sterben und du wolltest ihm nicht noch mehr Kummer bereiten. Also hast du den Schuldschein mit dem Namen deines kürzlich verstorbenen Vaters unterschrieben. Torvald hast du erzählt, dein Vater habe euch das Geld für die Reise gegeben. Du hast über die Jahre den größten Teil der Schulden in Raten an Krogstad zurückbezahlt. Das war nicht immer ganz einfach, weil Torvald ja nichts merken sollte. Du hast dich eingeschränkt, indem du dir von dem Geld, das dir Torvald für Kleider gegeben hat, weniger teure Stoffe gekauft hast. Außerdem hast du Schreibarbeiten und kleine Handarbeiten angenommen, um die Raten bezahlen zu können. Du bist stolz darauf, dass du es nun bald geschafft hast: Du brauchst nur noch eine Rate zu bezahlen.

Situationsbeschreibungen und Szenen Sollen die konkreten körperlichen und sprachlichen Haltungen und Beziehungen in die Einfühlung mit einbezogen werden, müssen Situationsbeschreibungen und/oder Szenen aus literarischen Texten vorgegeben werden, die Einblicke in die Handlungsweise der Personen gewähren. Bei der Auswahl der Szenen sollte darauf geachtet werden, dass Haltungen und Handlungen charakteristisch sind und dass nicht zu viele Ereignisse vorweggenommen werden.

Kleidung dient beim szenischen Spiel nicht nur als Maske, als Verkleidung, sondern auch als Hilfsmittel zur Einfühlung: Kleiderordnungen charakterisierten Stände, durch ihre Kleidung grenzen sich soziale Gruppen ab, unterscheiden sich die Geschlechter, definieren sich jugendliche Stile. Kleidung inszeniert, modisch variiert, geschlechtsspezifische Schönheitsnormen. Sie verhüllt oder betont Körperteile und beeinflusst Körperhaltungen, Bewegungsspielräume und Interaktionen. Deshalb wirkt sie sich auf Selbstbild und Selbstwertgefühl wie auch auf die Wahrnehmung aus. Diese Aspekte machen deutlich, wie wichtig die Kleidung für die Rollenentwicklung sein kann. Allerdings müssen für das szenische Spiel keine Kostüme bereitstehen. Vielmehr reicht es, wenn die Spielenden sich eine genaue Vorstellung von der angemessenen Kleidung machen können, entsprechende äußere und innere Haltungen für die von ihnen dargestellten Person entwickeln können und die Vorstellung durch einzelne Kleidungsstücke oder durch eine Veränderung der eigenen Kleidung ausdrücken können. Bilder von der Kleidung helfen ebenfalls eine Vorstellung zu entwickeln.

Einfühlungsfragen Damit sich die Spielerinnen in die Personen hineinversetzen können und dabei Vorstellungen über deren Lebensbedingungen und Einstellungen entwickeln können, muss der Einfühlungsprozess gesteuert werden. Dabei helfen Einfühlungsfragen, die sich der Person von außen nach innen nähern. Die Reihenfolge der Fragen muss sicherstellen, dass die inneren Haltungen der Personen im sozialen Gefüge verortet werden. Die Fragen sollten auch klären, welches Verhältnis die Figur zum Thema hat, beispielsweise gegenüber der Partei oder Masseninszenierungen (*Alltag im Dritten Reich*) oder dem anderen Geschlecht und Sexualität (*Mann-Frau-Beziehungen*).

Der folgende Fragenkatalog skizziert die Bandbreite der Fragen, die gestellt werden können. Aus ihm können je nach Themenschwerpunkt bestimmte Fragen ausgewählt und zusammengestellt werden.

Person: Wie heißt du? Wie alt bist du?

Wohnung: Wo lebst du? Wo liegt deine Wohnung, welche Zimmer hat sie? Seit wann wohnst du hier und mit wem? Wer hat die Wohnung eingerichtet? Wo hältst du dich am liebsten auf? Welche Möbel, Gegenstände und Bilder sind dir wichtig? Hast du einen Garten? Was bedeutet er dir?

Familie: Mit wem lebst du zusammen? Was bedeutet dir dein Partner (Eltern, Kinder, Geschwister)? Welche Aufgaben hat er / haben sie (in der Familie)? Was macht ihr gemeinsam? Welche Feste feiert ihr und wie? Wen magst du am liebsten? Mit wem hast du Probleme? Warum? Wie ist eure materielle Situation? Wo kauft ihr ein bzw. woher bekommt ihr Lebensmittel, Kleidung und Gegenstände für den alltäglichen Gebrauch?

Alltag: Wie sieht dein Alltag aus? Welche Tätigkeiten musst du immer wieder ausführen? Mit welchen Menschen hast du oft zu tun? Wo hältst du dich auf?

Beruf: Hast du einen Beruf oder eine Arbeit? Wo arbeitest du und wie lange? Für wen und mit wem arbeitest du? Was bedeutet dir die Arbeit? Welche Tätigkeiten sind dir wichtig, welche machen Spaß, welche weniger, welche nicht und warum? Was verdienst du bzw. woher bekommst du Geld? Was machst du mit dem Geld?

Politik: Interessierst du dich für Politik? Wofür besonders? Bist du politisch aktiv? Engagierst du dich in einer Partei oder einer anderen politischen Gruppe? Wie sieht deine Arbeit dort aus? Was bedeutet sie dir? Wie bist du mit den gegenwärtigen politischen Verhältnissen zufrieden? Welche Ereignisse und Probleme beschäftigen dich besonders?

Freizeit: Was machst du in deiner Freizeit? Wie viel Zeit steht dir wann zur Verfügung? Reist du gern? Wohin und mit wem? Wofür interessierst du dich noch?

Verhältnis zum anderen Geschlecht: Was bedeuten dir Männer (Frauen)? Was weißt du von ihnen? Was erwartest du? Wen magst du und warum? Wie wünschst du dir, dass sie sich dir gegenüber verhalten? Wie verhalten sie sich nach deiner Erfahrung oder Vorstellung wirklich? Wie verhältst du dich? Wie möchtest du dich verhalten (wahrgenommen werden)? Welche sexuellen Bedürfnisse und Wünsche hast du?

Beziehung: Was bedeutet dir dein Partner (deine Partnerin)? Wie ist eure Beziehung? Welche Erfahrungen habt ihr miteinander gemacht? Was magst du an ihm (ihr), was nicht, was verunsichert dich, was reizt dich? Wie verhält er (sie) sich dir gegenüber? Wie möchtest du, dass er (sie) sich verhält? Wie verhältst du dich? Wie möchtest du dich verhalten? Wie, glaubst du, wirst du wahrgenommen? Wie möchtest du wahrgenommen werden?

Freunde: Hast du Freunde? Was macht ihr zusammen? Was ist dir an ihnen wichtig? Wie willst du von ihnen gesehen werden?

Selbstbild: Wie siehst du dich selbst? Lebst du gerne? Hast du Probleme, Ängste, Träume? Wie gehst du damit um? Welche Gefühle magst du, welche machen dir Angst? Welches Verhältnis hast du zu deinem Körper und zur Sexualität? Wie gehst du mit Aggressionen um? Was magst du an dir? Was nicht? Wie sehen dich andere? Wie möchtest du gesehen werden? Wie kleidest du dich? Wie trittst du auf? Welche Dinge beschäftigen dich gegenwärtig am meisten? Was ist dir wichtig? Was glaubst du, womit sich andere beschäftigen? Wo und in welchen Situationen fühlst du dich am wohlsten, mit welchen Situationen kannst du schlecht umgehen? Was ist deine Lieblingsbeschäftigung?

Sozialisation: Aus was für einem Elternhaus stammst du? Wo und wie habt ihr gewohnt und gelebt? Wie sah dein Alltag als Kind aus? Was weißt du von deinem Vater? Was war er von Beruf? Was hast du davon mitbekommen? Was tat er zu Hause? Was hast du an ihm gemocht, was nicht? Wie hast du dich ihm gegenüber verhalten? Was hast du dir von ihm gewünscht? Was hat er dir bedeutet? Was bedeutet er dir heute? Wie war deine Mutter? Was hat sie den Tag über getan? Wie hat sie sich deinem Vater und dir/euch gegenüber verhalten? Was hast du an ihr gemocht, was nicht? Wie hast du dich ihr gegenüber als Kind verhalten? Was hast du von ihr bekommen? Was hast du dir gewünscht? Was hat sie dir als Kind bedeutet? Was bedeutet sie dir heute?

Hattest du Geschwister? Wie viele? Was haben sie dir bedeutet? Was hast du mit ihnen gemacht? Hast du noch heute Kontakt zu ihnen? Welche anderen Menschen haben in deiner Kindheit eine Rolle gespielt? Welche Ereignisse sind dir besonders in Erinnerung geblieben und haben dich geprägt? Wie hast du dich selbst wahrgenommen und entdeckt? Hast du dich gemocht? Was konntest du am besten? Was konntest du nicht? Wovor hattest du Angst? Wovon hast du geträumt? Wann fühltest du dich am wohlsten? Wann warst du am traurigsten? Was hast du am liebsten getan? Wie war das mit deinem Körper? Wie sahst du aus? Konntest du dich leiden? Welche Körpererfahrungen hast du gemacht? Mit wem? Was wusstest du von deiner Sexualität und welche Erfahrungen hast du gemacht? Hat jemand mit dir darüber gesprochen? Was wusstest du vom anderen Geschlecht? Welche Ereignisse, Personen und Beziehungen haben dich in der Folgezeit in der Schule, Ausbildung, Beruf, Gesellschaft usw. besonders geprägt?

▶ Situationsvorgaben

Situationsvorgaben nenne ich Informationen, die den Spielerinnen zur Verfügung gestellt werden müssen, damit sie in ihrer Rolle in bestimmten sozialen Situationen handeln können.

Situationsbeschreibungen Themen können mit Mitteln des szenischen Spiels bearbeitet werden, wenn sie an sozialen Situationen festgemacht und in diesen ausgetragen werden. Situationsbeschreibungen legen fest, welcher Aspekt des Themas zum Gegenstand der Untersuchung gemacht werden soll. Sie sollten Hinweise darüber enthalten, welche Personen (wer) an welchem Ort (wo) zu welchem Zeitpunkt (wann) aufeinander treffen, was dabei geschieht und was die einzelnen Personen tun und sagen. Dabei können je nach Intention einzelne Aspekte (etwa Zeit, Ort oder Handlungen der einzelnen Personen) offen gelassen, andere

(Intentionen, Gefühle und Beziehungen der Personen) hinzugefügt werden. Geht es um Situationen, die den Spielenden fremd sind, werden sie vom Spielleiter definiert, geht es um selbst erlebte Situationen, dann werden sie von Einzelnen im Gespräch mit dem Spielleiter entwickelt, geht es um Situationen, die allen mehr oder weniger bekannt sind, können sie gemeinsam im Gespräch festgelegt werden.

Ortsbeschreibungen Die Vorgabe von Ortsbeschreibungen, die mit Skizzen und Bildern illustriert werden können, ist vor allem dort wichtig, wo die Beschaffenheit des Raumes das soziale und kulturelle Milieu, aber auch die Handlungssituation bestimmt: Wohnungen, Arbeitsräume, Landschaften, Straßen und Plätze definieren in bestimmter Weise den Lebensraum von Menschen, legen Bewegungen, Handlungen und Interaktionen fest. Eine Plattenbausiedlung in den neuen Bundesländern, eine großbürgerliche Wohnung der Gründerzeit, die mit Fahnen geschmückte und durch Menschenmassen belebte Straße in Berlin oder der Klassenraum in einem Gymnasium sagen etwas über die Menschen aus, die sich dort aufhalten. Je genauer die Raumbeschreibungen sind, desto stärker sind die Spielenden gezwungen, den Spielraum mit Hilfs-Objekten entsprechend zu arrangieren. Je offener die Beschreibung, desto mehr wird der Szenenraum nach den subjektiven Vorstellungen der Spielenden gestaltet.

Literarische Texte eignen sich besonders gut als Situationsvorgaben, weil sie sprachliche und körperliche Handlungsmuster entwerfen, die durch die konkreten Handlungen der Spielerinnen ausgedrückt und damit gedeutet werden müssen. *Dramenszenen*, in denen nur Dialoge und wenige Orts- und Handlungshinweise vorgegeben sind, fordern geradezu zur Inszenierung auf: Der Handlungsort, Kleidung, Körper- und Sprechhaltungen und -handlungen, Gedanken, Wahrnehmungen, Empfindungen und Beziehungen müssen erschlossen werden, damit die sozialen Dramen entstehen und durchlebt werden können, die die Texte entwerfen und reflektieren (Scheller 1989). In *Erzählungen* werden Situationen in der Regel perspektivisch verkürzt und weniger dialogreich dargestellt, dagegen enthalten sie mehr Hinweise auf die räumlichen Bedingungen, das Aussehen, Auftreten und die körperlichen Handlungen, vor allem aber auf Gedanken und Empfindungen der Personen. Hier müssen die Spielerinnen vor allem angemessene Dialoge entwerfen und die Perspektive szenisch rekonstruieren, aus der das Geschehen gesehen wird bzw. gesehen werden kann. Bei *Gedichten* können abgebildete oder metaphorisch zitierte soziale Situationen, aber auch die Sprechsituation und die Sprechhaltungen szenisch rekonstruiert werden.

Bilder Soll eine Situation durch Bilder charakterisiert werden, müssen diese als Momentaufnahme in einem Handlungsverlauf verstanden werden. Damit die Bilder in Bewegung geraten können, müssen die situativen Voraussetzungen und Bedingungen, also Zeit, Ort und Personen geklärt werden. Dabei muss entschieden werden, ob das Bild Anfang, Höhepunkt oder Ende einer Szene markiert.

Einfühlungsfragen Damit sich die Spieler eine genaue Vorstellung von der Szene machen können, müssen sie die Situationsvorgaben so konkretisieren, dass alle Aspekte, die beim Handeln in sozialen Situationen eine Rolle spielen, geklärt sind. Die Spielenden sollten durch gezielte Fragen angeregt werden, Leer- und Unbestimmtheitsstellen in den Situationsvorgaben nach eigenen Vorstellungen auszufüllen. Sie können *gemeinsam* mit den anderen an der Situation beteiligten Spielern folgende Fragen beantworten:

Worum geht es in der Szene? Was hat zur Situation geführt? Wo spielt sie? Wann, zu welcher Tages- und Jahreszeit und in welchem Jahr spielt sie? Welche Ereignisse und Probleme beschäftigen die Menschen in dieser Zeit? Welche Personen treffen in der Szene aufeinander? Was haben sie miteinander zu tun und in welcher Beziehung stehen sie zueinander? Was tun sie in der Szene?

Anhand des so abgesteckten Rahmens können sich dann die *einzelnen Spieler* mit der Rolle beschäftigen, die ihre Person in der Szene spielt. Dabei können sie folgende Fragen klären:

In welcher Situation und Verfassung befindest du dich gerade? Wie bist du hineingeraten? Was hast du vorher gemacht? Was tust und sagst du in der Szene? Warum? Wie ist deine Stimmung? Was erwartest du von den anderen Personen? Wie ist deine Beziehung zu den anderen? Was magst du an ihnen, was nicht? Wie nehmen sie dein Verhalten wahr? Wie nimmst du ihr Verhalten wahr? Welche Gedanken und Empfindungen löst es bei dir aus? Wie reagierst du und wie geht es dir dabei? An welcher Stelle geht es dir gut, an welcher weniger? Warum?

5.2 Spielideen und Materialien

Die nachfolgend vorgestellten Spielideen und Materialien sind in zahlreichen Projekten in Schule, Universität sowie Fort- und Weiterbildung erprobt worden. Sie stehen exemplarisch für viele andere Themenbereiche und sollen zur Entwicklung eigener Ideen anregen. Die Themenbeispiele wurden mit Bedacht ausgewählt:

- Das Thema *Jugend und Gewalt* beschäftigt immer häufiger die politische, wissenschaftliche und pädagogische Öffentlichkeit und endet häufig in hilflosen Forderungen.
- *Mann-Frau-Beziehungen* bestimmen „heimlich" den Alltag, der – immer noch und wieder – unbewusst von männlichen Interessen dominiert wird.
- *Alltag im Dritten Reich* ist ein Thema, das nur scheinbar weit weg liegt. Fanatismus und Ausgrenzung sind auch in der Gegenwart nicht wegzudiskutieren. Die Fragen nach dem deutschen Antisemitismus und der Rolle des Militärs und der Bevölkerung bei der Vernichtung von Juden, Sinti und Roma und politisch oppositionellen Gruppen haben auch die Täter in den Blick gerückt.

Die Frage, wie und unter welchen Umständen Menschen wegschauen, sich anpassen, andere ausgrenzen und Gewalthandlungen begehen, hat ihre Brisanz nicht verloren.

- *Schule* und Bildung waren und bleiben Problemfelder. Immer älter werdende Lehrer stehen einer Schülergeneration gegenüber, die auf Grund ihrer bedürfnis- und konsumorientierten Sozialisation Verhaltensmuster und Lernformen entwickelt hat, denen herkömmliche Rezepte immer weniger gewachsen sind. Es entstehen Konflikte, die die Beziehungen zwischen Schülern und Lehrern zum Thema und neue Verhaltensweisen und Lehrformen auf Seiten der Lehrer erforderlich machen.

Die Vorschläge zu den einzelnen Themenbereichen stecken das Feld inhaltlich ab. Die Verfahren des szenischen Spiels wurden in den vorherigen Kapiteln im Einzelnen ausführlich erläutert. Im Rahmen des Themenfeldes Jugend und Gewalt werden sie exemplarisch auf die spezifischen Inhalte übertragen, um ihre Anwendung zu demonstrieren. Diese Übertragung sollte bei den anderen Themenfeldern auch vorgenommen werden, da sie das Untersuchungsfeld absteckt. Im Anschluss daran sind Lerneinheiten zusammengestellt, die sich mit unterschiedlichen Akzenten an den oben skizzierten Zielrichtungen orientieren.

Jugend und Gewalt

Folgt man der öffentlichen Diskussion, dann hat die Gewaltbereitschaft und die Gewalttätigkeit von Kindern und Jugendlichen untereinander und gegenüber Erwachsenen ein Ausmaß erreicht, das die öffentliche Ordnung und das soziale Klima in den Familien, in der Schule und auf der Straße bedroht. Auch wenn die zunehmende Brutalisierung der Beziehungen zwischen Kindern und Jugendlichen nicht geleugnet werden kann, darf die Diskussion nicht von der direkten und indirekten Gewalt ablenken, mit denen wir die Umwelt und die Perspektive der nachwachsenden Generationen immer weniger lebenswert machen bzw. gemacht haben. Gleichgültigkeit, Beziehungslosigkeit, Kälte, Konkurrenz und vielfältige Formen körperlicher und psychischer Gewalt nehmen zu. Gewalttätige Kinder und Jugendliche spiegeln unser eigenes Versagen spektakulär und provokativ und leben auf ihre Weise, meist körperlich, direkt und brutal aus, was viele Erwachsene sich heimlich wünschen. Die öffentliche Diskussion nährt den Verdacht, dass den Jugendlichen zugeschrieben wird, was die Erwachsenenwelt beherrscht und verursacht. Entsprechend sind die Reaktionen: Da wird nach dem Staat, nach der Schule, der Polizei gerufen, da wird die psychosoziale Situation der Jugendlichen wissenschaftlich ausgeleuchtet, da wird auf Institutionen (Familie, Mütter, Fernsehen, Schule usw.) und ihre Verantwortlichkeit verwiesen, ohne dass jemand über sich und die eigene Verantwortung spricht.

Schwierigkeiten sich mit dem Gewaltthema auseinander zu setzen haben aber nicht nur Erwachsene, sondern auch viele Jugendliche selbst. Diejenigen, die sich durch gewalttätige Aktionen zumindest punktuell öffentliche Aufmerksamkeit verschaffen wollen, ahnen den moralischen Zeigefinger, fühlen sich unverstanden und zweifeln, ob Erwachsene in der Lage sind zu begreifen, worum es ihnen geht. Andere reagieren ähnlich hilflos wie die Erwachsenen, distanzieren sich verbal und wollen mit dem Thema nichts zu tun haben. Und die Opfer bleiben nicht selten stumm und ohne Hilfe. Wohin man auch sieht: Die Thematisierung von Jugendgewalt stößt auf Angst, Hilflosigkeit und Abwehr und ufert nicht selten in moralisches Geschwätz aus. Wir alle haben nicht oder nur unzulänglich gelernt offen mit Aggressionen, Gewalt- und Unterwerfungsphantasien umzugehen und können uns nur schwer eingestehen, dass auch wir sowohl Täter als auch Opfer sind und dass uns deshalb jugendliche Gewalttäter so fremd gar nicht sind. Nur wer begriffen hat, dass er auch deshalb so hilflos und abwehrend auf aggressives und gewalttätiges Verhalten reagiert, weil er dabei mit eigenen Aggressionen und Gewaltwünschen konfrontiert wird, kann sich ernsthaft mit Kindern und Jugendlichen auseinander setzen, die zu gewalttätigem Verhalten neigen. Erst dann kann er ernsthaft nach Erfahrungen und Bedürfnissen forschen, die hinter diesem Verhalten stehen, und sich direkt und offen zur Wehr setzen, ohne sich rächen zu müssen.

Das szenische Spiel kann helfen die Entstehung, den Verlauf und die Wirkung von Gewaltsituationen aus der Perspektive von Tätern, Opfern und Zuschauern am eigenen Leibe nachzuvollziehen und dadurch zu verstehen. Es können vielfältige, aktiv wie passiv erlebte, gewaltbesetzte Situationen untersucht werden. Es können eigene Gewalt- und Unterwerfungsphantasien, -wünsche und -handlungen entdeckt, ausagiert und in ihren Voraussetzungen und Wirkungen bewusst gemacht werden. Und schließlich können Formen der gewaltfreien Konfliktbewältigung, des Eingreifens und der Gegenwehr erprobt werden.

▶ Themenfeld szenisch erkunden

Räume und Orte erkunden, an denen sich gewaltbereite Jugendliche aufhalten bzw. an denen es zu Gewalttaten kommt: Straßen, Schulhöfe, Jugendzentren, Klassenzimmer, Kneipen, Fußballplatz, U-Bahn.

Gegenstände erkunden, die für gewaltbereite Jugendliche und ihre Selbstdarstellung wichtig sind: Messer, Baseballschläger, Pistolen, Ketten, Bierflaschen, Zigaretten.

Geräusche erkunden, die für die Jugendlichen generell, aber auch in bestimmten Situationen wichtig sind: Das Klappern der Stiefel, das Knarren von Leder, das Rasseln von Ketten, das Scheppern von Bierdosen, das Klatschen von Händen, laute und harte Schreie.

Musik erkunden, die für die Jugendlichen wichtig ist.

Zeitrhythmus erkunden Wie verhalten sich die Jugendlichen zu unterschiedlichen Tages- und Jahreszeiten, unter Zeitnot, wenn sie die Zeit tot schlagen? Welches Zeitgefühl erhöht die Gewaltbereitschaft?

Körperhaltungen erkunden Alltagssituationen: Langeweile, Anmache, Provokation; Anforderungssituationen: ein Lehrer stellt sie zur Rede, eine andere Clique taucht auf, Polizei erscheint, der Boss schreit; spezifische Aufenthaltsorte: U-Bahn, Straßenecke, Kneipe, Konzert; Verhalten gegenüber „Reiz"-Personen oder -Gruppen: Schwarzafrikaner, türkische Gang, Mädchengruppe. Wie wirken welche Körperhaltungen auf Täter, Opfer, Zuschauende?

Gestik und Mimik erkunden Individuelle und gruppenspezifische Eigenarten bei unterschiedlichen Gefühlslagen: Angst, Größenphantasie, Wut, schlechte Laune. Welche Gesten und Gesichtsausdrücke provozieren Widerstand und Abwehr?

Sprechhaltungen erkunden Sprüche erproben: Willst du was?, Kriegst gleich einen in die Fresse, Guck nicht so. Sprechhaltungen erproben: untereinander und gegenüber Ausländern, Frauen, Linken, Polizei, Zuschauern; in bestimmten Situationen: betrunken in der Kneipe, vor einer Prügelei auf der Straße, beim Verlassen des Fußballstadions; mit unterschiedlichen Intentionen: anmachen, bedrohen, fragen, provozieren, Angst machen und bei bestimmten Tätigkeiten: saufen, prügeln, kicken, kämmen.

Handlungen und Handlungsweisen erkunden Wichtige öffentliche und private Selbstinszenierungen: gemeinsame Anmache von Ausländern auf der Straße, gemeinsames Saufen, Prügeleien, bestimmte Arbeitstätigkeiten (z.B. am Motorrad) und Lieblingstätigkeiten (Musikhören, Alkoholkonsum).

Interaktionen erkunden Zwischen Gruppenmitgliedern, aber auch mit Außenstehenden – offene und ritualisierte Gruppensituationen: gemeinsamer Treffpunkt, Fete, Anmache, Prügelei, Konzert, Versammlungen, spezifische Konflikte und Beziehungskonstellationen in der Gruppe, Konfrontation mit anderen Menschen (Frauen, alte Menschen, Polizisten, Lehrer, Eltern, Sozialarbeiter, Passanten, Ausländern) und mit Gruppen (rivalisierende Cliquen, Fußballfans, Polizei, Autonome).

Situationen sammeln und erkunden Wo erleben Jugendliche Gewalt? Situationen zeigen und improvisieren, die sie vom Hörensagen, aus Beobachtungen, aus Texten, Filmen und von Bildern kennen, oder Situationen szenisch rekonstruieren und perspektivisch interpretieren, die sie selbst in der Täter-, Opfer- oder Zuschauerrolle erlebt haben.

Vorstellungen und Wünsche erkunden, sowohl von gewaltbereiten Jugendlichen als auch über (bzw. an) sie.

Einstellungen erkunden zu den Themen: Gewalt, Ausländer, Arbeitslosigkeit, Alkohol, Fußball, Nazis; zu einzelnen Personen: eine starke Frau, Organisationsleiter, Cliquenanführer, Lehrer; zu Gruppen: die eigene Gruppe, Mädchen, Polizei, die Fans der anderen Mannschaft.

Gefühle erkunden Wie drücken gewaltbereite Jugendliche Gefühle körperlich und sprachlich aus? Wie wirkt und was bewirkt das?

Statusverhalten und -positionen erkunden Wie inszenieren und behaupten die Teilnehmenden ihre eigenen Statuspositionen in unterschiedlichen Situationen? Wie gehen sie mit dominanten bzw. unterwürfigen Perspektiven um? Wo gleichen eigene körperliche und sprachliche Verhaltensweisen und Rollenkonstellationen denen von gewaltbereiten Jugendlichen, wo unterscheiden sie sich?

Habitus erkunden Welche gemeinsamen Körper- und Sprechhaltungen werden entwickelt? In welchen Interaktionsritualen konstituieren sie ihre Gruppenidentität und -zugehörigkeit? Welche gemeinsamen Vorstellungen, Mentalitäten und Einstellungen haben sie gegenüber anderen Gruppen?

In Personen einfühlen Täter, Opfer und Zuschauer, die direkt oder mittelbar an Gewaltsituationen und -handlungen beteiligt sind und waren: Jungen, Mädchen, Eltern, Erzieher, Lehrer, Sozialarbeiter, Polizisten, Ausländer usw.

In Gewaltsituationen einfühlen, z.B.: Jugendliche spielen Horrorszenen, Jungen pöbeln ein Mädchen an, ein Schüler terrorisiert den Unterricht, eine Gruppe von Jungen nimmt einem Mädchen vor der Schule Geld ab, Schüler fesseln einen anderen an einen Baum und lachen ihn aus.

Gespielte Situationen szenisch reflektieren Über Gewalterlebnisse sprechen bzw. diese in Rollengesprächen mit anderen verarbeiten: Gefühle während und nach der Situation besprechen und sie probeweise ausagieren, Bilder von anderen Personen demonstrieren, die durch die Gewaltsituation hervorgerufen wurden.

Reflexion der Beobachter Momente zeigen, die zur Eskalation geführt haben, die Haltungen und Beziehungen beschreiben oder demonstrieren, die gewalttätiges Verhalten ausgelöst haben bzw. die sie als gewalttätig erlebt haben. Zeigen, was Täter und Opfer gedacht haben könnten, wie sie sich gefühlt haben, welche ambivalenten Gefühle und Gedanken ihr Verhalten beeinflusst haben könnten.

Reflexion der Spieler Erfahrungen in der Rolle des Täters, Opfers bzw. Zuschauers besprechen.

Veränderungsperspektiven und Vermeidungsmöglichkeiten für Gewaltsituationen entwerfen, durchspielen und erproben. Möglichkeiten suchen sich allein oder gemeinsam zur Wehr zu setzen und andere Formen des Umgangs mit Aggressionen und Gewaltphantasien zu entwickeln.

Szenisch interpretieren Komplexe Auseinandersetzung mit Entstehung, Verlauf und Folge von Gewaltsituationen.

▶ Lerneinheit: Jugend und Gewalt – Vorstellungen, Bilder, Projektionen

Ziel: Vorstellungen und Haltungen gegenüber gewalttätigen Jugendlichen entwickeln.

Erkundungsphase Einstieg: Gewalttätige Haltungen von Jugendlichen zeigen und nachahmen.

- Klischeebilder und Haltungen erschließen: In Gruppen 3 Standbilder in kurzer Zeit (3 Minuten) stellen, im Plenum präsentieren und interpretieren – Statue erarbeiten, die Gemeinsamkeiten der Bilder sichtbar macht – Ort und Haltung suchen und begründen, die die eigene Position sichtbar machen.
- Vorurteile in Gruppenarbeit sammeln, als Standbilder darstellen und mit Gegenbildern konfrontieren – Vorurteilsbilder und Gegenbilder im Plenum vorstellen – Gegenbilder wiederholen.
- Gegenstände erkunden und in der Haltung gewaltbereiter Jugendlicher zeigen: z.B. Baseballschläger – Messer – Kette.
- Situationen, in denen Jugendliche Gewalt ausüben, in Gruppen erarbeiten, improvisieren und im Plenum vorstellen. Dabei mit Zahlen (1-30) sprechen. – Beobachter identifizieren die Szenen, demonstrieren die Beziehungen mit Statuen und die inneren Haltungen von Tätern und Opfern mit Stimmenskulpturen.
- Aggressive (männliche) Körper- und Sprechhaltungen erproben und inszenieren.
- Körperhaltungen gewaltbereiter Jugendlicher in unterschiedlichen Situationen zeigen: Kneipe, auf der Straße, gegenüber Frauen, der Polizei, Ausländern usw.

Aneignungsphase Die Teilnehmerinnen zeigen und interpretieren in Kleingruppen Situationen, in denen sie Jugendliche (bzw. Erwachsene gegenüber Jugendlichen) als gewalttätig wahrgenommen haben, anhand von situationsbezogenen Standbildern. Die Situationen können selbst erlebt sein oder aus Erzählungen, Texten, Filmen oder Bildern stammen. Anschließend bringen sie die Bilder in eine Reihenfolge und präsentieren sie im Plenum, wobei die Standbild-Bauer ihrem Bild jeweils einen Titel geben und durch ein Zeichen das nächste Bild aufrufen.

Interpretationsphase (Alternativen)

- Ereignisse: Erpressung auf dem Schulhof; ein türkischer Junge wird zusammengeschlagen. Improvisieren.
- Nachrichten: Überfall auf einen Ausländer. Bilder zeigen – Standbildserien entwickeln – Ereigniskette festhalten – Rollen verteilen – Einfühlung in Rollen und Situationen – Situationen in unterschiedlichen Besetzungen spielen.
- Bilder: Beschreiben – Rollen verteilen – Körperhaltungen erproben – Rollenbiographien schreiben – Bilder nachstellen – Rollenmonologe – Improvisation der Szene – Erlebnisgespräche mit dem Spielleiter.
- Szenische Interpretation von Dramenszenen, z.B.: „Wer kommt denn da?", in: R.W. Fassbinder, Katzelmacher, S.27 oder I. Bayer, Die Neue im Knast (vgl. Scheller/Wickert 1993). Gruppen bilden – Szenen mit verteilten Rollen lesen – Rollen verteilen – Rollenbiographie schreiben – Körperhaltungen und Sprechhaltungen entwickeln und demonstrieren – Personen vorstellen: über ihre gegenwärtigen Probleme sprechen, dann demonstrieren, was sie früher am liebsten getan haben – Raum aufbauen – Handlungen der Personen begründen und erproben – im Plenum: eine Person baut den Raum auf und beschreibt ihn – Situation vor Beginn der Szene improvisieren – Einfühlungsgespräche mit dem Spielleiter – Spiel der Szene mit Gedanken-Stopps – Erlebnisgespräche mit Spielleiter – Rechtfertigung gegenüber Beobachtern bzw. Polizei (Fassbinder) – Beobachter bauen Beziehungsstatue (Soziogramm) – Wunschstatue der Personen. Weitere Szenen in: Bond, Gerettet; Fehrmann/Roth (Hrsg.), Gewalt im Spiel, S.35-39; Luwig/Michel, Ab heute heißt du Sara, 4. Bild (vgl. Scheller 1995a); Williams, Klassen Feind.
- Literarische Texte, Auswahl: Boie, Erwachsene reden. Marco hat was getan; Hachfeld, Eins auf die Fresse; Hetman/Tondern, Die Nacht, die kein Ende nahm, Ludwig, Bella, Boß und Bulli; Ruck-Pauquèt, Das dritte Opfer im Kriminalfall X (vgl. Scheller 1997a); Welsh, Sonst bist du dran; West Side Story (vgl.Kosuch/Stroh 1997), J. de Zanger, Dann eben mit Gewalt.

Mann-Frau-Beziehungen

Die Beziehung zwischen den Geschlechtern beruht in fast allen Gesellschaften weniger auf biologischen Unterschieden als auf gesellschaftlich und kulturell definierten und durchgesetzten Vorstellungen von einer Polarität der Geschlechter, die sich in einer Arbeitsteilung ausdrückt, in der Männern die dominante und Frauen die abhängige Position zugeschrieben wird. Dabei werden die mit dieser Zuschreibung verbundenen Vorstellungen von Männlichkeit und Weiblichkeit schon früh verinnerlicht. Potenziell vorhandene Gemeinsamkeiten werden zugunsten der Unterschiede verleugnet. Als Leitbilder dienen dabei nicht nur reale Vorbilder im unmittelbaren Umfeld, sondern auch und vor allem medial inszenierte Idealbilder. Sie werden nachgeahmt und verinnerlicht, werden zum Maßstab eigenen Handelns gemacht und beeinflussen Auftreten und Interaktionen, Selbstwertgefühl und Selbstzufriedenheit. Im szenischen Spiel können wir am eigenen Leib erfahren, wie dieses Geschlechterverhältnis über erwartete und verinnerlichte Vorstellungen, Haltungen, Handlungs- und Beziehungsmuster in unterschiedlichsten Bereichen des gesellschaftlichen Lebens gelernt und bestätigt wird und welche eigenen Anteile wir daran haben. Wir können aber auch an uns jene Phantasien, Gefühle und Verhaltensweisen (wieder)entdecken, die in der Regel dem anderen Geschlecht zugeschrieben werden. Die Chance, sie lustvoll auszuleben und ins eigene Selbstbild zu integrieren, kann dabei helfen, eine vielseitige Identität jenseits der Geschlechterpolaritäten zu entwickeln.

▶ Themenfeld: Mann-Frau-Beziehungen

Wie am Thema Jugend und Gewalt (s. S. 180 ff) gezeigt, lässt sich das Themenfeld mit den Mitteln des szenischen Spiels kleinschrittig und differenziert erschließen. Es können Räume oder öffentliche Orte erkundet werden, spezifische Gegenstände, Geräusch-, Musik- und Zeiterfahrungen. Es können geschlechtsspezifische Körper- und Sprechhaltungen, Vorstellungen, Gefühle und Einstellungen untersucht und in ihren Wirkungen in komplexen Situationen, Interaktionen und Beziehungskonstellationen szenisch erprobt werden, so z.B. zwischen Vater und Tochter, Mutter und Sohn, Lehrerin und Schüler, Sozialarbeiterin und Klientin, Krankenpfleger und Patientin oder Chef und Angestellter. Und schließlich können geschlechtsspezifische Habitusformen, die Funktion und Rolle der Geschlechter in privaten, beruflichen oder öffentlichen Räumen und Beziehungen gezeigt und nachvollzogen werden.

Die Teilnehmenden können sich mit Verfahren des szenischen Spiels Schritt für Schritt in Frauen (Mädchen) und Männer (Jungen) unterschiedlicher Kulturen, Schichten, Epochen und Lebensalter einfühlen. Sie können an konkreten Alltags-, Konflikt- und Anforderungssituationen Perspektiven und Verhaltensstrategien entwerfen und erproben, mit denen geschlechtsspezifische Vorstellungen, Haltungen und Handlungsmuster in Mann-Frau-Beziehungen thematisiert, in Frage gestellt und so verändert werden (können), dass Dominanz- und Abhängigkeitsverhältnisse zumindest in der Situation aufgelöst werden können. Sie können sich in komplexer Weise mit der Entstehung, dem Verlauf und den Folgen von Ereignissen, Beziehungskonstellationen und Situationen auseinander setzen, in denen das männlich dominierte Geschlechterverhältnis gelernt, bestätigt, aufrechterhalten oder in Frage gestellt wird. Es ist möglich, typische geschlechtsbedingte Konfliktsituationen aufzuarbeiten, die aufgrund unterschiedlicher Positionen, Rollenzuschreibungen und Verhaltensweisen immer wieder entstehen: Konflikte um Hausarbeit, Kindererziehung, Fernsehen, Sexualität, Mobbing am Arbeitsplatz, Konkurrenz in der Schule oder Universität usw. Beim Spiel zugespitzter Rollen und Handlungsmuster können verdrängte, abgespaltene oder ambivalente Phantasien, Wünsche und Handlungsmuster entdeckt und ausagiert werden: Gewalt- und Unterwerfungsphantasien, Konkurrenz- und Harmoniewünsche, Bedürfnisse nach Nähe oder Distanz usw.

▶ Lerneinheit: Mann-Frau-Beziehungen

Ziel: Vorstellungen, Bilder und Projektionen vom Verhältnis der Geschlechter in unterschiedlichen sozialen Bereichen bewusst machen und in Voraussetzungen und Wirkungen verstehen lernen.

Erkundungsphase Einstieg: Haltungen von Männern bzw. Frauen in Paarbeziehungen zeigen.

- Klischeebilder und Haltungen zu Mann-Frau-Beziehungen erarbeiten.
- Vorurteilsbilder vom Verhältnis der Geschlechter untersuchen.
- Szenenimprovisationen (mit Zahlen) von Beziehungskonstellationen: Flirt, Anmache, Diskussion, Streit, Beziehungskrise. *Variation:* Kommunikationssituationen: bei der Arbeit, beim Fernsehen, im Restaurant, bei einem Fest.
- Körperhabitus: Männliche und weibliche Geh-, Steh- und Sitzhaltungen (nach Marianne Wex 1980)
- Gehhaltungen (Steh-, Sitzhaltungen) erkunden: Die Spielerinnen gehen (stehen, sitzen), wie ihrer Wahrnehmung nach Männer gehen, die Spieler zeigen, wie Frauen gehen (stehen, sitzen).
- Der Spielleiter demonstriert geschlechtsspezifische Gehhaltungen. *Männliche Gehhaltungen:* Füße schulterbreit auseinander, Fußspitzen nach außen, Ellbogen nach außen, Handflächen nach hinten. *Weibliche Gehhaltungen:* Füße voreinander oder eng nebeneinander gesetzt, Fußspitzen nach vorne, Arme eng am Körper bzw. vor der Brust verschränkt. Die Teilnehmenden erproben diese Gehhaltungen und sprechen über Wahrnehmungen und Körpergefühle. *Variation:* Männer gehen in breiten Haltungen nebeneinander, dann Frauen in engen, schließlich Frauen und Männer miteinander.
- Der Spielleiter demonstriert Stehhaltungen. *Männliche Stehhaltungen:* Beine breit auseinander, durchgedrückt, Zehenspitzen nach außen, Becken fixiert, Gesäß angespannt, Arme vor der Brust verschränkt oder in die Hüfte gestemmt. *Weibliche Stehhaltungen:* Standbein-Spielbein-Haltung, Füße dicht nebeneinander, Fußspitzen nach vorne, Gewicht auf Standbein, Knie des Spielbeins berührt leicht angewinkelt das andere, eine Hand an Kinn, Mund, Haaren oder im Nacken, die andere angewinkelt. Die Teilnehmerinnen erproben beide Stehhaltungen, wechseln mehrmals von einer Haltung in die andere und sprechen danach über Wahrnehmungen und Körpergefühl. *Variation:* Im Wechsel gehen Frauen und Männer nach vorne und nehmen die entsprechenden Stehhaltungen ein.

- Der Spielleiter demonstriert Sitzhaltungen. *Männliche Sitzhaltungen:* Beine breit auseinander, Füße nach außen gestellt, Hände auf die Oberschenkel gestützt bzw. ein Ellenbogen auf dem Oberschenkel, die Hand stützt den Kopf, der andere Arm liegt quer über dem anderen Oberschenkel. Alternative: Beine ausgestreckt, Arme vor dem Oberkörper verschränkt. *Weibliche Sitzhaltungen:* Beine und Füße geschlossen nebeneinander oder übereinander geschlagen, Knie zusammen, Hände auf den Knien oder auf dem Schoß. Alternative: ein Arm über dem Bauch, die andere Hand am Kopf. Die Teilnehmerinnen erproben die Sitzhaltungen, wechseln mehrmals zwischen ihnen und sprechen über Wahrnehmungen und Körpergefühl. *Variation:* Eine Reihe von Stühlen werden nebeneinander gestellt. Nacheinander gehen Männer nach vorne und setzen sich in der breiten Haltung auf die ungeraden Stühle, danach setzen sich Frauen in engen Frauenhaltungen dazwischen. Dann verlassen die Männer ihre Plätze, die Frauen nehmen breite Männerhaltungen ein. Nacheinander setzen sich die Männer in engen Haltungen dazwischen, dann verlassen die Frauen die Plätze, während die Männer in den Haltungen verharren. *Variation:* Vergleich mit Haltungen afrikanischer Männer und Frauen (in: Müller/Scheller 1993, S. 25-32).

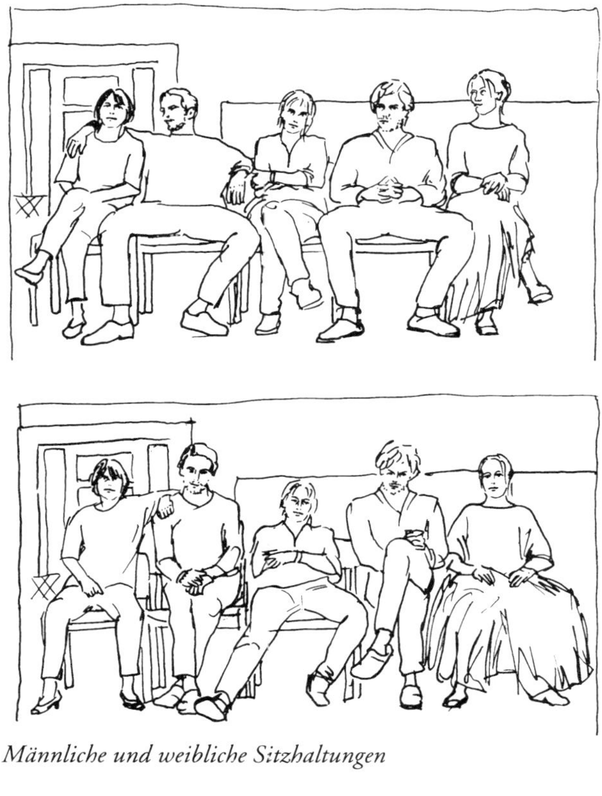

Männliche und weibliche Sitzhaltungen

- Kommandobilder: Haltungen von Männern bzw. Frauen gegenüber dem anderen Geschlecht in unterschiedlichen Situationen.
- Sprechhaltungen in Mann-Frau-Beziehungen erproben.
- Beziehungskonstellationen in unterschiedlichen Situationen zeigen: Statuen zum Geschlechterverhältnis in Familie, Beruf, Freizeit, Politik, Beziehung.
- Wunschbilder entwerfen: ideale Geschlechterverhältnisse generell und in Liebesbeziehungen, in der Familie, am Arbeitsplatz oder in Freizeit und Politik.

Aneignungsphase Situationen mit Standbildern zeigen, die für Mann-Frau-Beziehungen charakteristisch sind.

Interpretationsphase (Alternativen)

- Situationsbezogene Standbilder: Schwierigkeiten im Umgang mit Mann-Frau-Beziehungen.
- Szenische Rekonstruktion: Konflikte zwischen Männern und Frauen in Gruppen. *Variation:* Typische Konflikte in Institutionen wie z.B. Familie, Schule, Arbeitsplatz, Beziehung, Politik, Freizeit.
- Widersprüchliche Haltungen und Handlungsmuster: Geschlechtsspezifisches Verhalten (Scheller/Schumacher 1984, S. 29-46).
- Ereignisse: Beginn, Verlauf und Ende einer Paarbeziehung.
- Kulturell fremde Lebenszusammenhänge: z.B. Geschlechterverhältnis in Afrika (vgl. Müller/Scheller 1993a).
- Literarische Texte: Brecht, Der gute Mensch von Sezuan (Scheller 1989a) / Die unwürdige Greisin; Büchner, Leonce und Lena (Scheller 1996b) / Woyzeck (Scheller 1987a); Fehrmann u.a., Was heißt hier Liebe? (Scheller 1987); Goethe, Faust (Scheller 1989a); GRIPS-Theater, Kloß im Hals (Reiterer 1996); Härtling, Ben liebt Anna (Auts u.a. 1996); Horváth, Glaube, Liebe, Hoffnung; Ibsen, Nora (Scheller 1986b) / Hedda Gabler; Kleist, Penthesilea / Der zerbrochene Krug (Scheller 1995c); Laing, Liebst du mich? (Scheller 1993a); Lenz, Die Soldaten (Scheller 1989a); Lessing, Emilia Galotti (Scheller 1996a) / Minna von Barnhelm; Mamet, Oleanna; Schiller, Kabale und Liebe / Maria Stuart (Scheller 1989a); Wedekind, Frühlings Erwachen (Scheller 1987b).
- Triviale Geschichten: Bilder von Mann-Frau-Beziehungen in Fernsehen, Zeitschriften, Werbung, Fotoromanen.
- Reportagen: Gewalt in der Ehe, Mobbing am Arbeitsplatz.
- Filme, z.B.: Fassbinder, Effie Briest; Schlöndorff, Homo Faber.

Alltag im Dritten Reich

Der moralische Gestus, mit dem die Auseinandersetzung mit Faschismus, Drittem Reich und Holocaust in der Schule geführt wird, veranlasst Jugendliche häufig sich gegen vermeintliche Schuldzuweisungen zu wehren und die Ereignisse als vergangen und nicht mehr aktuell von sich zu weisen. Nur selten gelingt es offenbar einen inneren Zusammenhang zwischen den Lebensbedingungen und Alltagserfahrungen der Menschen im Dritten Reich und den eigenen, heutigen herzustellen. Dabei gibt es genügend Parallelen und Zusammenhänge: Gewalttätige Überfälle rechtsradikaler Jugendlicher auf Ausländer werden „heimlich" durch die Fremdenfeindlichkeit eines großen Teils der Bevölkerung und die staatliche Asylpolitik gerechtfertigt, Menschen in der ehemaligen DDR bespitzelten für die Stasi selbst eigene Familienangehörige, im ehemaligen Jugoslawien wurden und werden Massenmorde, Vergewaltigungen und „Säuberungen" ganzer Landstriche ethnisch legitimiert. Die öffentliche Diskussion über eine Fotoausstellung, die das Ausmaß der Beteiligung der deutschen Wehrmacht an der Massenvernichtung von Juden, Sinti und Roma und Kriegsgefangenen veröffentlicht, macht unmissverständlich deutlich, dass diese Aktionen nicht nur während des Dritten Reiches, sondern bis in unsere Tage hinein bewusst und unbewusst von vielen Menschen gedeckt, verdrängt, abgewehrt und damit insgeheim legitimiert werden. All diese Ereignisse stehen in einem inneren Zusammenhang und werfen die Frage auf, unter welchen Bedingungen Menschen bereit und in der Lage sind, eigene Aggressionen und Gewaltphantasien auf gesellschaftlich ausgegrenzte Menschen zu richten und, ideologisch und durch das heimliche Einverständnis anderer legitimiert, an diesen auszuagieren.

Der Mechanismus ist uns nicht fremd. Wir alle grenzen uns ab und grenzen andere aus, wenn wir uns bedroht und unser Selbstwertgefühl in Frage gestellt sehen. Wir neigen dazu, Menschen zu Sündenböcken für Probleme zu machen, die andere verursacht haben, gegen die wir uns aber nicht wehren können. Und wir wählen als Sündenböcke gerne Menschen, die unsere eigene Hilflosigkeit spiegeln, die schwächer erscheinen und von denen wir uns schon äußerlich abgrenzen können.

Die Auseinandersetzung mit dem Dritten Reich wendet sich erst in letzter Zeit allmählich dem Alltagsleben zu, in dem diese Mechanismen und ihre brutalen Folgen wirksam werden konnten. Sie hat lange den Blick auf die Mittäterschaft des Einzelnen verweigert, auf die vielfältige bewusste und unbewusste Beteiligung, die das politische System und seine Ausgrenzungen getragen hat. Im szenischen Spiel können die Vorstellungen, Bilder und Projektionen bewusst gemacht und in ihren Voraussetzungen und Wirkungen untersucht werden, mit denen wir versuchen das Dritte Reich, vor allem den Holocaust, die Rolle der Wehrmacht, aber auch die Rolle unserer Eltern und Großeltern von uns fern zu halten. Bei der Einfühlung in und der Darstellung von Personen und Alltagssituationen kann am eigenen Leibe erfahren werden, wie Ängste, Hilflosigkeit und Ohnmachtserfahrungen mit Anpassung, Wegschauen und Ausgrenzungen beantwortet wurden. Dabei können dann auch eigene Dominanz-, Abgrenzungs-, Anpassungs- und Widerstandshaltungen aktiviert und ausagiert werden und wir können uns bewusst machen, in welchen sozialen Situationen und Strukturen sie abgerufen und in Handlungen umgesetzt werden können.

▶ Themenfeld: Alltag im Dritten Reich

Der Alltag im Nationalsozialismus konstituierte sich in hohem Maße durch obrigkeitliche Inszenierungen von Öffentlichkeit und Ritualisierungen und Kontrolle bis in marginale Bereiche des alltäglichen Lebens hinein. Mit den Mitteln des szenischen Spiels können diese Konstituenten untersucht und ihre atmosphärische Wirkung nachempfunden werden.

Räume und Orte erkunden Straßen, Aufmarschplätze, Behörden, Wohnungen, Treppenhäuser, Versammlungsräume, Übungsgelände oder Sportplätze. *Variation:* Aneignung in unterschiedlichen Rollen: z.B. als Parteigenosse, unbeteiligter Bürger, Hitlerjunge, Oppositioneller.

Gegenstände/Geräusche erkunden Hitlerbilder, Spaten, Wimpel, Halstücher, Stiefel, Volksempfänger. Geräusche bzw. Geräuschkulissen (Massenaufmarsch) oder offizielle Musik (Märsche, Volkslieder) versus inoffizielle (Jazz) darstellen und interpretieren.

Körperhaltungen erkunden Anhand von Kleidungsstücken: Trachtenstücke oder Uniformen von SA-Männern, Hitlerjungen, BDM-Mädchen, Sportlern und Sportlerinnen. In Alltagssituationen oder Anforderungssituationen: Appell, Kontrolle, vor Gericht, auf Behörden. Gegenüber bestimmten Personen: Kinder, Freunde, Blockwart, Polizei, Sturmbannführer.

Sprachliche Ausdrucksformen und Sprechhaltungen szenisch untersuchen: Begrüßungsformeln (Heil Hitler), Befehle, Gehorsamsfloskeln, Anspielungen, Witze.

Handlungs- und Verhaltensweisen erkunden, öffentliche und private: Journalist, Lehrerin, Sportlerin, Arbeitsdienst, BDM, Hitlerjunge. Es wird erfahrbar, dass Handeln im Dritten Reich nicht allein lebens-, sondern überlebensrelevant war, z.B. Streit mit Hauswart, Verweigerung des Hitlergrußes, Abhören eines Feindsenders.

Habitus Lebensweise und soziale Normen erkunden, die für Männer, Frauen und Kinder unterschiedlicher sozialer Schichten, Gruppen und Berufe charakteristisch waren: Aneignung von privaten und öffentlichen Räumen und Lebensbereichen, bei Arbeits- und Kooperationsprozessen (Waffenproduktion, Aufräumarbeiten, Krieg, Landwirtschaft) oder bei Festen und Ritualen (Parteitage, Sportfest, Sonnwendfeier). Zeigen und Nachvollziehen von kritischen und angepassten Vorstellungen, Mentalitäten und Einstellungen, z.B. von und über Hitler, die Partei, Emigranten, Juden, Krieg oder Arbeit und die eigene Funktion und Rolle in Familie, im Beruf oder in der politischen Öffentlichkeit.

Rollen und Situationen Die Teilnehmenden können sich detailliert in vorgegebene bzw. entwickelte Rollen und Situationen einfinden. Und sie können nach Bedingungen und Verhaltensmöglichkeiten suchen, die die dargestellten und interpretierten Anpassungs-, Unterdrückungs- und Ohnmachtssituationen und Haltungen verändern können, ohne dabei die historischen Rahmenbedingungen zu vernachlässigen. Sie erfahren dabei, wie schwierig es war und ist, Widerstand zu leisten und zu organisieren und sich einem System zu entziehen, das den Alltag, die Beziehungen, die bewussten und unbewussten Wünsche und Bedürfnisse der Menschen (Kollektivität und Größe, aber auch Unterwerfung) mit ideologischen und terroristischen Mitteln anspricht, ausbeutet und kontrolliert.

▶ Lerneinheit: Alltag im Dritten Reich

Ziel: Sich in den Alltag von Menschen im Dritten Reich einfühlen und deren Handlungen und Haltungen in sozialen Situationen darstellen und besser verstehen lernen.

Erkundungsphase Haltungen aus dem Alltag im Dritten Reich zeigen.

- Klischeebilder zum Alltag im Dritten Reich erarbeiten.

Aneignungsphase Berührende, erschreckende, interessante bzw. faszinierende Situationen aus dem Alltag im Dritten Reich in Standbildern zeigen.

Interpretationsphase

- Habitusübungen: Nachfolgend ausgewählte Übungen

Marschieren Geht in zügigem Tempo Kurven und Kreise. Koordiniert bei Begegnungen mit anderen eure Bewegungen und geht zusammen weiter. Findet euch beim Gehen in immer größeren Gruppen zusammen und koordiniert eure Bewegungen. *Variation:* Stellt euch zu dritt an Ecken des Raumes nebeneinander auf, fixiert die nächste Ecke und marschiert im Gleichschritt auf sie zu. Achtet dabei auf die Schritte und schwenkt an der Ecke um 90 °. *Variation:* Stellt euch in Reihen zu viert hintereinander auf und marschiert durch die Mitte des Raumes. Trennt euch vorne in zwei Gruppen, die links und rechts von Ecke zu Ecke marschieren, bis sie sich wieder gefunden haben. Marschiert dann wieder zu viert durch die Mitte und bildet immer größere Reihen (6, 8 usw.). (Bewegung durch Marschmusik unterstützen).

Gang durch die Massen Bildet eine möglichst lange Gasse. Geht nacheinander stolz und bewundert durch die (klatschende und jubelnde) Gasse und schließt euch hinten wieder an. Geht danach peinlich berührt durch die Gasse neugierig blickender, danach durch die Gasse feindselig blickender Menschen.

Hitler-Gruß Geht durch den Raum und sprecht den Hitlergruß mit unterschiedlichen Intonationen: als beiläufigen Gruß, als Provokation, distanziert.

Kollektiver Führergruß Stellt euch eng zusammen und stellt euch vor, dass ihr von einer Polizeikette zurückgehalten werdet. Der Führer kommt, die Polizeikette bricht, ihr stürmt zum Straßenrand (Markierung auf dem Boden), streckt die Hände zum Führergruß hoch und ruft „Heil". *Variation:* Begrüßung des Obersturmbannführers. Stellt euch in zwei Reihen hintereinander auf und nehmt militärische Haltung an (auf Vordermann, Hacken zusammen, Fußspitzen nach außen, Knie durchgedrückt, Oberkörper aufgerichtet, Hände an Hosennaht, Kopf aufgerichtet, Blick starr nach vorne). Der Spielleiter grüßt als Obersturmbannführer in gleicher Haltung im Abstand gegenüber und hebt die Hand zum Hitlergruß. Ihr reagiert im Chor mit gleicher Haltung im Chor: „Heil Hitler, Herr Obersturmbannführer!" Übung mehrmals wiederholen und über Erfahrungen und Gefühle sprechen.

- Einfühlung in Rollen: Szene auswählen, nachfolgend sind einige vorgestellt. Szene mit verteilten Rollen lesen. Szenen konkretisieren. Rollen verteilen. Rollenbiographie schreiben. Verkleiden (nach Bildvorlagen). Körperhaltungen entwickeln und präsentieren. Sprechhaltungen entwickeln und präsentieren. In der Rolle über ein momentanes Problem sprechen und zeigen, was die Person am liebsten tut. Eine Straße, auf der die SA singend vorbeimarschiert: Haltungen der Personen in dieser Situation einnehmen und begründen. Reichskristallnacht: Vor einem jüdischen Geschäft fegt der Besitzer die Scherben von der Straße – Haltungen der Personen zeigen und begründen.
- Szenische Interpretation von Szenen aus: Brecht, Furcht und Elend des Dritten Reiches und Ludwigs/Michels, Ab heute heißt du Sara.

Der Verrat (1933), in: Brecht, Furcht und Elend (2)

Aufbau und Beschreibung des Raumes durch die Frau. Einfühlungsgespräche mit Frau und Mann. Szenisches Spiel mit Gedanken-Stopps. Rollengepräche beider Personen mit dem Spielleiter über Erlebnisse, Gefühle und Wahrnehmung. Stimmenskulptur: ambivalente innere Haltungen von Mann und Frau in der Situation. Stellungnahme der Beobachter: Hätten sich die Personen anders verhalten können bzw. sollen?

Wir sind Juden, Inge (1933), in: Ludwig/Michel, Ab heute heißt du Sara (1)

Aufbau und Beschreibung des Raumes durch die Mutter. Mutter, Inge und Lotte agieren und stellen sich bei ihren Tätigkeiten vor. Einfühlungsgespräche. Szenisches Spiel mit Gedanken-Stops. Rollengespräche mit Inge und Lotte über ihre Gefühle. Inge sagt, was eine Jüdin ist. Inge fragt nacheinander die Beobachter, was ein Jude ist. Die Beobachter antworten aus ihrer Rolle heraus, Inge fasst die Antworten zusammen. Sie fragt die nach Hause kommende Mutter, was es bedeutet Jüdin zu sein. Rollengespräch der Mutter mit dem Spielleiter.

Hitlerjungen (1935), in: Ludwig/Michel, Ab heute heißt du Sara (4)

Aufbau und Beschreibung des Ortes durch einen Hitlerjungen. Die Hitlerjungen rauchen heimlich. Der Spielleiter tritt als Konfrontationsfigur (Gestapo) auf: staucht sie wegen des (verbotenen) Rauchens zusammen und nimmt ihnen die Ausweise ab. Einfühlungsgespräche mit dem jüdischen Mädchen und Inge. Spiel der Szene mit Gedanken-Stopps. Rollengespräche von Inge und dem jüdischen Mädchen über das Erlebte mit den Eltern. Beobachter befragen die Hitlerjungen und diese rechtfertigen ihr Verhalten aus der Rolle heraus. Hitlerjungen berichten in der Gruppenversammlung am Nachmittag über ihre Tat. Der Spielleiter tritt als Gestapomann auf und bestraft sie vor der Gruppe, weil sie geraucht haben. Die Spielenden sagen, wie sie sich in der Rolle gefühlt haben.

Dienst am Volke (1934), in: Brecht, Furcht und Elend (5)

Beschreibung des Ortes und seiner Arbeitstätigkeit durch den Häftling. Erklärung des SS-Mannes zu seiner Arbeit. Rollengespräche des Spielleiters mit Häftling und SS-Mann. Spiel der Szene mit Gedanken-Stopps. Erlebnisgespräch mit SS-Mann. Nach dem Krieg: SS-Mann und Gruppenführer rechtfertigen ihr Verhalten.

Der Spitzel (1935), in: Brecht, Furcht und Elend (10)

Vorbereitung der Szene in drei Besetzungen, die während des Spiels wechseln. Aufbau des Zimmers, die Frau beschreibt das Zimmer und die Situation. Vater, Mutter und Sohn essen, das Mädchen trägt auf. Einfühlungsgespräche mit den Personen. Spiel der Szene mit Unterbrechung durch Hilfs-Ichs (2. Besetzung), die aussprechen, was die Personen denken (bis zur Textstelle – Frau: Du bist heute so nervös). Vater und Mutter berichten den Beobachtern, was sie momentan beschäftigt. 2. Besetzung übernimmt: Einfühlungsgespräche mit dem Spielleiter. Spiel der Szene mit Gedanken-Stopps (bis zur Textstelle – Frau: Er kriegt doch alles, was er will). Rollengespräche mit Vater und Mutter über jeweils den anderen in der Situation. Befragung des Vaters, dann der Mutter durch die Beobachter. 3. Besetzung übernimmt: Einfühlungsgespräche über die Situation und den Sohn. Spiel der Szene mit Gedanken-Stopps: Was denkt ihr über das Verhalten der anderen? Rollengespräch mit Vater und Mutter über ihr Befinden. Rechtfertigung des Vaters und der Mutter vor den Beobachtern: „Ich gebe zu, aber ..." Vater und Mutter sprechen „offen" mit dem Sohn, der Spielleiter spricht als Hilfs-Ich zurückgehaltene Gedanken aus. Vater und Mutter sagen, was sie erreicht haben, der Sohn sagt, was die Eltern von ihm wollten.

Die jüdische Frau (1935), in: Brecht, Furcht und Elend (9)

Fritz und Judith demonstrieren mit Statuen ihre gegenwärtige Situation. Judith beschreibt die Wohnung und ihr wichtige Gegenstände. Einfühlungsgespräch mit Fritz bei der Arbeit. Einfühlungsgespräch mit Judith, die ihre Sachen packt. Judith telefoniert nacheinander mit dem Doktor, Lotte Schöck, der Schwägerin Gertrud und ihrer Freundin Anna (Gesprächpartner können als Rollen erarbeitet werden). Nach jedem Gespräch sagen die Gesprächspartner, worum es Judith geht, Judith reagiert darauf. Erlebnisgespräch mit Judith nach den Telefongesprächen. Judith probt die Rede, die sie ihrem Mann halten will, sie spricht dabei den Stuhl an. Spielleiter fragt sie immer wieder nach der erwarteten Reaktion. Fritz unterbricht und reagiert auf Judiths Äußerungen. Fritz kommt nach Hause: Spiel der Szene mit Gedanken-Stopps. Judith geht: Erlebnisgespräche mit Fritz und Judith. Fritz erklärt seinen Freunden, warum Judith „verreist" ist. Fritz rechtfertigt sich vor den Beobachtern.

Winterhilfe (1937), in: Brecht, Furcht und Elend (16)

Aufbau der Wohnung. Die Mutter beschreibt die Wohnung, ihr Leben und ihre Beziehung zur Tochter. Die Tochter spricht über ihren Alltag, über ihr Verhältnis zur Mutter und zum Nationalsozialismus. Der Spielleiter spricht mit den SA-Männern über die Winterhilfe, ihre Funktion dabei und ihre Einstellung dazu. Spiel der Szene mit Gedanken-Stopps. Die Mutter erzählt den Beobachtern, was sie gerade erlebt hat. Die SA-Männer rechtfertigen ihr Verhalten gegenüber den Beobachtern. Die Tochter spricht Gedanken aus, während sie abgeführt wird. Die Beobachter beschreiben und bewerten die Szene.

Am Ohr erkennt man den Juden (1938), in: Ludwig/Michel, Ab heute heißt du Sara (5)

Aufbau und Demonstration des Fotolabors durch den Fotografen. Arbeit des Fotografen. Einfühlungsgespräch über Geschäftslage, gefragte Fotos, jüdische Bürger usw. Einfühlungsgespräch mit Inge über ihr Vorhaben, ihr Aussehen und darüber, wofür sie das Foto braucht. Spiel der Szene mit Gedanken-Stopps. Erlebnisgespräche mit Inge und dem Fotografen. Inge fragt nacheinander die Beobachter in ihren Rollen, woran sie erkennen, dass sie ein jüdisches Mädchen ist.

Der Judenpass (1938), in: Ludwig/Michel, Ab heute heißt du Sara (6)

Aufbau und Beschreibung des Polizeireviers und der Arbeit der Beamten durch einen Polizisten. Einfühlungsgespräche über Arbeit, Stimmung und Beziehung zum Kollegen. Einfühlungsgespräch mit Inge auf dem Weg zum Polizeirevier. Spiel der Szene. Rollengespräche mit Inge und den Beamten über das, was sie erlebt haben. Die Beobachter überlegen, welche Verhaltensmöglichkeiten der Beamte hat und erproben und diskutieren unterschiedliche Versionen.

In der S-Bahn (1941), in: Ludwig/Michel, Ab heute heißt du Sara (14)

Aufbau und Beschreibung der S-Bahn durch den Spielleiter. Die Fahrgäste nehmen nacheinander in der S-Bahn Platz und sagen, was sie gerade beschäftigt. Inge betritt mit Judenstern das Abteil: Die Fahrgäste reagieren mit einer Haltung und sagen, was sie denken. Spiel der Szene. Alle sagen, was sie erlebt haben und wie sie dazu stehen. Alle überlegen, welche Haltung sie als Fahrgäste einnehmen wollen. Nacheinander werden zwei Versionen gespielt und von Beobachtern und Spielenden in ihrer Wirkung beschrieben.

Weitere geeignete Texte: Brecht, Der aufhaltsame Aufstieg des Arturo Ui; Dürrenmatt, Der Besuch der alten Dame; Frisch, Andorra (Scheller 1989a) / Biedermann und die Brandstifter; Golding, Der Herr der Fliegen; Hetmann/Tondern: Die Nacht, die kein Ende nahm; Morshäuser, Hauptsache Deutsch; Ossowski, Stern ohne Himmel / Voll auf der Rolle; Richter, Damals war es Friedrich; Rhue, Die Welle; Tabori, Mein Kampf.

Schule

Die Schule ist nicht nur ein Ort, an dem Inhalte vermittelt werden. Schule wird von allen Beteiligten als unendliche Folge immer wiederkehrender Situationen erlebt, die durch den räumlichen und zeitlichen Rahmen und vom Geschick oder Ungeschick unterschiedlicher Lehrerpersönlichkeiten bestimmt werden. Sinnliche Wahrnehmungen, Gefühle, körperliche und sprachliche Handlungen und Interaktionen werden im Namen der Wissensvermittlung geregelt, kontrolliert und bewertet. Verstöße gegen die institutionell legitimierten Regeln führen zu Konflikten, die bewusst oder unbewusst mit Sanktionen beantwortet werden. Und wo Lernen mit Sprechen gleichgesetzt wird, muss der Körper ruhig gestellt werden, gilt schon Bewegung als Verstoß. Doch die erwünschte Ruhe ist eine Illusion: Die Schüler spüren ihr Sitzfleisch und den Rücken, sie hören Lärm vom Flur, von der Straße und Bemerkungen der Sitznachbarn, sie sehen die Lehrerin, ihre Bewegungen, ihre Kleidung, Aktivitäten von Mitschülern, Kritzeleien auf den Tischen und im Heft, sie riechen unterschiedliche Düfte, befühlen den Stift, die eigene Kleidung, das Loch im Tisch und haben den Geschmack des Kaugummis im Mund – der heimliche Lehrplan ist überwiegend sinnlich. Die Kontrolle der Schülerkörper spiegelt die Selbstkontrolle der Lehrer, die gelernt haben (oder das zumindest glauben) ihren Körper- und Gefühlsausdruck zu kontrollieren, auch wenn sie spüren, wie schwer es ihnen fällt, Wut, Ärger, aber auch Sympathie nicht direkt zu zeigen. Weichen Schüler von den Regeln ab, erinnern sie den Lehrer an kontrollierte oder abgewehrte Gefühle. Er reagiert oft erneut mit Abwehr, was die Schüler in ihrem Verhalten bestärkt – ein Teufelskreis etabliert sich.

Die szenische Rekonstruktion derartiger Konfliktsituationen macht allen Beteiligten bewusst, durch welche Haltungen und Verhaltensweisen sie sich provoziert und in Frage gestellt fühlen, mit welchen Projektions- und Abwehrprozessen sie darauf reagieren und welche Wirkungen ihre Verhaltensweisen auf andere haben. Im Spiel können sie Lernsituationen und -möglichkeiten suchen und erproben, in denen Lernende sich mit allen Sinnen so auf die Unterrichtsinhalte einlassen können, dass auch die eigenen Wahrnehmungen, Gefühle, Vorstellungen und Verhaltensweisen thematisiert und zum Gegenstand des Lernprozesses werden.

Bei der szenischen Auseinandersetzung mit dem Thema Schule können Lehrer vorübergehend zu Lernenden werden, die ihre eigene Situation und die der Schülerinnen kritisch hinterfragen. Deshalb bietet sich das szenische Spiel auch für Supervisionen an.

▶ Themenfeld: Schule

Nachdem die Teilnehmerinnen die räumlichen, zeitlichen und persönlichen Rahmenbedingungen von schulischen Situationen mit den Mitteln des szenischen Spiels kleinschrittig erkundet haben, können sie nach Veränderungsperspektiven und -möglichkeiten suchen. Sie können unbefriedigende Schulsituationen, Haltungen und Beziehungskonstellationen szenisch untersuchen, Alternativen entwerfen und nach individuellen und gemeinsamen Lösungsstrategien suchen und diese erproben. Wesentlich ist dabei die Frage, welche inneren und äußeren Haltungen und Handlungsmuster problematische Situationen hervorrufen.

Mit Hilfe von Standbildern lassen sich erlebte Situationen rekonstruieren und in ihren Voraussetzungen und Wirkungen bewusst machen. Durch die szenische Rekonstruktion werden die Projektions- und Abwehrprozesse nachvollziehbar, die zur Entstehung und Aufrechterhaltung konfliktbehafteter Beziehungen beitragen. Zu wiederkehrenden Konfliktsituationen – z.B. Zu-spät-Kommen, Hausaufgaben, Gewalt zwischen Schülern, Lehrersanktionen, Kollegen beschweren sich über eine Klasse – können Haltungen erarbeitet werden. Die Darstellung und Interpretation problematischer Beziehungskonstellationen in einer Klasse bzw. in einem Lehrerkollegium kann bewusst machen, wie konflikthafte Interaktionen gruppendynamisch funktionieren. Bei der szenischen Interpretation von Biographien kann untersucht werden, wie und warum Menschen zu schwierigen Schülern oder Lehrernvwurden und in welcher Weise Schulerfahrungen Einfluss auf ihr Leben gehabt haben (vgl. Fries/Häußler 1976; Krüger 1978). Bei der Erkundung des Schulalltags, wofür Reportagen und Analysen (Reinert/Zinnecker 1978, Thiermann 1985) ein probates Mittel sind, sollte auf unterschiedliche Schulformen geachtet werden.

Um die Situation von Schülern in anderen Ländern nachzuempfinden, kann es sinnvoll sein, Schulsystem und Schulalltag anhand charakteristischer Situationen szenisch zu interpretieren. Soll das Thema Schule historisch untersucht werden, können literarische Texte szenisch interpretiert werden, in denen Schulsituationen und ihre Wirkung in verschiedenen Epochen und sozialen Schichten entworfen und gedeutet werden, so z.B.: Brecht, Der Ingwertopf; Horváth, Jugend ohne

Gott; Kästner, Das fliegende Klassenzimmer; Lenz, Der Hofmeister; Mann, Der Untertan; Musil, Die Verwirrungen des Zöglings Törleß; Ossowski, Voll auf der Rolle; Rhue, Die Welle; Wedekind, Frühlings Erwachen; Welsh, Sonst bist du dran; Williams, Klassen Feind.

Neben literarischen Zeugnissen bieten sich auch Fotos oder Filme an, die in der Schule spielen bzw. Schulsituationen abbilden, z.B. die Fernsehserie „Unser Lehrer Dr. Specht" oder „Der Club der toten Dichter". Es ist für Schüler wie Lehrer interessant zu untersuchen, welche Situationen, Haltungen, Handlungs- und Beziehungskonstellationen Zuschauern als Projektionsfläche angeboten werden.

▶ Lerneinheit: Lehrer- und Schülerhaltungen

Ziel: Eigene Haltungen als Lehrer und Schüler in Konfliktsituationen bewusst machen und verändern.

Erkundungsphase Einstieg: Haltungen von Schülerinnen bzw. Lehrern zeigen und nachahmen.

- Klischeebilder und Haltungen zum Thema Schule erarbeiten.
- Bedrohliche Haltungen zeigen: Nacheinander zeigen die Teilnehmerinnen Schüler- bzw. Lehrerhaltungen, die sie als bedrohlich erleben. Der Spielleiter legt ihnen die Hand auf die Schulter: Sie sagen aus der Haltung heraus, was der Schüler bzw. Lehrer gerade denken könnte.
- Erwünschte Haltungen: Die Teilnehmer zeigen Schüler- bzw. Lehrerhaltungen, die sie sich wünschen.
- Lehrerhaltungen vor der Klasse zeigen: Ärger im Lehrerzimmer / gute Laune und Spaß am Unterricht – Haltungen vergleichen.
- Individuelle Lehrerhaltungen: Die Teilnehmer nehmen eine Haltung ein, die sie von sich im Unterricht kennen. Die Beobachter stellen sich nacheinander hinter sie und sagen, was sie denken könnten. Zum Schluss sagen die Spielenden, welche Gedanken den eigenen in der Haltung entsprachen.
- Interaktionsrituale: Dreiergruppen erarbeiten typische Kommunikationssituationen, präsentieren diese als Szenen im Plenum, wobei sie mit Zahlen sprechen (1-30). Die Beobachtenden deuten die Situation und ihren Inhalt. *Variation:* Ein Klassenraum wird aufgebaut. Die Teilnehmenden nehmen Schülerhaltungen ein, einer die Lehrerhaltung. Zug um Zug führen Lehrer und Schüler im Wechsel einzelne Handlungen durch und erstarren danach jeweils.

Aneignungsphase Die Teilnehmer erinnern sich an Situationen, in denen sie Schwierigkeiten mit Schülern bzw. Lehrern hatten. Nacheinander werden die Situationen als Standbilder aufgebaut und interpretiert.

Interpretationsphase

- Szenische Rekonstruktion: Typische Konflikte mit Schülern bzw. Kollegen in der Schule (Scheller 1982a, 1986a).

Beziehungskonstellationen als Konfliktpotential – am Beispiel einer Kunststunde in der Sonderschule

Der Spielleiter schildert die Situation: Es ist Mittwoch, fünfte Stunde – Kunstunterricht. Die Lehrerin, wie die Schüler ohnehin schon müde und lustlos, wird fast jede Woche mit einer Situation konfrontiert, die sie überfordert: Chaos bricht aus, die Lehrerin reagiert panisch.

Der Spielleiter beschreibt kurz die beteiligten Personen und verteilt Rollenkarten:

Peter, Schüler: Du bist 14 Jahre alt und gehst zur Sonderschule. Du bist groß und stark, aber leider zu dick. Deshalb kommst du bei den Mädchen und den Lehrern nicht gut an. Da es dir aber wichtig ist, dass man dich bemerkt, versuchst du durch Lautstärke und Ärgern der anderen die Aufmerksamkeit auf dich zu lenken. Vor allem Karin lässt sich gut ärgern. Das hat auch noch den Vorteil, dass Frau Barin, die du ganz toll findest, sich dir zuwendet, weil sie Karin verteidigen muss. Kunstunterricht findest du blöde. Karin, die alte „Mülltonnentrine“, zu ärgern macht mehr Spaß.

Stefan, Schüler: Du bist 13 Jahre alt und gehst in die Sonderschule. Du wirst zu Hause streng erzogen und hast deshalb in der Schule Angst, dass du etwas nicht schaffst. Darum fragst du ständig, was du machen sollst. Außerdem möchtest du immer gelobt werden. Du achtest nur auf die Lehrerin, alles andere interessiert dich nicht, denn wenn du einen Fehler machst, wirst du zu Hause verprügelt. Du kannst nicht gut malen, gibst dir aber große Mühe.

Heiner, Schüler: Du bist 14 Jahre alt und gehst in die Sonderschule. Du siehst gut aus und kommst bei den Mädchen und auch bei der Lehrerin, Frau Barin, gut an. Zum Malen hast du keine Lust, deshalb bist du für jede Ablenkung dankbar. Peter kannst du nicht leiden, weil der sich immer so aufspielt. Die Mädchen in der Klasse sind für dich Schrott, vor allem Karin, die Heulsuse, die sich immer bei der Lehrerin einschmeicheln will. Im Übrigen kommst du nach der Pause immer zu spät, weil du dich so lange mit deiner Freundin Heide aus der Parallelklasse unterhalten hast.

Christa, Schülerin: Du bist 13 Jahre alt und gehst zur Sonderschule. Eigentlich gehörst du hier nicht her, du bist doch nicht doof. Du sitzt im Kunstunterricht bei den Jungen, weil da mehr los ist und weil du dich als Mädchen offensiv mit den Jungen auseinander setzen willst. Du bist selbstbewusst, kannst mädchenhaftes Getue und das weinerliche Verhalten von Karin nicht ertragen. Du verachtest sie, weil sie sich bei der Lehrerin damit lieb Kind machen will. Dich ärgert, dass die

Lehrerin, Frau Barin, immer auf Karin reinfällt. Sonst findest du sie ganz gut, magst Kunst auch ganz gerne.

Karin, Schülerin: Du bist 14 Jahre alt und gehst auf die Sonderschule. Du bist klein, dick und tollpatschig. Man hat dir immer gesagt, dass du dumm und hässlich bist, und du glaubst das auch. Keiner mag dich, alle hacken auf dir herum, du fühlst dich in der Klasse sehr allein. Weil du auch Kontakt zu den Jungen haben willst, rempelst du sie manchmal wie aus Versehen an. Meist stoßen sie dich dann weg, aber dadurch kommst du immerhin mit ihnen in Berührung. Dass sie dich beschimpfen und ärgern, das kennst du schon. Im Kunstunterricht stört es dich nicht, weil sich dann die Lehrerin, Frau Barin, für dich einsetzt und dich tröstet. Das ist immer ganz toll. Du malst gern im Kunstunterricht. Heute haben dich die Jungen mal wieder auf dem Schulhof gestoßen und geärgert. Sie nennen dich immer „Mülltonnentrine“.

Susanne Barin, 38 Jahre, Lehrerin: Du bist Kunstlehrerin in der Sonderschule und hast immer Angst vor dieser Klasse, die du jeden Mittwoch in der 5. Stunde unterrichten musst. Jedes Mal herrscht Chaos, immer hacken sie auf Karin herum, alle schreien. Du fühlst dich nach den vier Stunden vorher wie ausgelaugt und überfordert und versuchst die Schüler zum Unterricht zu motivieren. Wenn nicht gerade wieder etwas mit Karin los ist. Sie tut dir leid, du musst sie vor den Aggressionen der anderen Schüler schützen.

Während die Spielenden sich eine Vorstellung von ihren Rollen machen (und eventuell eine kurze Rollenbiographie schreiben), baut der Spielleiter den Handlungsraum auf. Er beschreibt den Kunstraum: ein Dachzimmer mit Schräge, langer Holztisch, an dem die Schüler arbeiten, Materialschrank (für Farbe, Papier, Pinsel) auf der einen Seite, die Tafel auf der anderen Seite. Die Lehrerin hat ihren Platz an der Kopfseite des Tisches vor der Tafel. Nacheinander gehen die Jungen, dann die Mädchen und schließlich die Lehrerin in den Raum, setzen sich an ihren Platz, nehmen die Haltung ein, die ihre Einstellung zum Kunstunterricht zum Ausdruck bringt, und sprechen kurz aus, wie es ihnen gerade geht.

Die Schüler improvisieren die Pause vor der fünften Stunde: Sie ärgern Karin, die „Mülltonnentrine“. Die Lehrerin bereitet den Klassenraum vor. Es klingelt. Die Schüler begeben sich in den Klassenraum und agieren aus der Rolle heraus. Der Spielleiter unterbricht immer wieder durch Stopp-Rufe und fragt nach den Gedanken der Personen. Ist die Interaktionsstruktur deutlich geworden, bricht das Spiel ab.

Die Beobachter zeigen in einer Statue, wie sie die Beziehung zwischen Schülern und Lehrerin sehen. Die Spielenden zeigen nacheinander in Statuen, wie sie sich in Beziehung zu den anderen Personen sehen. Sie suchen den Ort und die Haltung in der Gruppe, die zum Ausdruck bringen, wie sie sich die Beziehung zu den anderen wünschen, und begründen ihre Entscheidung. Alle überlegen gemeinsam, in welcher Weise die Lehrerin die Beziehungskonstellationen verändern kann. Eventuell werden Veränderungsvorschläge erprobt.

6. Lernsituationen: Rahmenbedingungen, Vorbereitung, Spielleitung

Die dargestellten szenischen Spielverfahren, -handlungen und -einheiten sind vielseitig, jedoch nicht beliebig einsetzbar. Bei der Auswahl sind mehrere Faktoren zu berücksichtigen: Inhalte und Deutungen, Zielvorstellungen, Erfahrungen mit dem szenischen Spiel und der Spielleitertätigkeit, zeitliche und räumliche Rahmenbedingungen und nicht zuletzt die Haltungen und das Lernverhalten aller Beteiligten. Obwohl alle Teilnehmenden beim szenischen Spiel größere Eigenaktivitäten entwickeln als bei anderen Lernverfahren, ist die Rolle, die Pädagogen als Spielleiter zu übernehmen haben, von großer Bedeutung: Sie müssen durch klare Entscheidungen, Strukturierungen und handlungsleitende Interventionen Sicherheit geben. Nur dann sind die Teilnehmer bereit und in der Lage sich selbst, ihre eigenen Wahrnehmungen, Vorstellungen, Empfindungen und Verhaltensweisen zu aktivieren, in Rollen und Spielhandlungen einzubringen und auszuagieren. Im Vordergrund steht hier nicht die unmittelbare Vermittlung von Wissen, sondern die Möglichkeit der Lernenden handelnd Erfahrungen mit Inhalten, sich selbst und anderen zu machen. Da dies aber unter bestimmten räumlichen, zeitlichen und curricularen Bedingungen stattfinden muss, müssen Lernsituationen so geplant, organisiert und geleitet werden, dass die intendierten Lernprozesse überhaupt stattfinden können. Die nachfolgenden Hinweise können Spielleitern bei der Vorbereitung und Leitung solcher Situationen helfen.

6.1 Räume

Im Gegensatz zum Theater können szenische Spielprozesse in allen Räumen durchgeführt werden, die eine bestimmte Größe nicht unterschreiten und in denen das Mobiliar bewegt werden kann. Der Raum muss die Möglichkeit lassen den Spiel- als Handlungsraum vom Beobachtungsraum abzugrenzen. Der Handlungsraum ist dabei keine Bühne, sondern ein mit Möbeln und wenigen Requisiten gestalteter Spielraum, der in der Vorstellung der Spieler und Beobachter verwandelt wird. Zu viele Gegenstände und Möbel wirken sich ungünstig aus: Sie sie lenken ab und erschweren die Entwicklung von Vorstellungen von einem anderen Raum.

Wichtig für das Gelingen szenischer Spielprozesse sind auch die Lichtverhältnisse: Zu dunkle Räume beeinflussen die Konzentration und führen zu vorzeitiger Ermüdung vor allem der Beobachter. Wenig geeignet sind offene Räume, die zu viele Fenster nach außen haben – vor allem aber Plätze in der freien Natur (Wiesen, Terrassen, Wälder). Die vielfältigen sinnlichen Wahrnehmungen lenken ab, behindern die Bildung von Vorstellungen und nötigen häufig zur Vergröberung des Spiels bis hin zur theatralischen Übertreibung. Es ist leichter sich in einem Klassenraum eine Wiese vorzustellen als auf einer Wiese ein Wohnzimmer.

Obwohl einige Räume für die Arbeit mit dem szenischen Spiel nur bedingt geeignet sind, plädiere ich dafür, so weit wie möglich normale Seminar- und Klassenräume als Spielräume zu nutzen. Tische und Stühle sind beweglich und die Teilnehmer lernen bei einem konsequenten Verhalten des Spielleiters schnell Spiel- und Beobachtungsräume aufzubauen und zu respektieren. Einschränkungen können in Kauf genommen werden: Die wiederkehrende Verwandlung von Seminar- und Klassenräumen in vorgestellte Räume, die nur durch wenige Hilfsobjekte repräsentiert, aber detailliert beschrieben und durch Spielhandlungen ausgefüllt werden, lässt sie zu Handlungs- und Erfahrungsräumen werden. Ein Ausweichen in andere Räume kann bisweilen dennoch nützlich sein. Allerdings wird dann das szenische Spiel durch den Wechsel als außergewöhnlich und exotisch aus dem Lernalltag ausgegrenzt.

Lass den Raum vor Spielbeginn sorgfältig herrichten: Tische sollten an die Wände gestellt oder aus dem Raum geschafft und es sollte ein Stuhlkreis oder – wenn gleich gespielt werden soll – ein Halbkreis aus Stühlen gebildet werden. Fenster sollten im Rücken der Beobachter liegen, damit das Licht vorteilhafter auf die Spielerinnen fällt. Die Raumgestaltung ermöglicht eine neue, andere Konzentration. Weil sie gegen die etablierte Sitzordnung und damit gegen das Sicherheitsbedürfnis verstößt, reagieren die Teilnehmerinnen zu Anfang nicht selten unwillig. Lass dich dadurch nicht beeinflussen und bestehe auf einer genauen Gestaltung.

Achte darauf, dass die Teilnehmerinnen auf Stühlen sitzen, nicht auf dem Fußboden oder auf Tischen. Das kann zwar als bequemer empfunden werden, führt aber auf Grund der unterschiedlichen Sitzhaltungen leicht zu Konzentrationsschwierigkeiten. Müssen die Teilnehmerinnen in Reihen hintereinander sitzen, sollte hinreichend viel Abstand gewahrt werden, damit es nicht zu Rangeleien kommt, die die Arbeit stören.

Setz dich in einem Halbkreis am besten in die Mitte, also dorthin, wo du am weitesten vom Spielgeschehen entfernt bist. Du hast dort den besten Überblick, kannst das Verhalten und die Reaktionen der Spielerinnen sowie der Beobachterinnen wahrnehmen und kannst kontrollieren, ob die Spielerinnen laut genug sprechen, um bei den Beobachterinnen anzukommen. Falls nicht, musst du korrigierend eingreifen.

Weise den Gruppen für ihre Arbeit einen Platz zu, vor allem, wenn kein Raum außerhalb des Seminarraums zur Verfügung steht. Lass dabei die Ecken ausnutzen und sorge dafür, dass Spielerinnen und Beobachtende auch in den Kleingruppen genug Aktionsraum haben. Lass die Beobachterinnen einen Halbkreis mit dem Rücken zur Mitte bilden. Sie sind dann weniger von den anderen Gruppen abgelenkt. Zudem wird der jeweilige Spielraum klarer abgegrenzt.

Bleibe, während eine Spielszene vorbereitet wird, zwischen den Beobachterinnen sitzen. Sorge von dort aus dafür, dass der Spielraum nicht zu weit entfernt ist und so aufgebaut wird, dass die Beobachterinnen die Spielenden genau sehen können.

Achte bei einer von dir angeregten und begleiteten Raumbeschreibung durch eine Spielerin und bei Rollengesprächen darauf, dass du die Beobachterinnen nicht aus dem Blick verlierst, dass du ihnen nicht die Sicht versperrst und dass ihr (du und die Spieler) nicht zu leise sprecht.

Als Spielleiter bist du Animateur und gleichzeitig Vermittler zwischen Spielerinnen und Beobachterinnen. Diese Doppelfunktion erzwingt ständige Wechsel zwischen einer epischen und einer szenischen Haltung. Führst du zum Beispiel Einfühlungsgespräche, dann trittst du für einen kurzen Moment in den Spielraum ein und sprichst in einer Rolle. Als Vermittler zwischen dem Spiel und den Beobachterinnen musst du dafür sorgen, dass diese möglichst viel über den sozialen Kontext und die inneren Haltungen der Personen erfahren und das Spiel visuell und akustisch wahrnehmen können.

Verlasse dich nicht darauf, dass die Beobachterinnen von sich aus eine angemessene Perspektive wählen. Viele bleiben auf ihren Plätzen sitzen, auch wenn sie dort vom Spiel nur wenig sehen können. Immer wieder lesen einige den Text, während vorne gespielt wird. Fordere sie auf, ihren Platz zu verlassen und eine bestimmte Perspektive einzunehmen. Mache die Lesenden darauf aufmerksam, dass das Spiel den Text interpretiert, nicht der Text das Spiel.

Sorge dafür, dass die Teilnehmerinnen bei der szenischen Reflexion im Halbkreis sitzen und wähle einen Platz zwischen ihnen.

6.2 Zeit

Die zeitlichen Rahmenbedingungen sind für das szenische Spiel schon deshalb von großer Bedeutung, weil Spielszenen und Spielprozesse – wie Alltagsszenen auch – anderen äußeren und inneren Zeitbedingungen unterliegen als sprachlich-argumentativ geführte Vermittlungs- und Reflexionsprozesse. Günstig für die Arbeit mit dem szenischen Spiel sind deshalb größere Zeitblöcke als die in der Schule üblichen ein bis zwei Stunden.

▶ Größere Zeitblöcke

Stehen größere Zeitblöcke zur Verfügung – etwa zweitägige Seminare oder Projekte –, empfiehlt es sich sie in Zeiteinheiten zu gliedern, in denen jeweils bestimmte inhaltliche Fragen im Mittelpunkt stehen. Weil emotionale Nähe, ungewohnte Perspektive und nachlassende Konzentration die Auswertung am Ende einer größeren Einheit erschweren, können Auswertung und szenische Reflexion auch mit zeitlichem Abstand durchgeführt werden. Ist dieser nicht zu groß, können das szenische Geschehen und die eigenen Erlebnisse neu gesehen und reflektiert werden. Blockseminare haben den Vorteil, dass die Teilnehmenden das szenische Geschehen, die anderen Beteiligten und sich selbst kontinuierlich in einer oder wechselnden Rollen erleben können. Sie können sich intensiver in Rollen und Szenen einfühlen und haben größere Möglichkeiten, in der Rolle Erfahrungen mit sich und anderen zu machen und die Beziehungen in der Gruppe zu entwickeln und zu intensivieren. Problematisch ist allerdings die Tatsache, dass bei der großen Erlebnisdichte viele Impulse, Einfälle, Erinnerungen und Gefühle übergangen, weggeschoben und vergessen werden und deshalb nicht aufgearbeitet werden können. Zurück bleibt dann häufig das Gefühl, viel und Wichtiges erlebt zu haben, aber nicht genau zu wissen, was es denn eigentlich war. Auch abschließende Reflexionsrunden können das Problem nicht lösen, weil der Abstand zu gering ist und die sprachliche Reflexion vieles nicht fassen kann. Dokumentationen der Spielprozesse in Protokollen, Videoaufnahmen oder Fotos können helfen sich zu einem späteren Zeitpunkt zu erinnern und sich das Geschehen wieder anzueignen.

▶ Kleinere Zeiteinheiten

Als hinderlich für das szenische Spiel werden immer wieder die kleinen Zeiteinheiten genannt, die in vielen pädagogischen Institutionen, vor allem in der Schule, die Regel sind: Die Begrenzung auf 45 bzw. 90 Minuten, das Inseldasein der wenigen Stunden im Zeittakt der Schule und der außerschulischen Lebenswelt. In der Tat beansprucht das Spiel mehr Zeit und lässt sich nur bis zu einer bestimmten Grenze in die Zeitökonomie der Schule zwängen. Dennoch halte ich das Problem für geringer als angenommen. Stellen sich Pädagogen bei ihrer Planung auf die zeitlichen Vorgaben ein und konzentrieren sie sich darauf, ihren Schülern in Einzelstunden zumindest *eine* intensive Spielerfahrung zu ermöglichen, dann können sie auch nach längerer Zeit noch auf diese zurückgreifen. Die Reflexion und Aufarbeitung von Spielsequenzen in Folgestunden hat im Übrigen den Vorteil, dass die Distanz und damit auch die Gesprächsbereitschaft größer ist als unmittelbar nach dem Spiel. Die zeitlichen Rahmenbedingungen in der Schule zwingen zu einer sehr genauen Planung. Bewährt hat sich ein Wechsel zwischen Spielstunden und Stunden, in denen das szenische Geschehen – punktuell auch mit szenischen Mitteln (z.B. Rollentexten, Standbildern) – gedeutet und weitergeführt wird.

Geh davon aus, dass die Teilnehmer zu Beginn einer Spielsitzung mit anderen Dingen beschäftigt sind als mit dem, was du vorhast. Beginne deshalb mit dem Raumaufbau und einer Wahrnehmungs- oder Körperübung, die möglichst zum

Thema passt. Führe erst dann kurz in das Thema der Sitzung ein und gib die Arbeitsaufträge.

Hat es in letzter Zeit eine Spielsitzung zum gleichen Thema gegeben, kannst du daran anknüpfen, indem du die Teilnehmer Szenen erinnern und im Standbild demonstrieren lässt oder sie an ihre Rolle erinnerst, die sie damals gespielt haben. Lass sie dann ihre Aufzeichnungen (z.B. Rollenbiographien, Tagebucheintragungen, Stellungnahmen aus der Rolle) ansehen und eine Haltung ihrer Rollenfigur in einer bestimmten Situation einnehmen. Sie können beispielsweise die Haltung einnehmen, die die Person gewöhnlich zeigt, wenn sie sich ausruht und nachdenkt. Du kannst sie dann auffordern, nacheinander öffentlich über das vergangene oder das zukünftige Geschehen nachzudenken. Sie können aber auch ihre Rollenfigur morgens nach Ende des Frühstücks zeigen und aus dieser Haltung heraus öffentlich denken lassen. Du kannst sie in der Rolle auf einen Spaziergang schicken und sie bitten, öffentlich über die vergangenen bzw. bevorstehenden Ereignisse nachzudenken und sich mit dem auseinander zu setzen, was sie damals nicht gesagt und getan haben bzw. was sie diesmal unbedingt tun und sagen wollen. Solche Übungen erinnern an vergangene Spielprozesse, interpretieren sie aus mehreren Perspektiven und helfen den Teilnehmern sich wieder auf die Spielsituation zu konzentrieren.

Achte während der Arbeit auf die Uhrzeit oder lass Teilnehmer die Zeit kontrollieren. Es ist ärgerlich und unproduktiv, wenn Spielsituationen vorzeitig abgebrochen werden müssen. Denke daran: In jeder Spieleinheit muss zumindest eine intensive Spielerfahrung gemacht werden. Deshalb: lieber weniger, dafür intensiver.

Überlege dir vorher, wie du sicherstellen kannst, dass Spielsituationen, die in der zur Verfügung stehenden Zeit nicht szenisch reflektiert werden können, in einer Hausaufgabe ausgewertet werden können. Hier bieten sich vor allem Schreibaufgaben an: Die Teilnehmer können aus der Perspektive ihrer Rolle oder in Identifikation mit einer anderen Rolle zu einem Ereignis, zu einer Szene oder zum Verhalten einer Person Stellung nehmen, können Tagebücher, Briefe und Reportagen schreiben, auf die dann in der nächsten Spieleinheit zurückgegriffen werden kann.

6.3 Themen

Themen des szenischen Spiels sind soziale Situationen und soziale Ereignisse. Gegenstand von Darstellung und Deutung können Erlebnis- und Situationsbeschreibungen oder Texte, Filme oder Bilder sowie die im Spiel gezeigten und entwickelten inneren und äußeren Haltungen sein. Somit eignen sich alle Fachinhalte, die auf soziale Situationen bezogen werden bzw. in diesen eine Rolle spielen. Das trifft vor allem auf die geisteswissenschaftlichen Fächer zu – auf

Deutsch, Kunst, Geschichte, Philosophie, Politik, Religion, Geographie und Musik, in denen eine Unzahl sozialer Situationen angesprochen und gedeutet werden. Aber auch generelle Themen, die in der Schule und im außerschulischen Bereich Kinder, Jugendliche und Erwachsene beschäftigen, eignen sich für die Arbeit mit dem szenischen Spiel: Kindheit, Jugend, Alter, Jungen und Mädchen, Frauen und Männer, Liebe, Sexualität, Aids, Drogen, Schule, Beruf, Arbeit, Arbeitslosigkeit, Ausbildung, Behörden, Gewalt, Rechtsextremismus, Holocaust, Krieg, Flucht, Asyl, Krankheit, Tod usw. All diese Themen sind uns nah, auch wenn wir sie nicht an uns herankommen lassen, wie etwa Tod, Alter oder Krankheit. Sie alle schlagen sich in Erlebnissen, Vorstellungen und Theorien nieder und werden immer wieder ästhetisch aufgegriffen und dargestellt.

Wichtig ist die Aufarbeitung von Themen in Rollen- und Situationsvorgaben (s. S. 172), die Entscheidung für Spielverfahren (vgl. Kap. 2) und szenische Handlungen (vgl. Kap. 3) und die Klärung der Interessen und Bedürfnisse des Spielleiters. Da er den Spielprozess anleitet und über Rollengespräche aktiv in den Spielprozess eingreift, muss er – über eventuell vorgegebene Zielsetzungen hinaus – auch wissen, welche *persönlichen* Motive und Ziele er verfolgt. Nur so kann er verhindern, dass er die Teilnehmer insgeheim für diese Ziele instrumentalisiert.

▶ Kriterien für die Themenwahl

Suche nach Rollen- und Situationsvorgaben, die den Teilnehmern *nicht zu nahe* sind. Bei Themen, die ihnen nahe gehen, ist es einfacher in Rollen und Situationen zu handeln, die anders oder fremd sind – auch um sich vor zu großer Betroffenheit zu schützen. Soll an eigenen Problemen gearbeitet werden, dann müssen die aufgegriffenen Situationen vergangen sein, sodass die eigene Rolle nur erinnert wird. Das gilt auch für vorhandene Konflikte zwischen den Teilnehmern. Greife sie nicht sofort auf, sondern lass Zeit verstreichen und bring das Thema verfremdet in die Gruppe zurück – etwa indem du eine ähnliche Konfliktsituation mit anderen Rollen spielen lässt. Die Teilnehmer haben dann die Möglichkeiten Analogien herzustellen und müssen sich nicht rechtfertigen.

Mach dir klar, was dich an dem Thema, den Szenen und an den Rollen, die gespielt werden sollen, interessiert. Welche Erlebnisse, Vorstellungen und Wünsche verbindest du mit dem Thema? Wie hast du bzw. würdest du dich in solchen oder analogen Situationen verhalten, welche Probleme und Schwierigkeiten könnten dabei auftauchen und welche Lösung wünschst du dir? Vergiss nicht, dass es die Teilnehmer sind, deren Vorstellungen, Erlebnisse, Bedürfnisse und Verhaltensweisen dargestellt und untersucht werden sollen, nicht deine. Bedenke deshalb, welche Erlebnisse und Vorstellungen sie auf Grund ihrer Lebenssituation mit dem Thema, den Situationen und Rollen verbinden könnten und wie sie sich möglicherweise verhalten könnten.

Mach dir immer wieder bewusst, dass du den Teilnehmern nur Rollen- und Situationsvorgaben anbieten und durch deine Interventionen darauf bestehen kannst, dass nicht gegen sie verstoßen wird. Du kannst nicht entscheiden, *wie* sie von ihnen angeeignet und dargestellt werden. Das heißt nicht, dass du keine Intentionen haben darfst. Aber du kannst sie nicht durchsetzen. Du kannst also nur die Richtung vorgeben, in der die Teilnehmenden ihre eigenen Wege suchen.

Stelle durch dein Vorgehen sicher, dass die gewählten Situationen so repräsentativ sind, dass sich die meisten Teilnehmer für sie interessieren. Das gilt vor allem da, wo es um konkrete Erlebnisse geht. Gib deshalb in solchen Fällen zunächst allen Zeit, sich an eine Situation zu erinnern. Vergewissere dich, bevor die Situationen erzählt werden, ob allen etwas eingefallen ist. Bestätigen etwa zwei Drittel (z.B. durch ein Kopfnicken), dass sie sich an eine Situation erinnern, kannst du mit der Erzählrunde beginnen – den anderen fallen in der Regel während des Zuhörens eigene ein. Haben alle ihre Situation dargestellt – mache dir dabei Notizen –, solltest du sie geordnet und auf das jeweilige Problem zugespitzt noch einmal wiederholen – mit dem ausdrücklichen Hinweis, dass sie sich für die Situation entscheiden sollen, die sie am meisten interessiert. Lasse Vorschläge machen und begründen. Sind eine Reihe von Situationen genannt worden, kannst du abstimmen lassen. Die meistgewählte Situation wird als erstes gespielt; danach folgt die Situation auf Position zwei usw.

▶ Rollenverteilung

Achte bei der Rollenverteilung darauf, dass du nicht deine Rollenvorstellungen zum Maßstab machst und durchsetzt. Lernmöglichkeiten eröffnen sich häufig besonders dort, wo Teilnehmer Rollen übernehmen und spielen, die scheinbar nicht zu ihnen passen, die ihnen fremd sind oder die sie ablehnen. *Als Grundregel sollte gelten: Jeder bekommt die Rolle, die er spielen möchte.* Du solltest für die unangenehmen Rollen werben. Häufig sind die Spieler hinterher froh, diese Rolle übernommen zu haben, nicht zuletzt deshalb, weil sie im Spiel Anteile an sich entdeckt haben, die sie nicht wahrhaben wollten oder die auszuagieren sie nicht wagten. Sicherlich ist es manchmal sinnvoll und notwendig, die Rollenverteilung zu steuern, vor allem dann, wenn Rollen zu genau auf Teilnehmer zugeschnitten sind und die Gefahr besteht, dass im Spiel nur wiederholt und verstärkt wird, was schon in der Realität ein Problem ist. Hier ist es sinnvoll, die Rollen bewusst an Leute zu vergeben, die in der Realität eine Gegenrolle einnehmen. Wenn z.B. die aktive Musterschülerin in die Rolle eines stillen, verschüchterten Mädchens schlüpft, kann sie aus dieser Perspektive erleben, wie sie andere im Unterrichtsalltag durch ihr Verhalten unter Druck setzt.

▶ Frauenrollen – Männerrollen

Ein besonderes Problem stellt sich dort, wo es um die Übernahme von Rollen des anderen Geschlechts geht. Mädchen und Frauen, die früh gelernt haben (lernen mussten) sich in Männer einzufühlen, haben kaum Probleme Jungen- und Männerrollen zu übernehmen. Umgekehrt artet das meistens in Karikaturen und Klamauk aus. Das Problem spiegelt die gesellschaftliche Rolle von Männern und Frauen und sollte nicht verharmlost werden. Grundsätzlich gehe ich deshalb davon aus, dass Frauen Frauenrollen und Männer Männerrollen spielen. Sie sollen und können sich im Spiel mit ihren eigenen Problemen und Wünschen auseinander setzen. Wo das auf Grund der Gruppenzusammensetzung und des Themas nicht anders möglich ist, sollten sich Frauen und Männer bewusst für eine ernsthafte Auseinandersetzung mit einer Rolle des anderen Geschlechts entscheiden. Sie sollten versuchen sich in diese auch über körperliche Haltungen und Handlungen einzufühlen oder sie distanziert, möglicherweise auch überzeichnet zu spielen und damit ihre Haltung zu ihnen sichtbar zu machen. In jedem Fall sollte in der Auswertung über die Erfahrungen der Spielenden in ihren Rollen gesprochen werden. Für Gruppen, die ausschließlich aus Frauen oder Männern bestehen, kann es dagegen eine wichtige Erfahrung sein, sich in Rollen des anderen Geschlechts einzufühlen – nicht zuletzt, um in der spielerischen Auseinandersetzung damit eigene unterdrückte und abgespaltene Anteile (wieder) zu entdecken und in das eigene Selbstbild zu integrieren.

▶ Ins Spiel eingreifen

Kommen Spieler nicht ins Spiel, weichen sie von der Rollenvorgabe ab oder verlieren sie den Handlungsablauf aus dem Blick, solltest du das Spiel unterbrechen und ihnen im Rollengespräch helfen, sich die Situation und die Handlungsweise ihrer Person klarer zu machen. Haben sie Teile ihrer Rolle bzw. bestimmte Rahmenbedingungen vergessen, kannst du dich hinter sie stellen, ihnen die Hand auf die Schulter legen und sie daran erinnern: „Du bist hier nicht in deinem Wohnzimmer, sondern in einem Salon um 1890 ...“ oder: „Du hast keine Lust mehr, du willst es ihm zeigen, indem du ihn eifersüchtig machst. Geh hinüber zu dem anderen Mann und tue so, als ob du mit ihm flirtest ...“

Reicht dir die Wahrnehmung oder Interpretation der Teilnehmer nicht aus, hast du weitere Aspekte beobachtet, auf die du hinweisen möchtest, so solltest du dich an der szenischen Reflexion beteiligen. Auch du kannst, wenn du an der Reihe bist, deine Wahrnehmungen mitteilen, auch du kannst eine Haltung demonstrieren, ein Standbild oder eine Statue bauen. Indem du deine Position in den Reflexionsprozess einbringst, machst du szenisch auf Aspekte aufmerksam, die die anderen nicht gesehen haben. Sie können dann entscheiden, ob sie diese in ihre Deutung aufnehmen wollen.

▶ **Lernkontrolle**

Das szenische Spiel bietet eine Fülle von Anlässen, um die Fähigkeiten, Fertigkeiten und Kenntnisse aller Beteiligten abzurufen, anzuregen, kennen zu lernen, darzustellen und zu bewerten. Das erleichtert dir, wenn es notwendig ist, die Lernkontrolle. Die Schüler sprechen, schreiben und agieren in unterschiedlichsten Situationen und zeigen dabei, wie sie mit dem Inhalt und ihrer Rolle umgehen. Dabei hat sich gerade das Rollenschreiben bewährt, also die Deutung des Geschehens aus der Perspektive einzelner Personen. Schon während der szenischen Arbeit kannst du Biographien, Selbstdarstellungen, Erfahrungsberichte, Monologe, Tagebücher, Briefe, Erörterungen oder Rechtfertigungen schreiben lassen. In Klassenarbeiten und Klausuren kannst du dann komplexere Interpretationen aus der Rolle heraus anregen: Einzelne Szenen, das Verhalten bestimmter Personen, aber auch ganze Spielsequenzen können perspektivisch gedeutet werden.

Erfahrungen, die Lehrer mit solchen Klassenarbeiten gemacht haben, lassen den Schluss zu, dass das Schreiben aus der Rollenperspektive mehr inhaltliche und sprachliche Phantasie und Sensibilität freisetzt als ein Aufsatz, der den Lehrer bzw. die Lehrerin als heimlichen normsetzenden Adressaten antizipieren muss. Szenische Leerstellen bieten Spielräume für die eigene Phantasie, negativ bewerten kannst du nur belegbare Abweichungen. Den Schülern macht das Schreiben Spaß, sie können einen eigenen Schreibstil entwickeln und sich meist mit ihren Texten identifizieren. Dafür erwarten sie von dir Anerkennung und Bewertung. Das einzige Problem ist: Die Texte der Schüler sind durchweg besser als andere Interpretationsarbeiten und weniger vergleichbar, sodass die Gauß'sche Normalverteilung auf der Strecke bleiben wird.

6.4 Soziale Beziehungen

Szenische Spielprozesse finden in einer Gruppe statt und sind auf die Mitarbeit *aller* angewiesen. In und von der Gruppe werden Rollen entwickelt und Szenen gespielt, und in Rollen und Szenen werden die eigenen Vorstellungen, Gefühle, aber auch die eigenen Verhaltensweisen und Verhaltensmöglichkeiten dargestellt. In und vor der Gruppe beschreiben, demonstrieren und interpretieren die Beobachterinnen die Haltungen, die die Spieler in ihrer Rolle gezeigt haben. Diese Arbeit kann in Frage stellen, verunsichern und Angst machen, zumal wenn sie in einer Gruppe und einer Institution stattfindet, die über offene und verdeckte Formen der Bewertung die Identität der Teilnehmer immer wieder in Frage stellt, Konkurrenz und Hierachien fördert und zu Selbstdarstellung und strategischem Handeln anregt. Sie kann aber auch helfen die Haltungen aller Gruppenmitglieder wahrzunehmen, besser zu verstehen und als Bedingung für eigene Lernprozesse zu akzeptieren. Damit in dieser Weise beim szenischen Spiel die sozialen Beziehungen in der Gruppe und zwischen den Gruppenmitgliedern intensiviert und erweitert werden können, müssen Regeln eingeführt und aufrechterhalten werden, die sicherstellen, dass sich *alle* auf den Spiel- und Reflexionsprozess einlassen können, ohne dass sie Sanktionen von Seiten der Pädagogen und der übrigen Gruppenmitglieder befürchten müssen.

▶ Spielprozesse ritualisieren

Gehe davon aus, dass alle spielen, beobachten und reflektieren können. Ängste und Unsicherheiten basieren meist auf der Annahme, man müsse „Theater spielen“ und sich darstellen. Diese Unsicherheiten können mit ein paar kurzen Bemerkungen über Sinn und Zweck des Spielens reduziert werden, vor allem mit dem Hinweis, dass beim szenischen Spiel die Bewertungskategorien „gut“ und „schlecht“ keine Rolle spielen. Je sicherer du auftrittst, umso weniger werden sich die Teilnehmer verweigern. Vermeide „Wer-will-mal“-Fragen. Viele fühlen sich dann unter Druck gesetzt und trauen sich nicht, sich zu melden, auch wenn sie spielen wollen. Ritualisiere besser den Ablauf von Spiel- und Reflexionsprozessen so, dass allen von vornherein klar ist, dass sie an einer bestimmten Stelle drankommen.

Ist es auf Grund der großen Teilnehmerzahl bzw. der zur Verfügung stehenden Zeit nicht möglich, dass alle spielen können, fordere Einzelne auf Rollen zu übernehmen. Greife dabei vor allem auf diejenigen zurück, die auf Grund ihrer Körperhaltung signalisieren, dass sie spielen möchten, aber sich nicht trauen das öffentlich zu sagen. Achte darauf, dass es nicht immer dieselben Leute sind, die Rollen übernehmen, dass die Spieler nicht zu sehr herausgestellt werden und dass die Beobachterinnen Gelegenheit bekommen sich aktiv an der szenischen Reflexion zu beteiligen.

Verhindere Diskussionen vor allem zu Beginn einer Spielsequenz. Sie stehen häufig im Dienste der Abwehr von Ängsten und schaffen neue; im Übrigen behindern sie die Konzentration. Sag den Teilnehmern, dass es sinnvoll ist, sich zunächst auf das Spiel einzulassen und dass sie im Anschluss Gelegenheit bekommen, ihre Fragen, Bedenken und Einwände vorzubringen. Die Diskussion wird dann produktiver, weil sie sich auf gemeinsame Erfahrungen beziehen lässt.

▶ Gruppenarbeit

Soll in Gruppen gearbeitet werden, lass die Teilnehmer nicht zu viel Zeit mit der Gruppenbildung verbringen. Wenn nicht bereits Gruppen bestehen und inhaltliche Gründe für eine bestimmte Zusammensetzung der Gruppe sprechen, bestimme die Gruppen selbst nach dem Zufallsprinzip, etwa indem du einfach abzählst. So kannst du Beziehungsprobleme und Ausgrenzungsängste vermeiden, die die Arbeit erheblich belasten können. Im Übrigen geben Zufallsgruppen Gelegenheit Erfahrungen mit Leuten zu machen, denen man sonst vielleicht aus dem Wege gehen würde. Es lohnt sich auch für die Gruppenarbeit Ort, Regeln und die Sitzordnung vorzugeben. Das erleichtert die Orientierung im Raum, das Ausschalten von Störquellen und verhindert, dass sich in der Gruppe nur die dominanten Teilnehmer durchsetzen.

▶ Unruhe, Lachen

Werden Beobachterinnen während des Spiels unruhig, führen sie Gespräche oder lachen sie heimlich, mache sie darauf aufmerksam und fordere sie auf still zu sein. Nur zu schnell beziehen die Spieler solche Unruhe, welche Ursache sie auch immer haben mag, auf sich, werden unsicher, fühlen sich kritisiert oder ausgelacht. Ein offenes Lachen, das nicht hämisch ist, solltest du nicht kritisieren. Durch ein Lachen kann man sich auch vor Situationen und Verhaltensweisen schützen, die einem zu nahe kommen. Ein Lachen kann auch signalisieren, dass man sich wieder erkannt hat.

▶ Feedback und Rollenschutz

Fordere die Teilnehmer bei der szenischen Reflexion auf, nacheinander ihre Wahrnehmungen zu beschreiben oder zu demonstrieren. Wenn du die Reihenfolge festlegst, weiß jede, wann sie drankommt. Bestehe darauf, dass sich jede äußert: Das bringt immer neue Nuancen ins Spiel, außerdem verhindert es Projektionen auf die Schweigenden. Ist nur ein offenes Feedback möglich, achte darauf, dass sich nicht immer nur dieselben äußern. Da sich alle auf ein dargestelltes Geschehen beziehen, kannst du alle gezielt nach ihren Beobachtungen fragen. Es erleichtert das Feedback, wenn die Teilnehmer in ihren Rollen angesprochen werden. Frage nach, wenn du etwas nicht richtig verstanden hast, vermeide aber einen Kommentar und eine Bewertung. Halte konsequent dazu an, Beobachtetes nicht zu bewerten, sondern lediglich zu beschreiben, zu demonstrieren und zu interpretieren. Verhindere Kritik am Spiel und vorschnelle Ratschläge. Wenn es um die Haltungen der Spielenden geht, gibt es kein „gut" und kein „schlecht". Thema ist, was gezeigt wurde. Wird bewertet, entstehen Rechtfertigungszwänge und Ängste, die sich nachteilig auf das Spiel und den Lernprozess auswirken.

Erst wenn das Spielgeschehen durch die Beobachterinnen szenisch reflektiert worden ist, sollten die Spieler die Gelegenheit bekommen, sich zu äußern. Würden sie sich unmittelbar nach dem Spiel äußern, so würden ihre Deutungen häufig von den Beobachterinnen übernommen, sodass Widersprüche zwischen Selbst- und Fremdwahrnehmung eingeebnet würden. Häufig sind die Stellungnahmen der Spieler mit Rechtfertigungen, Distanzierungen oder Banalisierungen verbunden. Akzeptiere das und schütze die Spieler vor Kritik. Viele können nur so Erlebnisse und Feedbacks verarbeiten, die ihnen nahe gehen.

Achte streng darauf, dass der Rollenschutz gewahrt bleibt, und halte dich selbst an diese Regel. Weise ein Feedback zurück, das sich auf die Spieler statt auf die dargestellten Personen bezieht. Das gilt auch für den Fall, dass sie ihre Rolle in einer selbsterlebten Situation gespielt haben. Nur ein solcher Rollenschutz gibt den Spielern die Möglichkeit selbst zu entscheiden, was sie von dem, was Beobachterinnen über ihr Auftreten gesagt haben, annehmen wollen. Darüber hinaus zwingt die Konzentration auf die Rolle die Beobachterinnen, alle Wahrnehmungen – auch Rollendiffusität, Rollenbrüche, Spielängste und Widerstände – als Teile dieser Rolle zu interpretieren und nicht den Spielenden zuzuschreiben. Das stärkt, wie vielfältige Erfahrungen zeigen, das Selbstbewusstsein und die Spielwilligkeit von Teilnehmern, die sich sonst öffentlich kaum zu äußern wagen.

6.5 Teilnehmer

Szenische Spielprozesse haben als Motivationsanreiz eine lange Tradition in der Schule und in anderen pädagogischen Praxisfeldern. Weil aber Spielsituationen häufig nicht genug durchdacht und strukturiert werden und Pädagogen sich auf die spielerischen Aktionen der Teilnehmer verlassen, endet das Spiel nicht selten in Chaos oder Langeweile. Darin und in der Angst, dass die körperlichen Aktivitäten der Spieler nicht mehr kontrollierbar und auf die Sache zu beziehen sind, mag die skeptische Frage ihren Ursprung haben, ob denn mit solchen Verfahren mit allen Jugendlichen und Erwachsenen, also auch mit schwierigen Jugendlichen, mit Grund-, Haupt- und Sonderschülern oder mit Lehrern, Flüchtlingen oder Krankenpflegern gearbeitet werden kann. Natürlich ist das möglich und gelernt werden muss das szenische Spiel auch dort nicht, wenn die Sicherheit gegeben wird, dass die Teilnehmer in *ihrer* Weise mit *ihren* Möglichkeiten spielen dürfen und dass sie dort, wo ihre Haltungen im Spiel von denen abweichen, die sich die Pädagogen vorgestellt haben, nicht negativ sanktioniert werden. Allerdings müssen die unterschiedlichen Voraussetzungen und Haltungen der Teilnehmer berücksichtigt werden.

▶ Vorschulkinder

Kinder im Vorschulalter haben in der Regel Schwierigkeiten sich länger auf eine Rolle einzulassen. Zwar eignen sie sich – wenn entsprechende Spielpartner zur Verfügung stehen – im spontanen Rollenspiel gesellschaftlich zugeschriebene Haltungen und Verhaltensmuster an, doch zwingt sie die hohe Emotionalität des Spiels dazu, immer wieder die Rolle zu wechseln und neue Situationen zu spielen. Diese Spiele, die auf Grund der „übertriebenen“ Nachahmung von Verhaltensmustern oft klischeehaft wirken, sind für die Bewältigung von Angst- und Ohnmachtserfahrungen von großer Bedeutung. Solche Spiele anzuregen und entsprechende Spielräume zur Verfügung zu stellen ist nicht leicht und verlangt von Erzieherinnen Toleranz und Vertrauen, zumal die dargestellten Rollen und Verhaltensmuster in der Regel mit den Bildern in Konflikt geraten, die sie sich von Kindern machen bzw. gemacht haben: laute, körperbetonte, aggressive, konkurrenz- und leistungsorientierte Spiele, denen Gewalt- und Horrorszenarien aus Filmen als Muster dienen, provozieren dabei genauso wie die „angepassten“ Mutter-Kind-Spiele der Mädchen. Solche Rollenspiele zuzulassen, anzuregen und vor allem vor Spielverderbern zu schützen setzt voraus, dass sich die Erzieherinnen mit ihren eigenen Kinder-(Wunsch)Bildern und den darin aufgehobenen und abgewehrten „eigenen“ Kindheitserfahrungen auseinander setzen. Darüber hinaus können gelenkte Spielaktionen, in denen sie selber als Animateurinnen und Konfrontationsfiguren Rollen übernehmen, den Kindern helfen in wechselnden Rollen neue Erfahrungen mit sich und anderen zu machen.

▶ Grundschüler

In der Grundschule, in der die Kinder überhaupt erst ihre Rolle als Schüler finden müssen, ist die Spielfreudigkeit am größten. Das führt allerdings auch dazu, dass sie häufig weniger die Rolle als sich selbst darstellen, wobei sie schnell herausfinden, was die Lehrerin gerne sieht. Das führt dann in Rollenspielen dazu, dass Konflikte vernünftig gelöst werden, ohne dass dies Rückwirkungen auf ihr tatsächliches Verhalten hat. Szenische Spielprozesse sollten deshalb so angelegt werden, dass sie den Schülern helfen neue Erfahrungen mit anderen zu machen, das eigene Verhaltensrepertoire zu erweitern und in der Auseinandersetzung mit fremden Rollen und Situationen die eigene Haltung und Rolle in der Klasse zu finden. Das ist möglich, wenn über literarische Texte oder andere Materialien (Rollentexte, Bilder) klare Situationen und Rollen vorgegeben werden und wenn bei der Raumgestaltung und bei der Einfühlung auf Genauigkeit bestanden wird, sodass die Schüler gezwungen sind, sich tatsächlich auf die Figuren einzulassen und nicht ständig das eigene Verhalten reproduzieren. Beim Gespräch über das Spiel sollte weniger das gute Spiel als die Frage im Mittelpunkt stehen, ob die Szene und das Verhalten der Spieler die Rollen- und Situationsvorgaben angemessen („richtig“) dargestellt haben.

▶ Hauptschüler

Schülern der Hauptschule, denen das szenische Spiel die Möglichkeit eröffnen kann in ihrer Weise körper-, situations- und gruppenbezogen zu handeln und zu lernen (Scheller/Schumacher 1984), kann es helfen, sich mit Rollen und Situationen auseinander zu setzen, die ihnen in ihrer Lebenswelt fremd sind. Da sie sich nur schwer in Personen einfühlen können, die nicht dieselben Erfahrungen gemacht haben wie sie, müssen sie Vorstellungen von fremden Figuren durch körperliche Aktionen und Interaktionen aufbauen, die ihnen vertraut sind. Auf der Basis dieser Handlungen können sie dann nach und nach sprachliche Äußerungen der Figuren verstehen und durch innere Haltungen motivieren. Rollenbiographien und Selbstdarstellungen sollten deshalb erst dann erarbeitet werden, wenn über die genaue Auseinandersetzung mit Szenen Vorstellungen über das Handeln und die Motive der Figuren gewonnen wurden. Bei der Textauswahl muss darauf geachtet werden, dass in den Texten Hinweise auf sinnlich-gestische Details zu finden sind, die konkrete Vorstellungen von der Situation (Raum, Kleidung, Handlung) provozieren können. Gut geeignet sind Erzählungen und Filme. Dramen können durch Zusätze „versinnlicht“ werden (Scheller 1987). Bei der szenischen Reflexion hat sich mit der Stimmenskulptur (s. S. 137) eine (gestische) Form der Reflexion bewährt, bei der die Gruppe den einzelnen Spielern hilft die innere Haltung der Figur zu finden (Reiterer 1996).

▶ Lernbehinderte

Noch größere Schwierigkeiten sich in fremde Personen einzufühlen, haben Schüler, die die Sonderschule für Lernbehinderte besuchen. Das Fehlen von Selbstbewusstsein und Verhaltenssicherheit auf Grund eingeschränkter und häufig negativer Erfahrungen im sozialen Umfeld macht sich im Unterricht häufig in diffuser Überaktivität bzw. in einer Einschränkung der Beweglichkeit bemerkbar, die fast autoaggressive Züge zeigt. Szenische Lernprozesse, bei denen die Schüler neue Erfahrungen mit sich und anderen machen können, können hier nur in Gang gesetzt werden, wenn klare Verhaltensorientierungen (Aufgabenstellung, Arbeitsaufträge, überschaubare Handlungsmuster und Handlungsabläufe) gegeben und Rollen- und Szenenvorgaben einfach und gestisch eindeutig gestaltet und erarbeitet werden. Dies ist möglich, wenn die Personenkonstellationen, die Rollenfiguren und ihre körperlichen und sprachlichen Handlungen vor dem szenischen Spiel gemeinsam erarbeitet und anschaulich an der Tafel sichtbar gemacht werden und wenn die Lehrer Einfluss auf die Rollenverteilung nehmen. Schritt für Schritt müssen dann die Spieler über Kleidungsstücke, Requisiten, Raumaufbau und das Erproben der körperlichen Handlungen Handlungsvorstellungen aufbauen. Im Mittelpunkt der Arbeit steht dabei vor allem die szenische Darstellung der Rollen- und Situationsvorgaben, die – wenn mehrere Varianten erarbeitet werden – immer wieder Anlass zum Gespräch gibt (Bartels/Scheller u.a. 1986, Scheller 1987).

▶ Körperbehinderte

Die oben beschriebenen Schwierigkeiten haben Schüler der Körperbehindertenschule nicht. Mit Ernst und Begeisterung lassen sie sich auch und vor allem auf Spielformen ein, die ihnen die Möglichkeit bieten sich komplexe und ihnen fremde Rollen, Handlungen und Situationen mit *ihren* körperlichen Mitteln anzueignen und sie darzustellen. Je weniger hier bewertend eingegriffen wird, um so intensiver und differenzierter werden Spiel- und Lernprozesse. Vorgegeben werden sollten ein genauer Rahmen und differenzierte Rollen- und Szenenangaben.

Als Spielleiter sollten die Lehrer sicherstellen, dass sich die Schüler untereinander verständigen können und sich körperlich nicht überfordern (Bartels/Scheller u.a. 1986).

▶ Gymnasiasten

Schüler, die am Gymnasium unterrichtet werden, haben in der Regel keine Schwierigkeiten sich in fremde Figuren einzufühlen. Allerdings neigen einige – v.a. Jungen – dazu, das Spiel zur Selbstdarstellung zu nutzen, wobei sie sich nicht an eigenen, sondern an theatralischen Darstellungsmustern orientieren. Andere misstrauen körperlichen Handlungen und beschränken sich im Spiel auf Rollengespräche. Deshalb ist darauf zu achten, dass die Schüler bei der Rollenentwicklung und beim szenischen Spiel auch auf den Habitus, die Körperhaltungen und die physischen Handlungen der Figuren achten und von daher innere Haltungen motivieren. Bei der szenischen Reflexion sollte durch Verfahren gesichert werden, dass nicht die gelungene Darstellung, sondern die im Spiel gezeigten Haltungen Gegenstand der Untersuchung werden.

▶ Jugendliche in der offenen Jugendarbeit

Die fehlenden institutionellen Rahmenbedingungen, die unverbindliche, eher bedürfnis- und situationsabhängige Teilnahme, aber auch der Verdacht der Jugendlichen für pädagogische Interessen instrumentalisiert zu werden, erschweren pädagogisch initiierte Spielprozesse in der offenen Jugendarbeit. Sozialarbeiter und Sozialpädagoginnen können hier zunächst nur Animateure sein, können Requisiten, Materialien, Spielideen und kleine Improvisationen anbieten, die sich die Jugendlichen in ihrer Weise aneignen können. Dabei werden sie vor allem auf Aktionen zugespitzte Szenen spielen, in denen sie ihre Erfahrungen, Haltungen und Verhaltensmöglichkeiten darstellen können. Die Diffusität und die Schwierigkeit sich in der Gruppe aufeinander zu beziehen gestalten die Arbeit zunächst chaotisch, führen nicht selten zum Streit, zum Abbruch oder zur Resignation. Hier sollte und muss der Spielleiter strukturierend eingreifen, Regeln einführen und kontrollieren. Hier kann er auch mit der Stopp-Methode und der Stimmenskulptur Verfahren einführen, die das im Spiel, aber auch das im Gruppenprozess gezeigte Alltagsverhalten bewusster und verfügbarer machen und nach und nach in bewusstes Ausdrucksverhalten überführen können.

▶ Studierende

In der Universität ist die Bereitschaft von Studierenden der Lehramts- und Pädagogikstudiengänge sich auf die Arbeit mit dem szenischen Spiel einzulassen relativ groß, stößt aber auf Grenzen, die mit den Bedingungen der Universität zu tun haben. Die Seminargröße, räumliche und zeitliche Bedingungen, verinnerlichte Erwartungen an die Wissenschaft und ihre Aneignung und nicht zuletzt die unklare Berufsperspektive beeinflussen die Bereitschaft zu und die Möglichkeit von szenischen Lernprozessen. Die Arbeit in Kleingruppen, die in zu großen Seminaren notwendig ist, reduziert die Erfahrung, weil wegen des Fehlens eines Spielleiters diffuse Gruppenbeziehungen die Arbeit blockieren; der zweistündige Seminarrhythmus reduziert die Intensität der Spielarbeit und ermöglicht es den Studierenden sich intensiven Erlebnissen zu entziehen. Zudem können die Erwartungen an die Wissenschaftlichkeit beängstigen und die unklare Berufsperspektive reduziert die Bereitschaft sich mit der eigenen Haltung als Pädagoge auseinander zu setzen. Bewährt haben sich dort, wo über einen längeren Zeitraum intensive Spielerfahrungen an einem Thema gemacht werden sollen, zweitägige Blockseminare, an denen nicht mehr als zwanzig Studierende teilnehmen sollten. In diesen Seminaren ist es dann auch möglich intensive Gruppenbeziehungen aufzubauen und damit die Isolierung und Anonymität aufzuheben. Geht es um die Spielleitertätigkeit selbst, so sind längerfristige, regelmäßig wiederkehrende Trainingsseminare in festen Gruppen sinnvoll, in denen im Wechsel von Spiel- und Spielleitertätigkeit auch die Haltungen der Studierenden als Pädagogen zur Disposition stehen.

▶ Lehrer, Sozialpädagogen, Sozialarbeiter

In der Fort- und Weiterbildung und der Supervision von und mit Lehrern, Sozialpädagogen und Sozialarbeitern ist zu unterscheiden zwischen Seminaren, in denen es um die Aneignung und Erprobung von Verfahren des szenischen Spiels geht, und solchen, in denen die Haltungen und Konflikte der Pädagogen selbst zum Thema werden.

Bei Seminaren zur Methode des szenischen Spiels muss eine Balance zwischen den legitimen Rezeptbedürfnissen und der Selbsterfahrung gefunden werden. Da Spielerfahrungen eine Voraussetzung für die Spielleitertätigkeit sind, muss durch das Setting sichergestellt werden, dass *alle* Teilnehmer sich während des Seminars einmal in eine Rolle einfühlen und in dieser in einer Szene agieren können und dass alle an szenischen Reflexionsprozessen beteiligt sind. Dabei kann die Rolleneinfühlung und die Szenenvorbereitung parallel stattfinden, bevor nach und nach Szenen gespielt und reflektiert werden. Diese Arbeit sollte in kleinen Schritten erfolgen, sodass der Spielleiter immer wieder die Möglichkeit hat, auf die Verwendungsmöglichkeiten der Verfahren in der pädagogischen Praxis hinzuweisen.

Bei Fortbildungsseminaren mit Sozialpädagogen und Sozialarbeitern muss stärker auf körperbezogene Improvisationen und Spielprozesse geachtet werden, da sie in der offenen Jugendarbeit häufig gezwungen sind, Jugendliche durch das Anspielen von Situationen zum Spiel zu animieren und sie im Spiel mit neuen Rollen zu konfrontieren.

In *Supervisionsseminaren* setzen sich Lehrer und andere Pädagogen mit ihren eigenen Problemen in der pädagogischen Praxis oder im Team auseinander. Hier muss durch den zeitlichen Rahmen (ca. zwei Tage) und die räumliche Distanz zum Arbeitsplatz gewährleistet werden, dass sich keiner entziehen kann. Nach anfänglichen Ängsten und Widerständen lassen sich auch schwierige Kollegien oder Teams sehr schnell im Spiel auf Themen wie Disziplinkonflikte, Gewalt, schwierige Schüler, Zusammenarbeit im Kollegium oder Schulleben ein, wenn durch klare Regeln *alle* am Prozess beteiligt werden, wenn an Situationen gearbeitet wird, die alle direkt oder mittelbar kennen, wenn die Rollen von schwierigen Schülern bzw. Jugendlichen von Kollegen übernommen werden, wenn Bewertungen, Abgrenzungen, besserwisserische Vorschläge und Diskussionen über das Thema verhindert werden.

Resultieren bei Lehrern und Lehrerinnen die Probleme in der Regel aus der institutionell vorgegeben Rolle, durch die sie in Widerspruch zu den Haltungen und Bedürfnissen von Schülern und Kollegen geraten, sind es bei Sozialarbeitern und Sozialpädagogen vor allem Institutionen und Behörden, mit denen sie bei der Arbeit in Konflikte geraten und die deshalb zum Thema in der Supervision werden. Die häufig überfordernde Identifikation mit ihrer Klientel (Jugendliche, Flüchtlinge, Kranke) führt dazu, dass aggressive Impulse auf Behörden und Institutionen projiziert werden, denen die Schuld an der eigenen Überforderung zugeschrieben wird.

6.6 Spielleiterhaltungen

Obwohl die Spielverfahren vielfach erprobt wurden, setzt der Umgang mit ihnen Fähigkeiten, Erfahrungen und Selbstreflexion voraus, die Pädagogen nur zum Teil mitbringen und die sie sich in der Praxis erwerben müssen. Als Spielleiter steuern sie nicht nur den Spielprozess von außen, sondern greifen auch als Animateure, Mitspieler, Gesprächspartner und Hilfs-Ich immer wieder aktiv in das Spielgeschehen ein. Diese Rolle fällt vielen nicht leicht, da sie nicht unbedingt den Sozialisationserfahrungen und Rollenvorstellungen entspricht, eher schon den bewussten und unbewussten Verhaltenswünschen. Als Spielleiter etwa in Rollengesprächen mit Einstellungen, Phantasien und Empfindungen der Teilnehmer (und der Rollenfiguren) und damit auch mit eigenen bewussten und unbewussten Wünschen, Ängsten und Aggressionen konfrontiert zu werden, kann Spaß aber auch Angst machen und Widerstand erzeugen. Sich in der Spielleiterrolle direkt auf die Teilnehmer einzulassen, spontan Rollen zu übernehmen und andere in ihren Rollen in persönliche Gespräche zu verwickeln, um im nächsten Augenblick wieder die Position des distanzierten Pädagogen zu übernehmen, der den Überblick hat und durch klare Arbeitsanweisungen die Richtung der szenischen Aktionen bestimmt, das setzt Erfahrungen, Selbstreflexion, Lust am Spiel und Sensibilität für eigene und die Empfindungen anderer voraus. Pädagogen sollten sich und die Beteiligten dabei nicht überfordern. Erfahrungen mit der Spielleiterrolle können sie bei eigenen Spielversuchen, aber auch nach und nach während der Spielpraxis sammeln.

Hast du bisher wenig oder noch keine Erfahrung mit dem szenischen Spiel gemacht, beginne zunächst mit kleineren Spielsequenzen und einfachen szenischen Verfahren. Für unerfahrene Spielleiter eignen sich die nachfolgenden Verfahren besonders:

Standbilder (s. S 59 ff),

Wahrnehmungsübungen (s. S. 37 ff),

Vorstellungsübungen (s. S. 39 ff),

Körperübungen (s. S. 42 ff),

Sprechübungen (s. S. 44 ff),

Rollenschreiben (s. S. 47 f),

Rollengesprächen (s. S. 51 ff),

Rollenbiographien (s. S. 48 f),

Rollenmonologen (s. S. 51 f) und

Rollendialoge (s. S. 52 bzw. 56).

Die Lust und das Interesse, das die Teilnehmer bei der Arbeit zeigen und entwikkeln, aber auch die Erfahrung, dass du im und durch das szenische Spiel etwas über die und von den Beteiligten (und über dich selbst) lernen kannst, fördern dann schnell die Bereitschaft auch andere Verfahren auszuprobieren.

▶ Nicht mitspielen

Übernehme selbst keine feste Rolle. Du musst den Überblick behalten, als Spielleiter intervenieren und beobachten können, wie es den Spielern in ihren Rollen geht. Spielst du mit, führt das bei den Mitspielern nicht selten zu einer Rollenkonfusion: Sie können nicht unterscheiden, ob du nur die Rolle spielst oder ob du ihnen in der Rolle eine Verhaltensanweisung gibst. Übernimmst du dagegen als Spielleiter spontan Rollen (etwa die des inneren Dialogpartners oder des Hilfs-Ichs), ist deine Funktion klar definiert.

▶ Handlungsanweisungen

Gib Anweisungen klar und eindeutig. Da sie Handlungen in Gang setzen sollen, sind sie beim szenischen Spiel von besonderer Bedeutung. Hast du noch nicht genug Routine, lohnt es sich, die entscheidenden Handlungsanweisungen aufzuschreiben und vorzulesen. Kapitel zwei und drei dieses Buches bieten für alle Verfahren Beispielformulierungen an. Auf jeden Fall ist es wichtig und sinnvoll nachzufragen, ob die Anweisungen verstanden wurden und dort, wo in Gruppen gearbeitet wird, zu überprüfen, ob tatsächlich alle die gleiche Aufgabe erfüllen. Die Arbeitsergebnisse sind nicht mehr vergleichbar, wenn unterschiedliche Handlungen durchgeführt wurden. Das macht sich spätestens dann bemerkbar, wenn die Gruppenergebnisse präsentiert werden.

▶ Erläuterungen, Demonstrationen

Verzichte zumindest zu Anfang auf zu komplexe Begründungen der Handlungsanweisungen. Sie werden häufig erst verständlich, wenn sie durchgeführt wurden und die Teilnehmer über Spielerfahrungen verfügen. Zu komplexe Begründungen lenken ab und provozieren Fragen und Einwände, die als Vorwand für Diskussionen genommen werden.

Erläutere Spielverfahren anschaulich und demonstriere sie so weit wie möglich. Da szenische Spielhandlungen komplexe Prozesse sind, können sie häufig nur verstanden werden, wenn sie demonstriert werden. Achte darauf, dass alle Teilnehmer deiner Demonstration folgen können und überzeuge dich anschließend davon, dass sie das Verfahren verstanden haben.

Lasse dir, bevor du als Spielleiter in Aktion trittst, von den Spielern so viel über die Situation (Ort, Personen, Beziehungen und Handlung) sagen, dass du dir (und mit dir die Beobachter) ein grobes Bild von dem machen kannst, was dargestellt werden soll.

Sollen die Beobachter das Spiel an markanten Stellen unterbrechen und die Personen nach ihren Gedanken fragen, musst du ein Beispiel dafür geben. Vielen fehlen zunächst die Distanz und der Mut, das Spiel anzuhalten. Erst nach und nach übernehmen sie dein Muster, rufen selbst „Stopp“ und fragen nach Gedanken.

▶ Emotionen im Lernprozess

Im szenischen Spiel werden immer wieder auch intensive Gefühle geweckt und dargestellt, und das ist auch gewollt. Lass dich dadurch nicht verunsichern. Wir können nicht emotionale Lernprozesse fordern und dann nach dem Therapeuten rufen, wenn Emotionen sichtbar werden.

Überfordere dich und die Teilnehmer nicht und halte dich vor allem dort, wo in Rollengesprächen intime Gefühle angesprochen werden, zunächst zurück. Achte vor allem darauf, dass du deine eigenen Probleme nicht auf die Teilnehmer überträgst.

Merkst du, dass Spieler im Spiel an tiefere Gefühlsschichten herankommen, also an Trauer, Angst, Gewalt- oder Ohnmachtsgefühle, reagiere nicht panisch oder mit methodischen Tricks. Verhindere, dass die übrigen Teilnehmer mit vorschnellen Tröstungen reagieren und ein schlechtes Gewissen machen. Bleib in der Nähe der Spieler und sorge dafür, dass sie, wenn sie wollen, ihre Gefühle und Erlebnisse aussprechen. Sinn des szenischen Spiels ist es, Gefühle zu beleben, darzustellen und zu verstehen. Deshalb sollten sie dort, wo sie sichtbar werden, nicht durch Arrangements weggedrängt werden. Die Erfahrungen zeigen, dass alle Beteiligten gut und verantwortungsvoll mit solchen Gefühlen umgehen können, wenn sie ehrlich sind und ernst genommen werden. Allerdings musst du auch einen Schutzraum anbieten. Wenn Spieler sich nicht öffentlich artikulieren wollen, musst du das akzeptieren und mit ihnen in der Pause das Gespräch suchen.

Wenn dir etwas zu nahe geht, wenn dich eine Spielsituation oder das Verhalten einer Spielerin (oder einer Person) so berührt, dass du sprachlos wirst oder keine Distanz mehr findest, kannst du das Spiel ruhig abbrechen und darüber sprechen. Es ist wichtig, ein Gespür für solche Situationen zu bekommen, sonst besteht die Gefahr, dass du dein eigenes Problem auf die Teilnehmer überträgst. Das gilt auch für Situationen, in denen du das Gefühl hast, dass Teilnehmer an dich Erwartungen herantragen, die wenig mit dir zu tun haben. Geh auf solche Erwartungen nicht ein, führe höchstens hinterher ein persönliches Gespräch mit den entsprechenden Personen und mach ihnen klar, dass du für den Ablauf des Geschehens und für die ganze Gruppe die Verantwortung trägst. Solche Übertragungen, die ganz natürlich sind, können Wünsche und Widerstände provozieren, die deine Aufmerksamkeit von der Gruppe und dem Spielprozess weg auf einzelne Teilnehmer lenken können.

Vergiss nicht, dass du nur Situationen anbieten kannst, in denen die Teilnehmer etwas lernen können. Wie und an welcher Stelle sie etwas entdecken und lernen, das hängt auch mit ihrer Lebensgeschichte und mit ihrer momentanen Lebenssituation zusammen. Es kann in bestimmten Situationen auch sinnvoll sein nicht zu lernen – möglicherweise weil man sich schützen muss. Das musst du akzeptieren (können).

▶ Eigene Haltung suchen

Gestehe dir Fehler zu: Auch bei der Spielleitertätigkeit zeigst du häufig etwas anderes als das, was du dir vorgenommen hast. Das ist natürlich und nicht schlimm, im Gegenteil: Es eröffnet dir die Möglichkeit zu lernen. Versuch dir klarzumachen, was nicht geklappt hat und wo deine eigenen Schwierigkeiten gewesen sind. Dann kannst du es beim nächsten Mal anders machen.

Suche deine eigene Haltung als Spielleiter oder Spielleiterin. Die Verfahren und Vorschläge in diesem Buch können nur Angebote sein. Sie sind Produkte meiner

Erfahrungen und als solche mit meiner Haltung verbunden. Wenn du mit ihnen arbeitest, wirst du sie auf deine Bedingungen und Möglichkeiten übertragen müssen.

Versuche selbst Erfahrungen mit dem szenischen Spiel zu machen, d.h. an Seminaren teilzunehmen. Solche Spielerfahrungen erleichtern die Arbeit insofern, als du dir besser vorstellen kannst, was und wie bei bestimmten Spielverfahren und Spielsettings gelernt werden kann. Da du als Spielleiter abweichend von den üblichen Lernverfahren auch die Handlungen und damit die Körper der Teilnehmer einbeziehst, brauchst du für dich eine größere Legitimation. Vor allem die Erfahrung, dass nur eine genaue Handhabung der Spielverfahren zu den intendierten Lernprozessen führt, kann dir helfen auf die genaue Arbeit beim Spiel zu achten und darauf zu bestehen, dass die Verfahren, wie andere Verfahren auch, immer wieder geübt, wiederholt und präzisiert werden.

Materialien zu den Themenfeldern

Jugend und Gewalt

Texte

Bayer, Ingeborg: Gefängnis-Alltag. Die Neue im Knast, in: Spiel und Alltag. Diesterweg Texte und Materialien zum Literaturunterricht. Frankfurt a. M. 1982, S.52-54

Boie, Kirsten: Erwachsene reden. Marco hat was getan (1994). München 1995

Bond, Edward: Gerettet. Frankfurt a. M. 1971

Brecht, Bertolt: Der Jasager und der Neinsager. Gesammelte Werke 2. Frankfurt a. M.1967

Fassbinder, Rainer Werner: Katzelmacher. In: Fassbinder, Antitheater. Frankf. a. M. 1975

Fehrmann, Helma/Roth, Ingrid (Hrsg.): Gewalt im Spiel. Berlin (Theater Rote Grütze) 1988

Hachfeld, Rainer: Eins auf die Fresse. Theaterstück für Menschen ab 13 (GRIPS-Theater). Berlin 1996

Hagemann, Maria: Schwarze, Wolf, Skin. Stuttgart/Wien 1993

Hetman, Frederik/Tondern, Harald: Die Nacht, die kein Ende nahm. In der Gewalt von Skins. Reinbek bei Hamburg 1994

Ludwig, Volker: Bella, Boß und Bulli (GRIPS-Theater). Berlin 1995

Ruck-Pauquèt, Gina: Das dritte Opfer im Kriminalfall X. In: Das große Buch von Gina Ruck-Pauquèt. Ravensburg 1978

Welsh, Renate: Sonst bist du dran! Eine Erzählung zum Thema „Gewalt in der Schule". Würzburg 1994

West Side Story (vgl. Kosuch/Stroh 1997, Lit.-Verz.)

Williams, Nigel: Klassen Feind. Berlin 1981

Zanger, Jan de: Dann eben mit Gewalt (1986). Weinheim/Basel 1995

Mann-Frau-Beziehungen

Texte

Brecht, Bertolt: Der gute Mensch von Sezuan (1942). Gesammelte Werke 4. Frankfurt a. M.1967

Brecht, Bertolt: Die unwürdige Greisin (1939). Gesammelte Werke 11. Frankfurt a. M. 1967

Büchner, Georg: Leonce und Lena (1836). (Reclam)

Büchner, Georg: Woyzeck (1837). (Reclam)

Büchner, Georg: Dantons Tod (1835). (Reclam)

Fehrmann, H./Flügge, J./Franke, H.: Was heißt hier Liebe? München (7.Aufl.) 1979

Goethe, Johann Wolfgang von: Faust I (1829). (Reclam)

GRIPS Theater Berlin: Kloß im Hals. Theatermosaik für Menschen ab 13.Berlin 1993

Härtling, Peter: Ben liebt Anna. Weinheim/Basel 1986

Horvàth, Ödön von: Glaube Liebe Hoffnung, in: Horvàth, Gesammelte Werke 6. Frankfurt a. M.1983

Ibsen, Henrik: Nora oder ein Puppenheim (1879). (Reclam)

Ibsen, Henrik: Hedda Gabler (1890). (Reclam)

Kleist, Heinrich von: Penthesilea (1807). In: Gesammelte Werke 2 (dtv). München 1964

Kleist, Heinrich von: Der zerbrochene Krug (1805). In: Gesammelte Werke 2 (dtv). München 1964

Laing, Ronald D.: Liebst du mich? Köln 1978 (vgl. Scheller 1993a)

Lenz, Jakob Michael Reinhard: Die Soldaten (1776). (Reclam)

Lessing, Gotthold Ephraim: Emilia Galotti (1772). (Reclam)

Lessing, Gotthold Ephraim: Minna von Barnhelm (1763). (Reclam)

Mamet, David: Oleanna. Köln 1993

Schiller, Friedrich: Kabale und Liebe (1784). (Reclam)

Schiller, Friedrich: Maria Stuart (1800). (Reclam)

Wedekind, Frank: Frühlings Erwachen (1891). (Reclam)

Bildmaterial

Allers, C.W.: Die silberne Hochzeit. Ein großbürgerliches Ehepaar um die Jahrhundertwende, 1890 (Bildarchiv Preußischer Kulturbesitz)

Bauer, Jens-Heiner (Hg.): Chodowiecki, Daniel Nikolaus: Das druckgraphische Werk. Hannover 1982

Alltag im Dritten Reich

Texte

Brecht, Bertolt: Furcht und Elend des Dritten Reiches(1938). Gesammelte Werke 3. Frankfurt a. M. 1967

Brecht, Bertolt: Der aufhaltsame Aufstieg des Arturo Ui (1941). Gesammelte Werke 4. Frankfurt a. M. 1967

Frisch, Max: Herr Biedermann und die Brandstifter (1958). Frankfurt a. M. 1980

Frisch, Max: Andorra (1961). Frankfurt a. M. 1975

Golding, William: Herr der Fliegen. Frankfurt a. M. 1983

Hetmann, Frederik/Tondern, Harald: Die Nacht, die kein Ende nahm. In der Gewalt von Skins. Reinbek bei Hamburg 1994

Horvàth, Ödön von: Jugend ohne Gott. Gesammelte Werke 13, Frankfurt a. M. 1983

Ludwig, Volker/Michel, Detlev: Ab heute heißt du Sara (GRIPS-Theater). Berlin 1989

Morshäuser, Bodo: Hauptsache Deutsch. Frankfurt a. M.1992

Ossowski, Leonie: Stern ohne Himmel. Weinheim/Basel 1978

Ossowski, Leonie: Voll auf der Rolle (GRIPS-Theater). Berlin 1984

Richter, Hans Peter: Damals war es Friedrich (1974). München 1997

Rhue, Morton: Die Welle. Ravensburg 1984

Tabori, George: Mein Kampf, in: Theater heute 7/1987

Schule

Texte

Brecht, Bertolt: Der Ingwertopf. In: Das Leben des Konfutse. Gesammelte Werke 7

Horvàth, Ödön von: Jugend ohne Gott. Gesammelte Werke 13. Frankfurt a. M. 1983

Krüger, Moritz: Schulflucht. Eine dokumentarische Erzählung. Reinbek 1978

Lenz, Jakob Michael Reinhard: Der Hofmeister (1774). (Reclam)

Mann, Heinrich: Der Untertan (1918). München 1964

Musil, Robert: Die Verwirrungen des Zöglings Törleß (1906). Reinbek bei Hamburg 1959

Ossowski, Leonie: Voll auf der Rolle. Berlin (GRIPS-Theater) 1984

Reinert, Gert-Bodo/ Zinnecker, Jürgen (Hrsg.) Schüler im Schulbetrieb, Reinbek bei Hamburg 1978

Rhue, Morton: Die Welle. Ravensburg 1984

Thiermann, Friedrich: Schulszenen. Vom herrschen und vom Leiden. Frankfurt a. M. 1985

Wedekind, Frank: Frühlings Erwachen (1891). (Reclam)

Welsh, Renate: Sonst bist du dran! Eine Erzählung zum Thema „Gewalt in der Schule". Würzburg 1994

Williams, Nigel: Klassen Feind. Berlin 1981

Literaturverzeichnis

Artaud, Antonin: Das Theater und sein Double. Frankfurt a. M.1969

Auts, Astrid/Grenz, Dagmar/Josten, Kristina: Ben liebt Anna. Szenische Interpretation der Erzählung von Peter Härtling, in: Praxis Deutsch 3/1996, S.35-43

Barba, Eugenio: Jenseits der schwimmenden Inseln. Reinbek bei Hamburg 1985

Bartels, Adolf/Loose, Gert/Kötter, Winfried/Scheller, Ingo: Das szenische Spiel als Lernform in der Sonderschule. C.v.Ossietzky Universität Oldenburg, Zentrum für pädagogische Berufspraxis, 1987

Batz, Michael/Schroth, Horst: Theater zwischen Tür und Angel. Handbuch für die freie Theaterarbeit. Reinbek bei Hamburg1983

Boal, Augusto: Theater der Unterdrückten. Übungen und Spiele für Schauspieler und Nicht-Schauspieler. (2.Aufl.) Frankfurt a. M. 1989

Bourdieu, Pierre: Entwurf einer Theorie der Praxis. Frankfurt a. M. 1979

Bourdieu, Pierre: Sozialer Sinn. Kritik der theoretischen Vernunft. Frankfurt a. M. 1993 (2.Aufl.1997)

Bourdieu, Pierre: Die männliche Herrschaft. In: Dölling, Irene/Krais, Beate(Hg.): Ein alltägliches Spiel. Geschlechterkonstruktion in der sozialen Praxis. Frankfurt a. M.1997, S.153-217

Brecht, Bertolt: Gesammelte Werke in 20 Bänden. Frankfurt a. M. 1967

Brecht, Bertolt: Über den Beruf des Schauspielers, Frankfurt a. M.1980

Brecht, Bertolt: Baal. Der böse Baal der asoziale. Texte, Varianten, Materialien. Frankfurt a. M. 1968

Brinkmann, Rainer: Szenische Interpretation von Opern: Die Hochzeit des Figaro. Begründungen und Unterrichtsmaterialien. Oldershausen 1992

Coburn-Staege, Ursula: Lernen durch Rollenspiel. Theorie und Praxis für die Schule. Frankfurt a. M. 1977

Conrady, Sabine/Kowollik, Jörg/Müller, Angelika I./Scheller, Ingo: Berufliche Qualifizierung als interkulturelle Bildung – am Beispiel der Altenpflege. Szenisches Spiel als Lernform. C.v.Ossietzky Universität Oldenburg, BIS 1997

Dieterle, Christina/Iaconis, Ute-Ena: „Und dann hängten sie Viktor auf". Ein Modell szenischer Interpretation zum Thema Gewalt. In: Praxis Deutsch 3/1996, S.47-51

Dölling, Irene/ Krais, Beate (Hg.): Ein alltägliches Spiel. Geschlechterkonstruktion in der sozialen Praxis. Frankfurt a. M.1997

Ebert, Gerhard/Penka, Rudolf (Hg.): Schauspielen. Handbuch der Schauspieler-Ausbildung. Berlin 1981

Ensel, Leo: „Warum wir uns nicht leiden mögen...". Was Ossis und Wessis voneinander halten. Münster 1993 (2.Aufl.1995)

Fries, Artur de/Häußler, Hans: Soziales Training durch Rollenspiel. Köln/Frankfurt a. M. 1976

Fo, Dario: Kleines Handbuch des Schauspielers. Frankfurt a. M.1989

Gebauer, Gunter: Kinderspiele als Aufführungen von Geschlechtsunterschieden, in: Dölling, Irene/Krais, Beate (Hg.): Ein alltägliches Spiel. Geschlechterkonstruktion in der sozialen Praxis. Frankfurt a. M. 1997, S. 259-284

Grotowski, Jerzy: Für ein armes Theater. Berlin 1994

Johnstone, Keith: Improvisation und Theater. Berlin 1993 (2.Aufl.1995)

Koch, Gerd/Steinweg, Reiner/Vaßen, Florian (Hg.): Assoziales Theater. Spielversuche mit Lehrstücken und Anstiftung zur Praxis. Köln 1984

Kosuch, Markus/Stroh, Wolfgang Martin: Szenische Interpretation von Musiktheater: West Side Story. Begründungen und Unterrichtsmaterialien. Oldershausen 1997

Kramer, Michael: Das praktische Rollenspielbuch. Wuppertal 1979

Laing, Ronald D.: Liebst du mich? Geschichten in Gesprächen und Gedichten. Köln 1982

Langer, Susanne K.: Philosophie auf neuen Wegen. Das Symbol im Denken, im Ritus und in der Kunst. Frankfurt a. M.1984

Lippe, Rudolf zur: Am eigenen Leibe. Zur ökonomie des Lebens. Frankfurt a. M. 1978

Lippe, Rudolf zur: Sinnenbewußtheit. Grundlegung einer anthropologischen Ästhetik. Reinbek bei Hamburg 1987

Lorenzer, Alfred: Der Analytiker als Detektiv, der Detektiv als Analytiker. In: Psyche, Zeitschrift für Psychoanalyse, 1/1985, S.1-12

Lorenzer, Alfred: Der Symbolbegriff und seine Problematik in der Psychoanalyse. In: Oelkers, Jürgen/Wegenast, Klaus (Hg.): Das Symbol – Brücke des Verstehens. Stuttgart 1991, S.21-29

Mann, Christine/Schröter, Erhart/ Wangerin, Wolfgang: Selbsterfahrung durch Kunst. Methodik für die kreative Gruppenarbeit mit Literatur, Malerei und Musik. Weinheim/Basel 1995

Müller, Angelika I./Scheller, Ingo: Das Eigene und das Fremde. Flüchtlinge, Asylbewerber, Menschen aus anderen Kulturen und wir. Das szenische Spiel als Lernform. C.v. Ossietzky Universität Oldenburg, BIS, 1993 (a)

Müller, Angelika I./Scheller, Ingo: Annäherung an das Fremde: Menschen in Schwarzafrika und wir. Das szenische Spiel als Lernform. C.v.Ossietzky Universität Oldenburg, Zentrum für pädagogische Berufspraxis, 1993

Moreno, Jakob L.: Das Stehgreiftheater. Potsdam 1923

Nebhuth, Ralf/Stroh, Wolfgang Martin: Szenische Interpretation von Opern: Carmen. Begründungen und Unterrichtsmaterialien. Oldershausen 1990

Petzold, Hilarion (Hg.): Angewandtes Psychodrama in Therapie, Pädagogik, Theater und Wirtschaft. Paderborn 1972

Pfaff, Walter/Keil, Erika/Schläpfer, Beat (Hg.): Der sprechende Körper. Texte zur Theateranthropologie. Zürich/Berlin 1996

Reiterer, Uschi: Kloß im Hals. Szenische Interpretation des gleichnamigen GRIPS-Theater-Stücks in der Hauptschule. In: Praxis Deutsch 3/1996, S.52-58

Ritter, Hans Martin: Theater als Lernform. Beiträge zur Theorie und Praxis pädagogischer Theaterverfahren. Berlin 1981

Ritter, Hans Martin: Das gestische Prinzip bei Bertolt Brecht. Köln 1986

Ruping, Bernd: Vom szenischen Erkunden psycho-sozialer Befindlichkeiten. Erfahrungen mit einem Workshop zum Theater der Unterdrückten 1989. In: Ruping, Bernd (Hg.): Gebraucht das Theater. Die Vorschläge von Augusto Boal. Erfahrungen, Varianten, Kritik. Lingen/Remscheid 1991, S.53-81

Schechner, Richard: Die Vielfalt der Performance. In: Pfaff, Walter/Keil, Erika/ Schläpfer, Beat(Hg.): Der sprechende Körper. Texte zur Theateranthropologie, Zürich/Berlin 1996, S.48-63

Scheller, Ingo: Erfahrungsbezogener Unterricht. Theorie, Praxis, Planung. Frankfurt a. M. 1981 (2.Aufl. 1987)

Scheller, Ingo: Arbeit an Haltungen oder über Versuche, den Kopf wieder auf die Füße zu stellen – Überlegungen zur Funktion des szenischen Spiels. In: Scholz, Reiner/Schubert, Peter (Hg.): Körpererfahrung. Die Wiederentdeckung des Körpers: Theater, Therapie und Unterricht. Reinbek bei Hamburg 1982, S.230-253

Scheller, Ingo: Lehrerhaltungen und was andere daran wahrnehmen, und: „Udo, jetzt bist du dran, du gehst raus!“ Sechs Lehrer untersuchen Lehrerhaltungen im szenischen Spiel. In: Westermanns Pädagogische Beiträge 10/1982 (a), S.416-423 und 440-447

Scheller, Ingo/Schumacher, Rolf: Das szenische Spiel als Lernform in der Hauptschule. C.v.Ossietzky Universität Oldenburg: Zentrum für pädagogische Berufspraxis, 1984 (2.Aufl.1987)

Scheller, Ingo: Arbeit an asozialen Haltungen. Lehrstückpraxis mit Lehrern und Studenten. In: Koch, Gert/Steinweg, Rainer/Vaßen, Florian (Hg.): Asoziales Theater. Spielversuche mit Lehrstücken und Anstiftung zur Praxis. Köln 1984 (a), S.60-90

Scheller, Ingo: Enttäuschter Vater erschoß sich vor den Augen seines Sohnes oder: Über die Möglichkeiten, einen erfahrungsbezogenen Unterricht zu planen, in: Westermanns Pädagogische Beiträge 10/1985, S.462-468

Scheller, Ingo: Wie lernen Lehrer? In: Schröder, Gerd/Spindler, Detlef (Hg.): Zukunft der Schule. Chancen und Risiken. Ostfriesische Hochschultage 1985. C.v.Ossietzky Universität Oldenburg: Zentrum für pädagogische Berufspraxis, 1986 (a), S.179-194

Scheller, Ingo: Szenische Interpretation mit Standbildern – dargestellt an Ibsens „Nora“. In: Praxis Deutsch 76, 1986 (b), S.60-65

Scheller, Ingo: Szenisches Spiel. In: Haller, Hans-Dieter/Meyer, Hilbert (Hg.): Ziele und Inhalte der Erziehung und des Unterrichts. Enzyklopädie Erziehungswissenschaft Bd.3. Stuttgart 1986 ©, S.201-210

Scheller, Ingo: Szenische Lernprozesse. Überlegungen zum Literaturunterricht mit Haupt- und Sonderschülern, in: Diskussion Deutsch 93/1987, S.41-47

Scheller, Ingo: Szenische Interpretation: Georg Büchner „Woyzeck“. Vorschläge, Materialien und Dokumente zum erfahrungsbezogenen Umgang mit Literatur und Alltagsgeschichte(n). C.v.Ossietzky Universität Oldenburg, Zentrum für pädagogische Berufspraxis, 1987 (a) (2.Aufl.1989)*

Scheller, Ingo: Szenische Interpretation: Frank Wedekind „Frühlings Erwachen“. Vorschläge, Materialien und Dokumente zum erfahrungsbezogenen Umgang mit Literatur und Alltagsgeschichte(n). C.v.Ossietzky Universität Oldenburg, Zentrum für pädagogische Berufspraxis, 1987 (b) (2.Aufl. 1989)*

Scheller, Ingo: Wir machen unsere Inszenierungen selber(I). Szenische Interpretation von Dramentexten. Theorie und Verfahren zum erfahrungsbezogenen

Umgang mit Literatur und Alltagsgeschichte(n). C.v.Ossietzky Universität Oldenburg, Zentrum für pädagogische Berufspraxis, 1989 (5.Aufl.1995)*

Scheller, Ingo: Wir machen unsere Inszenierungen selber (II). Szenische Interpretation von Dramentexten. Verlaufspläne und Materialien zu J.M.R. Lenz „Die Soldaten", J.W.v.Goethe „Faust I", F. Schiller „Maria Stuart", B. Brecht „Der gute Mensch von Sezuan", M. Frisch „Andorra", F. Dürrenmatt „Die Physiker". C.v.Ossietzky Universität Oldenburg, Zentrum für pädagogische Berufspraxis, 1989 (a) (3.Aufl.1993)

Scheller, Ingo: Deutschland, einig Vaterland? Versuche zum erfahrungsbezogenen Umgang mit den fremden Schwestern, nach einem Weiterbildungsseminar mit Mitteln des szenischen Spiels in Altenburg/DDR eine Woche nach Einführung der Währungsunion. C.v.Ossietzky Universität Oldenburg: Zentrum für pädagogische Berufspraxis, Vor-Drucke 112/90 (7.Aufl.1993)

Scheller, Ingo: Friedrich Schillers „Wilhelm Tell" – szenisch interpretiert. Stuttgart 1992

Scheller, Ingo/Wickert, Hans-Martin: Jugend und Gewalt. Szenische Interpretation von Dramentexten. Begründungen, Verlaufsbeschreibungen, Erfahrungsberichte. C.v.Ossietzky Universität Oldenburg, Zentrum für pädagogische Berufspraxis, Vor-Drucke 208/93, 1993 (4.Aufl.1994)*

Scheller, Ingo: Hör auf damit! – Womit? – Das weißt du ganz genau! – Erfahrungen inszenieren: Szenisches Spiel als Lernform. In: Deutsche Lehrerzeitung, Jg.40, 48/1993 (a), S.4-5

Scheller, Ingo: Imaginative und emotionale Prozesse bei der szenischen Interpretation von Texten – am Beispiel von Szenen zum Thema „Jugend und Gewalt". In: Kaspar H. Spinner (Hg.): Imaginative und emotionale Prozesse im Deutschunterricht. Beiträge zur Geschichte des Deutschunterrichts 20. Frankfurt a. M./ Berlin/Bern/New York/Paris/Wien 1995, S.59-70

Scheller, Ingo: „Haben wir dir nicht gesagt, daß du unsere Gegend nicht verstänkern sollst" – Lernprozesse bei der szenischen Interpretation einer Dramenszene. In: Informationen zur Deutschdidaktik (ide) 19.Jg.,1/1995 (a) (neue Folge), S.55-73

Scheller, Ingo: Szenische Interpretation von Dramentexten. – „Die Substanz ist das ‚an sich', das bin ich." In: Deutschunterricht 4/1995 (b), S.170-179

Scheller, Ingo: Unsichtbares Theater der Gewalt: Heinrich von Kleist „Der zerbrochene Krug" – Vorschläge, Materialien, Verfahren zur szenischen Interpretation. C.v.Ossietzky Universität Oldenburg, Vor-Drucke 271/95 1995 (c)*

Scheller, Ingo: Szenische Interpretation (Basistext). In: Praxis Deutsch 136/1996, S.22-32

Scheller, Ingo: Szenische Interpretation: G.E. Lessing, Emilia Galotti. In: Praxis Deutsch136/1996 (a), S.67-74

Scheller, Ingo: „Das Leben der Reichen ist ein langer Sonntag ... Das Leben der Armen ist ein langer Werktag." Georg Büchner „Leonce und Lena" – Vorschläge, Materialien, Verfahren zur szenischen Interpretation. C.v.Ossietzky Universität Oldenburg, Vor-Drucke 278/96 1996 (b)*

Scheller, Ingo: Die Französische Revolution als Revolution bürgerliche Männer. Szenische Interpretation durch Rollenschreiben. In: Praxis Geschichte 2/1997, S.20-25

Scheller, Ingo: Szenische Lernprozesse. Über die Arbeit an Haltungen mit Mitteln des szenischen Spiels. In: Brand, Angelika/Wagner, Kirsten u.a. (Hg): Kunstring Oldenburg (BIS der C.v.Ossietzky Universität) 1997 (a), S.77-86

Scheller, Ingo: Szenische Interpretation. Theorie und Praxis eines handlungs- und erfahrungsbezogenen Literaturunterrichts in Sekundarstufe I und II. Seelze-Velber: Kallmeyersche Verlagsbuchhandlung, 2004

Scheller, Ingo: Szenische Symbolisierungen. Anregungen zur szenischen Interpretation von Bildern. In: Wangerin, Wolfgang (Hrsg.) Musik und Bildende Kunst im Deutschunterricht. Baltmannsweiler: Schneider Verlag Hohengehren 2006, S.76-96

Scheller, Ingo: Erfahrungsbezogenes Lernen durch szenische Interpretation von Texten – am Beispiel von Gina Ruck-Pauquéts „Das dritte Opfer im Kriminalfall X". In: Botermann u.a.:Die Arbeit mit dem Jugendbuch im Dienste europäischen Zusammenwachsens als inhaltliche und handlungsbezogene Herausforderung. C.v.Ossietzky Universität Oldenburg, Vor-Drucke 336/97 1997 (b), S.43-49

Scherf, Elisabeth: Aus dem Stehgreif. Soziodramatische Spiele mit Arbeiterkindern. In: Kursbuch 34/1973, S.103-156

Schewe, Manfred: Fremdsprache inszenieren. Zur Fundierung einer dramapädagogischen Lehr- und Lernpraxis. C.v.O.Universität Oldenburg, Zentrum für pädagogische Berufspraxis 1993

Scholz, Rudi/Schubert, Peter (Hg.): Körpererfahrung. Die Wiederentdeckung des Körpers: Theater, Therapie und Unterricht. Reinbek bei Hamburg 1982

Selle, Gert: Gebrauch der Sinne. Eine kunstpädagogische Praxis. Reinbek bei Hamburg 1988

Siems, Elke: „Laßmich"-Geschichten. Szenische Interpretation einer Erzählung von Gudrun Pausewang für die Grundschule. In: Praxis Deutsch 3/1996, S.33-34

Stanislawski, Konstantin S.: Die Arbeit des Schauspielers an sich selbst. Bd.1-2. Berlin 1983

Steinweg, Reiner: Das Lehrstück. Theorie einer politisch-ästhetischen Erziehung. Stuttgart 1972

Steinweg, Reiner (Hg.): Brechts Modell der Lehrstücke. Zeugnisse, Diskussion, Erfahrungen. Frankfurt a. M. 1976

Steinweg, Reiner: Lehrstück und episches Theater. Brechts Theorie und die theaterpädagogische Praxis. Frankfurt a. M. 1995

Strasberg, Lee: Schauspielseminar. Schauspielhaus Bochum (J. Jehnisch). Bochum 1978

Strasberg, Lee: Ein Traum der Leidenschaft. Die Entwicklung der „Methode". München 1988

Strasberg, Lee: Schauspielen und das Training des Schauspielers. Beiträge zur „Method". Berlin 1988

Stroh, Wolfgang Martin: Szenische Interpretation von Opern: Wozzeck. Begründungen und Materialien. Oldershausen 1994

Turner, Victor: Vom Ritual zum Theater. Der Ernst des menschlichen Spiels. Frankfurt a. M.1995

Wangerin, Wolfgang: Sich in den Künsten selbst erfahren. Kreative Rezeption als Gruppenprozeß. Weinheim/Basel 1997

Wex, Marianne: „Männliche" und „weibliche" Körpersprache als Folge patriarchalischer Machtverhältnisse. 2.Aufl., Frankfurt a. M. 1980

Wickert, Hans-Martin: Szenen aus dem Alltag im Faschismus. Horvàths Roman „Jugend ohne Gott". In: Praxis Deutsch 3/1996, S.59-66

* Die mit einem * versehenen Texte sind vergriffen. Überarbeitete Materialien (Rollentexte, Bilder, Ortsbeschreibungen) zu diesen und anderen Dramentexten erscheinen demnächst im Schneider Verlag. Die Interpretationsverläufe können unter ingo.scheller@web.de angefordert werden.

Stichwortverzeichnis

L

M

N

P

R

V

W

Z